CALLING
29년의 동행

한국장로교출판사

CALLING

29년의 동행

| 새 목회를 열면서

누가는 사도행전을 기록하면서 서두에 "데오빌로여 내가 먼저 쓴 글에는 무릇 예수께서 행하시며 가르치시기를 시작하심부터 그가 택하신 사도들에게 성령으로 명하시고 승천하신 날까지의 일을 기록하였노라"(행 1 : 1-2)라고 적고 있다. 학자들은 '데오빌로'를 상징적인 인물로 '하나님(테오스)을 사랑(필로스)하는 자'라고 하기도 하며, 실제 인물로 로마의 고관이었을 것이라고도 한다. 누가복음에서 예수님의 행적을 기록한 누가는 사도행전에서 사도들의 행적을 기록했다. 그런 의미에서 사도행전은 누가복음의 후편이라고 할 수 있다. 의사이자 문필가이며, 역사가인 누가는 예수님의 행적과 사도들의 행적을 역사적인 기술로 남겨 우리가 예수님의 사역과 초대교회의 성령의 사역을 이해하는 데 큰 도움을 주었다.

사도행전은 끝나지 않은 성령의 역사이다. 지난 1994년 6월 5일 주일에 나는 연동교회 100주년을 기념하여 "성도행전"이란 제목으로 설교하였다. 그때 설교의 결론은 사도행전은 28장 31절로 끝나지만, 우리 성도들의 삶의 행적과 우리들의 일기가 거룩한 행전이 되어 사도행전은 성도행전으로 이어질 것이라고 하였다. 그리고 32절 이하는 성령의 역사로 우리가 계속 써 나가야 하는 역사라고 하였다.

지난 2018년, 나는 29년 동안의 연동교회 사역을 은혜로 마무리하고 원로목사로 추대되었다. 은퇴하기 전 지금은 경기도 고양시 은석교회를 담임하고 있는 한국장로교출판사 채형욱 전 사장의 배려로『동행』(한국장로교출판사, 2018)이란 책을 은퇴 기념으로 출판했다.『동행』에는 내가 어릴 때부터 교회를 은퇴할 무렵까지의 삶을 넓은 스펙트럼으로 적었다. 그 책에는 어릴 때와 학창 시절을 거쳐 연동교회의 원로목사가 되기까지 나의 주인이시며 나의 삶을 섭리하시고 동행하신 하나님의 손길을 더듬어 보며 느끼는 순례길에 대해 적었다. 다만 내 생애의 하이라이트인 목회 사역을 소상하게 기술하는 데는 한계가 있어 늘 아쉬움을 품고 있었다.

『동행』을 읽은 독자들의 반응은 나의 삶에 잠시 동행하는 듯하여 좋았다고 한다. 내 학창 시절을 현재의 나에 반추하면서 그랬을 것이라고 고개를 끄덕였다고 한다. 온실 안에서 곱게만 자란 줄 알았는데 그런 얼음 위를 걸었냐고도 했다. 그런 가운데 몇몇 가까운 목회 동행자들이 나의 목회 사역에 대한 부분이 너무 단편적이어서 아쉽다는 말을 하였다.

그래서 다시 용기를 내어 나의 목회 사역을 정리하여 목회 단상으로 남기려고 한다.

나는 미국에서의 유학 생활을 마치고 1988년 서울 올림픽 개막 직전에 귀국하였다. 영락교회에서 초등부 전도사, 심방부 전도사를 거쳐 대학부 지도목사로 사역하다가 1981년 7월 31일 사임을 하고 미국으로 떠나 1988년 8월 1일 영락교회 행정목사로 부임하였으니, 하루도 빠짐이 없는 만 7년 만에 다시 영락교회로 돌아온 것이다. 그리고 2년여의 영락교회 사역을 뒤로하고 1990년 8월 첫 주일에 연동교회 담임목사로 부임하여 연동교회 사역에 몰두하였다.

나의 목회 단상을 남기는 이 작업이 주저되어 글을 쓰기 어려웠던 적이 한두 번이 아니었다. 우선 이 글이 나의 자랑이 되지 않을까 하여 포기하려고 한 적도 있다. 자칫 남을 비난하는 속풀이가 되지 않을까 하여 글을 지우기가 일쑤였다. 가끔 표출되는 갈등과 고통, 번뇌도 다 나의 부끄러운 치부임을 인정하며 스스로 나 자신을 속이기 싫어서 조심스레 적었다. 나의 목회를 스스로 반성하며 다시 내게 주어지지 않을 시간을 현재의 시간으로 묶어 놓고 싶은 생각에 차례로 적어 내려갔다.

새 목회를 열면서

좋은 교회에서 비교적 편안한 목회를 하였다고 자부하지만, 그럼에도 불구하고 목회자가 겪는 자신과의 싸움과 목회자이기 때문에 겪는 교인과의 갈등을 나도 피할 수는 없었다. 사고와 삶의 경험의 차이에서 오는 갈등의 대상들, 그러므로 내게 상처가 되었던 그들에 대한 이야기를 이 책에서는 소상히 적지 않기로 하였다. 대신 그런 이야기들은 반성문으로, 마음속으로만 남겨 놓으려고 한다. 모든 옳고 그름은 하나님께서 친히 판단하실 것이고, 교회의 역사가 증명할 것이라고 믿기 때문이다.

내가 생각해도 옳고 그름에 대한 나의 판단은 너무 기계적이다. 횡단보도 흰색을 한 치도 벗어나서 걸어 본 적이 없으며 화살표 방향인 오른쪽으로 걸어야 하며, 계단을 오르내릴 때도 우측보행에 어김이 없는 나로서는 옳지 못한 일에 대해서는 지나치게 단호하여 본의 아니게 상처를 입은 동역자와 성도들이 있다는 것을 안다. 자신에게는 엄격하고 타인에게는 관대해야 한다고 늘 생각하지만 때로는 자신에게 관대하고 타인에게 엄격하지 않았는지도 모르겠다.

누구나 뒤를 돌아보면 자신의 삶에 여한이 있겠지만, 지금 다시 목회를 시작할 수 있다면 더 많이 품어 주고, 더 뜨겁게 사랑할 수 있을 것 같다. 그러나 지난 30여 년 동안 게으름의 죄를 짓지 않은 것이 감사하다. 나의 부족이나 무지로 하지 못한 것은 있지만, 알면서 하지 않은 것이나 게을러서 하지 못한 것은 없었던 것 같아 감사하다.

나는 연동교회를 은퇴한 다음 해인 2019년부터 자료를 정리하면서 기록하여 2020년에 이 글을 완성하였다. 내 기억력이 쇠하기 전에 기록을 남겨 놓기 위해서였다. 그러나 혹시라도 내가 사랑하며 섬겼던 교회나 성도들에게 상처나 누가 될까 하여 출판을 미루고 간직해 두었다. 그리고 은퇴 6년 차를 맞이하는 이제는 내 마음에 쌓인 묵은 감정을 씻고 사랑으로 채웠기에 양지로 드러내기로 하였다. 또 한 가지 이 글을 감추지 않고 드러낸 것은 바울의 기록이 개인이 아닌 교회의 중요한 역사이듯이 이 글이 나 개인이 아닌 연동교회의 중요한 사료적 가치가 충분하다고 생각하여 감히 출판하기로 하였다.

다시 한번 분명히 이 글은 나 자신의 자랑이나 타인에 대한 비난이 목적이 아님을 밝힌다. 사도행전 28 : 32 이하를 적는 마음으로 이 글을 쓰며, 나의 목회 사역을 정리하여 나의 역사책으로 남긴 이 책이 하나님께 기쁨이 되기를 원한다. 『CALLING』은 연동교회를 통하여 주신 나의 '소명'을 풀어 쓴 『동행』의 후편 격이다. 졸저를 출판해 주신 강성훈 사장님과 정현선 국장님, 이슬기 차장님, 강수지 전도사님, 그 외의 한국장로교출판사 직원들에게 심심한 사의를 표한다. 나와 함께 목회 사역의 길을 함께한 내 사랑하는 아내와 가족들, 매일 아침 이름을 부르며 기도하는 나와 함께 동역하던 36명의 부목사님들과 연동교회 성도들, 그리고 먼저 쓴 글과 함께 이 글을 읽어 주신 '데오빌로' 하나님의 사람들에게 깊은 감사를 드린다.

2024년 12월

이성희

차
례

1. 나와 연동교회　　　　　　　　　　　　　13

2. 나와 부교역자　　　　　　　　　　　　　97

3. 나의 자기 계발과 목회 훈련　　　　　　103

4. 나와 선교　　　　　　　　　　　　　　117

5. 나와 디아코니아　　　　　　　　　　　125

6. 나와 문화선교　　　　　　　　　　　　133

7. 나와 건강관리　　　　　　　　　　　　141

8. 나와 종로5가　　　　　　　　　　　163

9. 나와 총회 및 기관 사역　　　　　　173

10. 나와 해외 및 에큐메니칼 사역　　　215

11. 나와 설교　　　　　　　　　　　　233

12. 나와 교회행정　　　　　　　　　　243

13. 나의 은퇴와 원로목사 추대　　　　253

14. 그림자의 삶　　　　　　　　　　　275

1.

나와 연동교회

1

귀국

영락교회에서 교육전도사로, 전임전도사로, 대학부 지도목사로 섬기던 나는 7년간의 미국 유학을 마치고 귀국과 동시에 영락교회로 부임하게 되었다. 공부를 마칠 즈음 선친께서는 나를 만날 때마다 그리고 편지마다 공부를 끝내고 한국에 돌아와서 한국 교회를 섬기라고 하셨다. 미국 생활에 익숙해지고 아이들이 성장한 탓에 나는 한국으로 돌아가고 싶은 생각이 없었다. 미국에서 유학 중에 섬기던 남가주 동신교회도 이민 교회로서는 규모 있는 교회였기에 더욱이 한국에 돌아오는 것이 쉽지 않았다. 선친의 의미 있는 강요에 나는 순종하기로 하였지만, 막상 청빙하는 교회도 없이 한국으로 돌아간다는 것이 그리 쉬운 일은 아니었다. 박사과정도 막바지였던 상황이라 머릿속은 혼란하기 짝이 없었다.

그래서 나는 하나님께 이 일을 두고 한 주간의 작정 기도를 하기로 하였다. "하나님, 하나님께서 부모님께 순종하라고 하셨고, 순종하는 자에게 복을 주신다고 하셨으니 제가 갈 곳도 정해 주십시오. 저는 지금 한국에 가기를 원하지 않지만 부모님께 순종해서 가는 겁니다." 작정 기도 마지막 날 지금은 신촌교회의 원로목사님이시며 당시 영락교회의 수석 부목사님이셨던 오창학 목사님께서 연락을 주셨다. 영락교회 담임목사님으로 임영수 목사님께서 부임하시게 되었는데, 임 목사님의 친서를 가지고 갈 테니 꼭 만나자는 것이었다. 임영수 목사님은 영락교회 대학부 지도목사 시절 나의 전임 목사님이셨던 인연으로 이미 익히 서로를 알고 있었다. 오창학 목사님이 친히 들고 오신 임영수 목사님의 서신은 여섯 장의 손 편지였고, 목사님의 목회 소신과 꼭 행정목사로 와서 함께 '팀 목회'로 섬기자는 내용이었다. 나는 이번 학기를 마치는 대로 귀국하겠다고 약속하였다. 한 치도 빈틈이 없는 하나님의 응답이었다.

미국에서 섬기던 남가주 동신교회의 3대 목사인 나는 당회에 한국으로 돌아갈 계획을 밝히고 사임을 청하였다. 장로님들은 7년이나 있다가 한국에 돌아가면 적응이 힘들고 아이들도 어려워할 테니 귀국을 포기하라고 종용하였다. 나는 이미 귀국을 하나님의 뜻으로 확신하고 있던 터라 계획을 돌이킬 수 없었다. 끝까지 만류하던 어느 장로님은 "그러면 딸을 두고 가십시오. 이제 7학년인데 한국에 돌아가면 적응하기 힘듭니다. 내가 우리 딸보다 더 잘 키워 드리겠습니다."라고 하셨다. 그 장로님에게는 나의 딸보다 두 살이 많은 딸이 있었다. 지금 생각해도 진심 어린 제안에 눈물겹게 감사하다. 예상되는 모든 문제를 해결하고 귀국한다는 것은 도저히 불가능하니 귀국하여 문제를 해결하기로 하고 귀국을 결행하였다. 힘든 결단이었지만 불가능한 것은 아니었고, 예상되는 문제들 가운데 일어나지 않은 문제도 많았다. 이렇게 나는 가족들을 데리고 한국 땅을 다시 밟게 되었다.

  나는 '교회정치와 행정'이란 독특한 실천신학의 한 부분을 공부한 목회자이다. 한참 한국 교회가 성장하던 1980년대에 귀한 시간과 비싼 학비를 들여 인정받기도 힘든 분야를 공부하느라 분투하였다. 우선 '행정'이라는 분야에 대한 전 이해가 없었으므로 박사과정 초기에 힘이 들었고, 선친을 비롯한 많은 분들의 전공을 바꾸라는 압박에 시달리느라 에너지를 소모하였다. 그러나 이 분야를 끝까지 공부한 것은 나의 고집이었다. 나는 학부에서 철학을 전공하였기에 조직신학은 비교적 쉬운 과목이었다. 박사학위를 이수하는 과정에서 남가주 장로회신학대학교에서 강사로 가르쳤는데, 그때 가르치던 과목이 조직신학이었다. 선친께서 신약학을 전공하셨기에 나는 구약을 전공하리라는 순진한 생각으로 신학대학원 시절에는 구약을 열심히 공부하고 많은 책들을 가지고 있었다. 만일에 조직신학이나 구약학을 전공했더라면 아마 일 년 정도는 빨리 공부를 끝내고 귀국할 수 있었을 것이라고 본다. 어쨌든 나는 모든 사람이 다 공부하는 그 분야를 나까지 해야 할 필요가 없다고 느꼈으며, 다른 사람이 공부하지 않은 분야를 해야 한국 교회와 목회에 공헌할 수 있다고 확신했다.

  나의 고집은 결국 통하였다. 이런 나의 신념 때문에 임영수 목사님이 영락교회에 부임하시면서 행정목사로 동사목회를 제안하셨고, 나는 귀국과 동시에 다시 영락교회에서 '팀 목회'로 섬길 수 있는 기회를 얻었다. 한참 동안 교회행정학 전공자가 나타나지 않아 본의 아니게 교회행정학의 일인자로 인정받은 것도 고집 덕이다. 그리고 제83회 총회에는 교회행정학과를 신설해 달라는 청원이 제출되었고, 제93회 총회에서는 신대원을 졸업한 목회자들이 교회 현장에서 행정과 정치에 미숙하다는 의견과 함께 각 신학대학교에서 교회행정학을 교과과목에 설치해 달라는 청원도 있었다. 이런 청원으로 교회행정학의 가치가 상승한 것도 고집의 결과이다.

내가 교회행정과 정치를 전공한 것은 성장한 교회를 성숙하게 관리하고 보존하려는 마음 때문이었다. 학교에서 가르치는 일보다 교회에서 섬기는 일을 하리라는 생각에 우선 내 목회를 위한 도구로 교회행정과 정치를 갈고 닦은 것이다. 그리고 여유와 요청이 있다면 이 분야와 관련한 글도 쓰고, 가르치기도 하리라고 생각하였다. 이런 내 생각은 하나님의 은혜로 이루어졌다.

미래학과 영성학

나는 전공 분야와 전혀 상관이 없는 한 분야를 정말 열심히 탐구하였다. 그것은 미래학이다. 미래학에 대해서는 풍월로 주워들은 상식선의 식견밖에 없었는데, 1990년 연동교회에 부임할 무렵 세기말적 기우와 풍조가 밀려오기 시작하였다. "21세기에는 교회가 빌 것이다.", "다음 세대 교회는 망할 것이다." 등 비관적인 소리가 가득하였다. 그때 나는 "우리 전 세대에서는 노력하는 만큼 열매를 얻는데 왜 우리 세대는 그렇지 못하나?",

"사회가 어떻게 변하길래 교회가 망할까?"라는 자조적 물음을 품은 끝에 이렇게 생각했다. "망하더라도 이유나 알고 망하자." 그래서 미래학에 관한 책을 섭렵하기 시작하였다. 중요한 몇 권의 책을 정독하다 보니 미래에 관한 눈이 떠지기 시작했다. 그리고 미래학을 독학하면서 약 20년 동안 미래학에 관한 책, 특히 미래목회에 관해 내 눈에 띄는 책은 모조리 다 읽었다. 그리고 미래학을 미래목회에 접목하기 시작하였다. 미래학을 공부하면서 발견한 것은 한국 교회는 얼마든지 세기말적 트렌드를 극복할 수 있는 또 다른 힘이 있다는 것이었다. 미래의 기조를 공부하는 가운데 미래는 통합의 사회요, 공동 창조의 시대인 것을 알고 그때부터 이것을 나만 알 것이 아니라 모든 교회 지도자에게 알려야 한다는 마음에서 미래를 알리기 시작하였다.

그래서 쓴 책으로『미래 사회와 미래 교회』(기독교서회, 2004),『미래목회 대예언』(규장, 1998),『밀레니엄 목회 리포트』(규장, 1999),『미래 목회자의 조건』(규장, 2003),『세상을 바꾸는 미래 교회』(좋은씨앗, 2007) 그리고 은퇴 후에 집필한『기독교와 제5차 산업혁명』(기독교서회, 2022) 등이 있다.『미래 사회와 미래 교회』를 출간하고 나서 컴퓨터에 아주 능한 어느 후배 목사님이 "이 책을 통해서 목사님은 한국 교회에 큰 획을 그었습니다."라고 하였다. 솔직히 나는 큰 획을 그으려고 이 일을 한 것이 아니라 우리 교회와 함께 모든 교회가 다가오는 미지의 세계를 준비하자는 의미에서 한 것이었다.

미래학과 병행하여 탐구한 다른 한 가지는 '영성'이었다. 미래학을 공부하면서 미래학의 한계성을 발견하게 되었다. 미래학은 미래를 진단하지만, 미래의 병리 현상에 대해 정확한 처방을 하지는 못한다. "미래가 이렇게 변한다."라는 수없이 많은 말을 하지만 "미래에 이렇게 하라."라는 처방이 없어 많은 고심을 하였다. 미래학자들은 한결같이 21세기는 영성의 세기이며, 사이비와 이단이 횡행할 것이라고 한다. 그럼에도 불구하고 미래학은 미래에 관한 처방을 제공하지 못한다. 그래서 불현듯 발견한 것이 미래 사회의 처방은 영성이라는 사실이었다. 기독교만 영성을 가지고 있는 것이 아니라 모든 종교가 영성을 가지고 있으므로 미래 사회는 영성적 혼란기를 맞이하게 될 것이며, 기독교가 건강한 영성을 사회에 제공하지 못하면 사회는 악한 영의 먹이가 될 것이다.

교회성장학에서는 의학적 용어를 많이 빌려 쓴다. 병리학에 진단 후 처방이 있듯이 교회나 사회도 진단 후의 처방이 있어야 한다. 미래학이 미래 사회에 대한 진단이라면 처방은 영성학이어야 한다는 것이다. 그런 의미에서 홀로 미래학을 공부한 다음 처방을 얻기 위하여 홀로 영성학을 공부하였다. 영성 공부의 일환으로 2000년 휴가 기간에 이집트의 콥틱 수도원인 성 마카리우스 수도원을 방문하여 수도사들과 함께 예배하고 대화를 나누며 많은 도움을 얻기도 하였다. 이때 쓴 책이 『수도원 영성의 향기』(두란노, 2003), 『침묵의 은총』(두란노, 2001), 『영으로 걸으라』(한국장로교출판사, 2009) 등이다.

내가 연동교회를 섬기면서 나름대로 꾸준히 연구하고 목회에 대입한 것은 이렇게 홀로 공부한 것들이다. 박사과정을 공부하느라 힘도 많이 들었지만, 나의 진짜 공부는 박사학위를 받은 이후부터 시작되었다. 그래서 나는 박사학위를 공부가 끝났다는 증서가 아니라 공부하는 방법을 터득했다는 확인이라고 말한다. 공부하는 방법을 배웠으니, 이때부터 실제적인 공부를 시작하는 것이다. 그래서 미국에서는 졸업을 시작한다는 뜻의 'commencement'라고 한다. 모든 목회자는 공부하는 사람이다. 그리고 모든 목회자는 신학자이다.

연동교회에서의 목회를 되돌아보면 내가 공부한 것 때문에 목회의 권위를 인정받은 것이 아닌가 자평한다. 교회 행정의 터를 새롭게 한 일이나 미래 전망을 앞세워 교회에 변화와 개혁을 주도한 것은 교회가 교회 행정이나 미래학에 관한 나의 식견을 인정해 준 결과일 것이다. 그런 의미에서 변화와 개혁이 가능했던 것이다. 연동교회와 같은 전통적인 장로교회가 시대 변화에 순응하는 변화를 시도하고 시행하는 것은 대단한 일이라고 지금도 생각한다. "교회 행정은 이렇게 하는 것이 옳습니다.", "미래학자들이 한결같이 이렇게 된다고 하므로 우리 교회도 이렇게 변해야 합니다."라는 말을 제법 했던 것 같다. 그때마다 교회는 그 말에 권위를 실어 주었다.

연동교회 부임과 더불어 시작된 나의 미래학 학습은 창립 100주년을 앞둔 교회의 미래를 정립하는 데 많은 도움을 주었다. 21세기라는 불투명한 미래를 전망하면서 도심지에 자리한 전통 있는 교회의 모습을 다듬기 시작하였다. 100주년이라는 역사적 중요성과 종로5가라는 지리적 중요성을 가진 교회의 미래의 모습을 하나씩 갖추어 나가기 위한 것이었다. 그때 나는 오랜 전통을 가진 도심지 교회가 어떠한 형태의 교회가 되어야 하는지에 방점을 찍고 하나씩 하나씩 점진적인 변화를 모색하였다.

1. 나와 연동교회

내가 연동교회를 섬기기 시작할 때 이미 서울 강남 지역은 규모를 갖추기 시작하였다. 종로5가를 떠날 수 없는 역사적 이유도 있었지만, 떠나지 말아야 할 당위성 또한 무시할 수 없었다. 일반적으로 대도시에 도시화 현상이 일어날 때 도심지가 '공동화'되는 현상을 겪게 된다. 그리고 주변에 더 이상 개발의 여백이 없을 때 공동화된 도심지가 다시 채워지기 시작하는데, 대개 50년이 걸린다는 것이다. 뉴욕이 그랬고 도쿄가 그랬다는 것이다. 그렇다면 조금만 준비하고 기다리면 다시 강북 지역이 개발되고 강남으로 갔던 인구가 강북으로 유입될 것이라는 전망이 가능했다. 이런 나의 생각은 실제로 얼마 후에 서울 강북 지역 개발이 발표됨으로 현실화되었다.

내가 연동교회를 섬기던 시절, 나와 또래 목회자들은 어느 시대보다 많은 목회적 부담을 안고 있었다. 왜냐하면 우리 전대 목회자들은 산업사회에서 목회를 시작하고 산업사회에서 목회를 마감하였다. 그러나 우리가 목회하던 시대는 산업사회에서 정보사회로 진입하는 전환기였고, 산업사회와 정보사회는 그 패러다임이 전혀 달랐기에 고착된 사고를 전환한다는 것은 어려움을 넘어서 거의 불가능하였던 것이다. 산업사회에서 목회를 시작하여 정보사회에서 끝을 내야 하는 어려움이 우리 시대에 주어진 것이다. 산업사회의 기조가 '경쟁과 분리'인데, 정보사회의 기조는 '통합과 조화'이므로 패러다임의 전환을 수용할 수 없었던 것이다. 그러나 나는 미래학을 공부한 덕에 패러다임의 이해와 전환이 비교적 수월하였다. 그런데 문제는 패러다임의 전환이 더딘 성도들을 설득하는 일이었다.

연동교회 부임

처음 연동교회로부터 부름을 받았을 당시 나는 서울 영락교회의 행정목사였다. 미국에서 돌아온 지 2년밖에 되지 않았고, 영락교회는 나에게 극진한 대우를 해 주었기 때문에 교회를 떠날 수 있는 형편이 아니었다. 그러나 연동교회의 요청을 거절할 수 없었던 것은 '팀 목회'에 대한 한국 교회의 이해 부족으로 현실적 난관이 드러났기 때문이다. 내가 영락교회를 사임하고 연동교회의 담임목사로 간다고 하였을 때 영락교회 당회는 선뜻 허락하지 않을 뿐만 아니라 당회에서는 '만류위원회'를 조직하여 사임을 만류하자고 하였다. 난처하기 짝이 없는 일이었다. 담임목사도 아닌 나를 위해 소위원회를 조직하고 만류하니 마음이 두 갈래, 세 갈래가 되고 혼란하기까지 했다. 그러나 연동교회의 부름에 하나님의 뜻이 있다고 확신한 나로서는 떠날 수밖에 없었다.

그리고 마음을 굳게 하고 남한산성에 계시는 한경직 원로목사님의 허락을 받기 위해 올라갔다. 떨어지지 않는 입으로 간신히 연동교회에 부름을 받아 간다고 했을 때 한 목사님은 내 손을 잡고 울먹이시면서 가지 말라고 애원하셨다. '괜히 왔구나. 연동교회에 부임한 다음에나 와서 인사드릴걸.' 하는 생각이 들어 서둘러 돌아섰다. 2주간의 고민 끝에 다시 허락을 청하기 위해 한 목사님을 뵈었다. "목사님, 제가 아무래도 연동교회로 가야 할 것 같습니다." 그때 한 목사님은 "그래, 연동교회는 전통이 있고 좋은 교회지. 이 목사님이 가면 연동교회도 좋을 거야. 가서 잘하시우."라고 하시며 떨리는 손으로 내 손을 잡고 기도해 주셨다.

연동교회 담임목사 청빙위원회의 세 장로님과는 연세대학교 알렌관에서 처음 만났다. 지금은 작고하신 이삼열 장로님, 임연규 장로님, 정인용 장로님, 이 세 분과 처음 대면한 것이다. 장로님들은 연동교회 담임목사의 청빙 과정을 소상히 설명하시고 나를 청빙하기 원한다고 하셨다. 요즘에 흔히 공식적으로 하는 이력서를 제출한 것도, 청빙 설교를 한 것도 아닌 백지상태에서 나를 청빙한다는 것이 이해되지 않았다. 청빙위원회에서는 이미 나에 대한 조사를 끝낸 상태였으며, 연동교회가 신뢰할 수 있는 어느 목사님이 강력히 추천하셨다는 것이다. 나를 추천해 주신 그분은 오래전 연동교회 부목사로 계셨던, 당시 신당중앙교회 담임목사이신 허재철 목사님이시다.

청빙위원장이신 이삼열 장로님은 청빙 내용을 소상히 설명해 주시며 위임목사로 청빙하기로 하였다고 하셨다. 청빙 조건보다 하나님의 부름에 응답하는 마음으로 연동교회에 부임하기로 약속하고 부임의 절차를 논의하였다. 그런데 얼마 후 이삼열 장로님이 위임목사 청빙이 어려워졌다고 임시목사로 부임하면 빠른 시일에 위임을 할 수 있도록 하겠으니 이해하고 부임해 달라는 것이었다. 약간 불편한 생각은 있었지만, 이미 부임하기로 하나님과 약속한 이상 거절하기가 어려워 그렇게 하기로 하였다.

나는 1990년 8월 5일 연동교회 부임 첫 주일을 맞이했으며, 그해 12월 16일 공동의회에서 위임목사 청빙 건이 다루어졌다. 경신고등학교 교목이시며 종로시찰장이셨던 김종희 목사님께서 임시당회장으로 사회를 하셨다. 김형태 목사님의 원로목사 추대 건과 나의 위임 건이 통과된 다음 1990년 결산과 1991년 예산안을 심의하였다. 그날 아침부터 교회

이곳저곳에서 나의 위임을 반대하는 전단이 뿌려졌지만, 나는 까맣게 모르고 있었다. 주일이면 일찍 교회에 도착하여 예배를 준비하기에 밖에서 벌어지는 일을 알지 못했던 것이다. 8절지에 '이성희 목사의 위임을 반대하는 이유'를 적은 전단이 나돌았다. 이런 교회 분위기를 전혀 알지 못한 나는 위임 투표가 끝났다는 말을 듣고 공동의회장으로 가서 결산과 예산을 심의하였다. 시종 아무 일도 없는 듯 즐거운 표정으로 공동의회를 진행하는 나의 모습을 교인들은 의아하게 생각하였다고 한다. 때로는 알지 못하는 것이 큰 은혜이다.

나의 위임을 반대하는 전단의 내용은 크게 세 가지였다. 청빙 과정에서 모든 검증 과정이 배제되어 아직 완전한 검증이 되지 않아 위임이 시기적으로 이르다는 것이 첫째이고, 한국기독교교회협의회(NCCK)를 반대한다는 것이 둘째이고, 산업부를 폐지하려고 한다는 것이 셋째 이유였다. 그 당시 반대의 이유가 지금에 와서 보면 얼마나 아이로니컬한 일인지 모른다. 왜냐하면 한국기독교교회협의회를 반대한다던 내가 2018년 11월 한국기독교교회협의회의 회장에 선임되어 한 해 동안 회장으로 섬겼기 때문이다. 오래전 한국 사회가 어려워 학업의 기회를 잃은 분들을 위하여 연동교회는 '연동야학'을 가지고 있었다. 연동야학은 많은 학생이 있는 모범적 야학이었다. 야학으로 사람들이 한글을 깨우치고, 검정고시를 공부하여 진학하기도 하였는데 진학률도 꽤 좋았던 것으로 기억한다. 야학 출신들이 일반 학생들과 잘 어울리지 못한다고 하여 교회는 산업부라는 청년부서를 설립하였는데, 나는 이 부서를 폐지해야 한다고 생각하였다. 이후 산업부 관계자들을 만나 내 생각을 소상히 밝혔다. 정상적으로 공부한 사람들은 청년부에, 야학을 한 사람들은 산업부에 진급을 하는 것은 교회답지 못하다는 것이 내 생각이었다. 교회는 모든 부류의 사람들이 하나가 되는 곳인데 학력에 따라 차별을 두는 것은 아름다운 교회의 모습이 아니라고 설명하였다. 그리고 그들에게 이렇게 말했다. "그렇다면 우리 교회에 박사학위를 가진 분들이 많이 있는데 그들을 모아 '박사부'를 만들면 옳다고 봅니까? 박사부가 있으면 안 되듯이 산업부도 있으면 안 됩니다." 사실적으로 말하면 야학 출신들이 산업부 설립을 반대하는 것이 옳은 일이라고 본다. 최근에 와서는 이런 문제에 대한 의식이 상당히 진보하였다. 학력이 낮다고 하여 산업부를 만들어 별개의 공동체를 형성하는 것은 오히려 굴욕일 수도 있다. 그 후에 교회는 산업부를 폐지하고, 청년부를 나이별로 청년1부와 청년2부로 나누었다.

  어쨌든 이날 선동적 전단의 영향으로 공동의회에서 나의 위임은 법이 정한 3분의 2를 간신히 넘어 위임 청빙은 법적 한계를 통과하였다. 그러나 그날 나는 심한 심리적 갈등에 빠졌다. 영락교회 만류위원회의 만류를 뿌리치고 온 것이 잘못이었을지도 모른다는 생각이 머리를 가득 메웠다. '부임 초기부터 발목을 잡히는 위기가 있었는데, 앞으로는 어떻게 버텨야 할까?'라는 좌절에 가까운 고민 속에 빠진 것이다. 나는 선친께 교회의 분위기와 공동의회의 결과를 소상히 말씀드렸다. 그리고 선친의 지혜와 결정을 바랐다. 내 얘기를 들은 선친께서도 선뜻 대답을 못 하시고 다음에 다시 전화를 하겠다고 하시며 전화를 끊으셨다. 그리고 잠시 후에 다시 전화를 주시며 이렇게 말씀하셨다. "3분의 2가 겨우 넘었지만 법적으로 통과된 것이 아니냐. 하나님의 뜻인 줄로 알고 순종하는 마음으로 위임을 받아라. 반대자가 많았던 것만큼 더 열심히 하라는 하나님의 소리인 줄로 알고 열심히 잘해라." 그 말씀에 나는 "알겠습니다. 그렇게 하겠습니다."라고 단답으로 선친께 말씀드리고 그날의 고민을 날려 버렸다.

첫 당회

연동교회에 갓 부임한 42살의 젊은 목사였던 나는 첫 당회에서 장로님들에게 이렇게 말했다. "제가 절대로 양보하지 못할 세 가지가 있습니다. 첫째는 성경의 가르침입니다. 성경이 말하고 있는 것의 어떤 것도 양보할 수 없습니다. 저는 성경이 가르치는 대로 합니다. 둘째는 우리 교단의 헌법입니다. 우리 교회는 교단의 정체성을 지키고 헌법을 따라야 합니다. 저는 우리 교단의 헌법대로 교회를 이끌어 갈 것입니다. 셋째는 우리 교회의 오랜 전통입니다. 전통이란 어느 개인이 단시간에 만든 것이 아닙니다. 그러므로 좋은 전통은 지켜야 합니다. 저는 우리 교회의 좋은 전통을 너무 가볍게 바꾸지 않겠습니다. 그리고 그 외의 모든 것은 양보하겠습니다. 성경 여호수아 3장을 보면 이스라엘 백성들이 광야 생활을 마치고 가나안에 들어갈 때 법궤를 맨 제사장이 제일 앞에 서고 2,000규빗 떨어진 거리에서 백성들이 줄을 지어 뒤따라 들어갔습니다. 이것은 교회가 진행하는 모형입니다. 제사장의 인간적 권위가 아니라 하나님의 말씀인 법궤 때문에 제사장이 제일 앞장설 수 있었습니다. 이와 같이 제가 하나님의 말씀과 함께 앞장서면 따라오시기 바랍니다. 만약 제가 하나님의 말씀을 벗어던지고 혼자 독주하면 언제든지 말리시고 따라오시지 않아도 됩니다." 지나고 보면 나는 하나님의 말씀과 함께 앞서가려고 애썼고, 장로님들은 잘 따라 주셨다. 그래서 교회는 패러다임의 전환을 위해 무수히 많은 변화를 시도하였고, 그때마다 어렵지 않은 것은 아니었지만 기도하면서 머릿속에 품고 진행했던 일들은 거침과 굴곡이 있었음에도 불구하고 돌아보면 이루어져 있었다.

　　내가 연동교회에 부임할 당시 교회는 창립 100주년을 바라보고 있었다. 부임 즉시 교회의 역사를 이해하기 위하여『연동교회 80년사』,『연동교회 90년사』, 1920년 이후의「당회록」을 읽으며 연동교회를 내 교회로 이해하려고 애썼다. 내가 먼저 교회의 역사를 이해하고, 교회를 사랑해야 하며, 성도들로 하여금 교회의 역사를 이해하고 자긍심을 갖게 하는 것이 중요하다고 느꼈기 때문이다. 더불어 중요한 것은 과거를 알아야 미래를 설계할 수 있기 때문이었다. 그래서 틈이 날 때마다 '연동 역사관'에 들어가서 이전 당회록과 교적부 등을 살펴보기도 하였다.

100년 이후 시대 위원회

부임한 지 얼마 지나지 않아 연동교회는 100주년 기념사업을 준비하기 시작하였다. 교회의 지난 역사를 공부한다고 하였지만, 교회를 오래 지킨 많은 성도들에 비하면 역사를 겉핥기로만 알고 있었고 문자적 이해만 하고 있었다. 그래서 100주년 기념사업의 전체적인 윤곽을 설정한 다음에 이렇게 말했다. "저는 과거를 회상하면서 목회를 마무리할 사람이 아니라 다가오는 21세기라는 큰 산을 넘어 목회해야 하는 사람입니다. 그러므로 100주년 기념사업의 구체적인 계획은 장로님들을 중심으로 하시고 저는 100년 이후 시대를 준비하겠습니다."

그때부터 나는 본격적으로 미래학 공부를 시작하였다. 그리고 당회에 제안한 것이 '100주년 이후 시대 준비위원회'(Post Centennial Committee)의 구성과 활용이었다. 100주년 이후 시대를 준비하자고 제안하였지만, 이름이 어렵다고 하여 '21세기 준비위원회'로 바꾸었다. 21세기의 패러다임의 변화에 따른 교회의 대대적 전환을 꿈꾸며 다양한 지식과 경험 집단을 모아 위원회를 구성하고 역할을 가동하였지만, 현상 분석에서 좀처럼 발을 앞으로 떼지 못하였다. 그래서인지 위원회의 연구 결과는 생각보다 저조하였다.

연동교회의 현재 예배당은 창립 이후 여섯 번째 건물이다. 교회 창립 100주년 기념사업에 예배당에 관한 사업은 없었다. 실제로 예배당을 봉헌한 지 그리 오래지 않아 특별한 건축사업을 필요로 하지 않았다. 그리하여 일상적인 사업으로 교회를 약간 손질하기로 하였다. 우리 교회의 다섯 번째 건물은 1975년 화재로 소실되었다. 이후 교인들의 눈물로 다시 현재의 예배당을 재건하여 1978년에 봉헌하였다. 나는 부임 이후 지금까지도 우리 교회 예배당을 사랑한다. 우리 교회는 멀리서 교회의 종탑만 바라보아도 눈물이 날 정도로 아름답다. 전면의 스테인드글라스는 예배당 봉헌 당시 고 이종진 장로님께서 봉헌하신 것인데, 스테인드글라스 작가인 남용우 화백이 디자인한 것을 독일 뒤셀도르프에서 제작하여 설치한 것이다. 그 외의 예배당 측면과 후면의 스테인드글라스는 내가 제안해서 성도들의 봉헌으로 하나씩 하나씩 설치하여 예배당의 모든 창이 아름다운 스테인드글라스로 장식되었다. 늦은 오후 해넘이 직전에 햇살이 창에 비치면 교회는 한 폭의 조각 같은 영광의 자리가 된다.

종탑의 '연동교회' 넉 자

지금 교회 종탑에는 '연동교회'라는 넉 자가 새겨져 있다. 그러나 원래는 종탑 시계만 있을 뿐 글자는 없었다. 나는 여러모로 종탑 시계 아래로 교회 이름이 새겨져 있으면 좋겠다고 생각했다. 그 이유는 많은 사람들이 우리 교회가 연동교회인 것을 알고 있지만, 종로5가를 지나는 사람들 가운데 우리 교회가 연동교회인 것을 모르는 사람들도 많았기 때문이다. 심지어 어떤 이는 "성당입니까?"라고도 하고 "백주년기념관입니까?"라고 묻기도 한다는 것이다. 어느 당회에서 나는 종탑에 교회 이름을 새기자고 제안하였고, 당장 결정하는 것보다 기획위원회에서 한 달간 연구하여 다음 당회에서 발표하기로 하였다. 한 달 후 기획위원장 장로님은 이렇게 발표하였다. "우리 교회는 개척교회 같은 유치한 일은 안 하기로 했습니다." 연동교회의 자긍심이었다. 나도 간단히 대답하였다. "알겠습니다. 종탑에 이름이 없다고 문제가 되겠습니까?" 그리고 그다음 해 연말 당회에서 다시 똑같은 제안을 하였다. 어느 장로님께서 "종탑에 그거 안 하기로 했잖습니까?"라고 하셨다. 그래서 나는 "아, 그랬지요. 알겠습니다."라고 또 그 제안을 숨겼다. 거의 매년 연말 당회에서 나는 종탑의 이름을 새기는 일을 거론하여 장로님들에게 이 일을 상기시켰다. 그리고 몇 년 후에 컴퓨터 그래픽으로 우리 교회 종탑에 이름이 새겨진 형상을 프린트하여 장로님들께 보여 드렸다. 여러 글씨체로 제작하여 어느 것이 가장 좋은지 한번 보시라고 하였다. 당장 보기에 예쁜 글씨체보다 오래 보아도 싫증이 나지 않는 것은 예서체라는 설명도 했다. 컴퓨터 그래픽으로 종탑을 본 장로님들은 그제야 이름을 새기는 것이 좋겠다고, 글씨체도 예서체가 좋다고 동의하셨다. 당회가 허락하자 어느 집사님이 금으로 도금한 교회 이름을 제작하여 종탑에 달아 봉헌해 주셨다. '연동교회' 넉 자를 종탑에 새긴 것은 처음 제안으로부터 7년 만의 일이었다.

연동교회에 부임한 나는 교회의 과격한 변화를 시도하지 않았다. 100년 가까운 전통을 가진 교회가 하루아침에 손바닥 뒤집듯 바뀔 것 같지 않았기 때문이다. 그래서 예배의 순서나 교회의 행정 등 거의 모든 것을 그대로 답습하였다. 그리고 3년이 지난 다음 주보의 내용을 약간 수정하고 보완하기로 당회에 보고하였다. 그런데 어느 장로님이 "주보도 우리 교회의 전통이고 역사인데 바꾸지 않기를 바랍니다."라고 하셨다. 그때는 약간의 좌절감을 느꼈다. 주보 한 줄을 바꾸는 것도, 몇 글자를 바꾸는 것도 힘든 수구적 전통이었다. 그러나 서서히 설득하며 연구한 바를 함께 나누며 얼마 후에는 지금과 같은 변화를 이룰 수 있었다.

장로 성경공부

지난 29년 동안 내 스스로의 목회를 평가할 때 가장 잘한 것 가운데 하나는 '장로 성경공부'라고 생각한다. 부임 후 몇 년이 지난 다음, 토요일 새벽기도회 후에 장로 성경공부를 시작하였다. 장로님들은 회의는 많이 하지만 권사님들이나 여성 성도들에 비해 상대적으로 성경을 공부할 시간이 적다. 장로님들이 성경을 가르치지 않는다고 하더라도 가르칠 수 있을 정도의 지적 실력을 갖추게 해야겠다는 의미에서 장로 성경공부를 시작한 것이다. 몇 분의 장로님들을 제외한 대부분의 장로님들이 모여 공부를 하고 함께 대화를 나누고 식사를 했다. '웨스트민스터 소요리문답', '로마서', '영성', '리더십' 그리고 은퇴하기 전에는 '디모데전서'를 공부하였다. 당회는 회의이지 공부가 아니다. 공부 시간에는 성경말씀을 근거로 다양한 대화를 나눌 수 있다. 때로는 말씀을 토대로 장로님들의 삶과 섬김을 제시할 수도 있고, 필요시에는 말씀을 근거로 질책도 하였다. 말씀을 통한 제시나 질책을 장로님들은 잘 받아들여 주셨다. 공부 시간에 나눈 대화는 당회에 제안되는 새로운 정책이나 사업에 대한 이해를 빠르게 하며, 당회의 회의 자체를 편안하고 매끄럽게 해 주었다. 목사는 가르치는 자이므로 먼저 장로님들을 잘 가르치는 것이 모든 교인들을 가르치는 것보다 중요하다고 보았다.

두 장로님과 자긍심

연동교회에 부임하여 제일 먼저 한 일은 장로님들의 심방이었다. 원로, 은퇴, 시무장로님들을 차례로 심방하며 연동교회 역사의 작은 부분들을 알 수 있었다. 그들의 삶이 교회의 역사이고 살아 있는 전통이었다. 그 가운데 이종진 장로님은 김형태 목사님의 든든한 지지자일 뿐만 아니라 교회의 큰 기둥이었다. 국립의료원 설립자이신 그분은 충북 괴산 출신으로 선교사를 통해 복음을 받고 28세에 우리 교회의 장로가 되어 42년을 시무하신 분이다. 부임 심방차 댁을 방문했을 때 반갑게 맞이해 주셨고, 예배를 마치고 나서 딱 한 말씀을 하셨다. "목사님, 우리 교회 목사님은 은퇴할 때까지 계셔야 하고, 원로목사가 되시고 총회장이 되셔야 합니다." 그때 나는 원로목사나 총회장에 대한 생각이 전혀 없었지만, 원로장로님의 카리스마에 압도되어 무심코 "예."라고 대답하였다. 그리고 장로님은 더 말씀하지 않으시고 "식사하러 갑시다."라고 하시면서 국립의료원 구내에 있던 '스칸디나비아 클럽'으로 안내해 주셨다. 장로님과 부인 오숙자 권사님이 말수가 적으셔서 식사하면서도 조용히, 열심히 먹었던 기억이 난다. 오숙자 권사님은 주일마다 교회에 오실 때 한결같이 한복을 정갈하게 입고 오시는 전형적 한국 어머니셨다.

장로님들을 빠짐없이 심방하였지만, 진영득 장로님 한 분만은 심방하지 못했다. 내가 부임할 때부터 장로님은 내게 못마땅한 부분이 있으셨던 것 같다. 심방을 거절하는 것은 목사에게 아픔이고 무거운 짐일 수밖에 없다. 나는 여러 번 장로님께 심방을 가겠다고 하였지만, 장로님은 번번이 거절하셨다. 젊은이들과 YMCA에서 함께 농구를 하실 정도로 건강하시던 장로님께서는 몇 년이 지난 후에 암 진단을 받게 되셨고, 병상 생활을 시작하셨다. 병환에 계신 장로님은 드디어 나의 심방을 받으셨다. 심방을 하면서 나는 장로님께 여쭈었다. "장로님, 그런데 왜 저의 심방을 받지 않으셨습니까? 제게 섭섭한 일이 있으십니까?" 그때 장로님은 "목사님께 섭섭한 일이나 목사님의 잘못은 없습니다. 목사님이 부임할 때까지 목사님을 잘 알지 못했는데 섭섭할 게 뭐가 있겠습니까? 당회에 대하여 섭섭한 일이 있어 그랬습니다."라고 하셨다. 장로님은 마지막 열흘 동안 병원에서 거의 무의식 상태로 계셨다. 나는 그동안 장로님을 가까이하지 못하여 쌓인 마음의 부담을 떨기 위하여 매일 병상 심방을 하였다. 어느 날은 저녁에 심방을 하고 집에 왔는데, 돌아가실 것 같다는 전갈이 와서 다시 병원으로 가서 한참 동안 곁을 지켰지만 돌아가시지 않았고 며칠 후에 돌아가셨다. 장로님이 돌아가신 후에 가족들이 "그동안 좋은 목사님을 너무 힘들게 했다."라고 하였다고 부인 유정순 권사님이 나에게 전해주셨다. 그간의 심적 부담을 한꺼번에 씻어 주는 한마디였다.

교회에 대한 연동교회 성도들의 자긍심은 대단했지만, 때로 지나친 면도 있다. 시무할 때나 은퇴 후에 돌아보아도 연동교회는 자긍심을 가져도 될 만큼 좋은 교회임에 거짓 없는 점수를 주고 싶다. 연동교회에 부임한 지 얼마 되지 않아 당시에 젊은 몇몇 집사님들과 대화를 나눌 자리가 있었다. 어느 집사님이 거침없이 이렇게 말하였다. "목사님, 우리 교회는 영락교회 열 개를 줘도 안 바꿉니다." 당돌하기도 하고 어이없기도 한 그의 말에 한참 말을 잇지 못하다가 말했다. "교회에 대한 자긍심은 좋지만, 지나친 자긍심은 교회의 발전을 저해합니다. 영락교회를 통하여 우리가 더 많이 배워야 합니다." 실제로 이런 자긍심이 텃새로 비쳐 새 신자의 정착을 어렵게 하고 있었다. 그리고 이런 감정은 내게도 예외가 아니어서 담임목사인 나도 여러 해가 지나도 마치 새 신자 같은 느낌을 안고 살아야 했다.

환경보존과 재활용실

내가 연동교회에 부임할 20세기 말 무렵 유난히 환경보존에 대한 교회의 관심이 고조되고 있었다. 내가 미국에서 귀국한 다음 해인 1989년에 연세대학교에서 '세계개혁교회연맹'(WARC, 현 '세계개혁교회커뮤니언'〈WCRC〉)도 JPIC(Justice, Peace & Integrity of Creation), 즉 '정의, 자유, 창조의 보존'을 주제로 개최되었다. 환경에 대한 각별한 관심을 가지고 있던 나는 교회가 환경보존과 경건과 절제의 현장이 되어야 한다고 강조하였다. 이를 위해 공간 확보가 시급하여 임대를 주던 교육사회관 1층의 치과, 피아노 가게, 한복 가게를 어렵게 내보내고 큼직한 방을 '환경절제실'로 만들어 '재활용실'이라 불렀다. 지금까지 활용되고 있는 재활용실은 쓰던 물건을 함께 나누어 쓰는 방이다. 의류 등 다양한 물건을 깨끗하게 다듬어 가져다 놓고 필요한 사람이 쓸 수 있도록 했다. 이것은 내가 미국 유학 시절 학교에 있던 재활용실에서 도움을 받았기에 거기에서 배운 것을 우리 교회에 접목한 것이다.

그리고 교회 제직회 부서에는 경건절제부를 만들어 환경보존을 전담하는 기구를 만들었다. 조직에 대한 나의 기본 생각은 유연해야 한다는 것이다. 그래서 여러 해 후 경건절제부는 부서에서 제외되었지만, 경건과 절제가 그리스도인의 신앙생활에 꼭 필요한 덕목이라는 내 생각은 변함이 없다. 경건, 절제 운동을 통해 환경보존 실천을 강조하고 1992년에는 에어컨 대신 부채를 쓰자는 의미로 전 교인들에게 부채를 제작하여 나누어 주었다. 그때 부채 제작비는 장로님들이 담당해 주셨다. 내가 교인들에게 강조한 것은 절제였다. 샴푸를 안 쓰는 것이 아니라 적게 쓰고, 종이를 쓰되 이면지를 활용하여 재사용하며, 물을 아껴 쓰고 생활폐수를 줄이는 것 등이었다. 이런 노력으로 우리 교회는 환경보존에 힘쓰는 모범적 기관으로 인정받았고, 국무총리실에서 환경 실천 기관으로 선정되어 상을 받기도 하였다.

당회 서기

우리 교회는 전통적으로 당회 서기는 당회장이 시니어 장로 가운데서 임명하는 형식을 취하였다. 당회장이 임명하면 당회에서 인준하는 절차를 거쳐 서기로 섬기게 되는 것이다. 그런데 어느 해는 인선위원회에서 당회 서기를 인선하여 당회에 보고하는 우를 범하고 말았다. 인선위원장은 인선 결과를 발표하면서 "당회 서기에 장하린 장로"라고 보고했다. 장 장로님은 성격이 강하시고 의견이 분명하시기에 때로는 설득하기에 힘이 드는 분이었다. 인선위원장의 보고를 들은 장로님들은 "왜 당회장이 임명할 일을 인선위원회가 했느냐?", "왜 당회장과 의논도 안 하고 일방적으로 했느냐?"라고 말씀하셨다. 당회장인 나도 황당하기는 마찬가지였는데 거기에 더해 인선위원장은 "장 장로님이 당회 서기를 하겠다고 의사를 밝혔다."라고 하였다.

　　　나는 언제나 막힌 데가 있으면 먼저 하나님께 뚫어 달라고 기도하는 편이다. 당회 서기를 임명할 수도, 하지 않을 수도 없는 진퇴양난에서 급하게 답을 달라고 하나님께 기도하였다. 그 순간 하나님은 '신의 한 수'를 주셨다. "다들 조용히 하십시오. 언로 중지합니다. 제 말을 잘 들으시기 바랍니다. 인선위원회가 당회 서기를 인선한 것은 우리 교회의 관습법에 따라 불법이므로 당회장 직권으로 폐기하겠습니다. 대신 당회장인 제가 이 시간에 한 분을 임명하겠는데, 잘 들으시고 인준하시기 바랍니다." 내가 임명한 당회 서기 후보는 바로 장 장로님이었다. 인물은 동일하지만, 인선위원회가 추천한 것이 아니라 당회장이 임명한 것이다. 내가 동일 인물을 임명한 후 인준 동의를 하라고 하니 안 된다고 소리치던 장로님들이 말없이 나를 바라보기만 했다. 이런 때는 제일 큰 소리로 안 된다고 하신 장로님이 동의하는 것이 좋을 것 같다는 생각에 박인석 장로님께 동의하시라고 하였다. "목사님이 원하시니 동의하겠습니다." 동의는 했지만 아무도 제청을 하지 않았다. 나는 두 번째로 큰 소리를 낸 김진기 장로님께 제청을 하시라고 하여 제청도 받아냈다. 그때 나는 지체하지 않고 "동의 제청이 있습니다. 가하시면 '예.' 하세요."라고 하며 당회 서기 인준을 끝냈다.

그 뒤로 나는 이 일을 잊고 있었는데 수요일 아침 장 장로님이 전화를 주셨다. "목사님, 오늘 오후에 교회에 계시지요?" 특별한 경우가 아니면 수요일에는 종일 교회에서 말씀을 준비하기에 그렇다고 말씀드리자 "오후 3시에 목사님을 찾아 뵙겠습니다."라고 말씀하신 뒤 끊으셨다. 말씀하신 대로 3시에 장로님이 오셨다. 나는 자리에서 일어나 장로님을 안내하였다. 장로님은 잠시 기도를 드린 후 입을 열면서 "목사님, 그동안 저 때문에 많이 힘드셨지요?"라고 물으셨다. 나는 정말로 힘이 들었기에 "예, 힘들었습니다."라고 대답하였다. 장로님은 곧이어 "목사님, 제가 당회원으로 있는 동안 신명을 다해 목사님을 보필하겠습니다."라고 하셨다. 천군을 얻은 기분이었다. 장 장로님께서 당회 서기로 섬기실 때 나는 어느 때보다 편안한 목회를 하였다. 리더십 이론에 '나를 반대하는 사람을 내 편으로 만드는 것이 최고의 리더십이다.'라는 말이 있는데, 이를 이룬 것이다.

이때 나는 평소에 성경을 통하여 배우고 가르치던 예수님의 리더십을 생각하고 있었다. 예수님이 제자를 세우실 때 예수님을 만나기도 전에 가장 예수님을 낮춰 본 사람이 나다나엘이었다. 빌립의 인도를 받은 나다나엘은 "나사렛에서 무슨 선한 것이 날 수 있느냐"(요 1 : 46)라고 하였다. 그런데 나다나엘을 만나신 예수님은 누구에게도 하지 않은 최고의 찬사를 보내신다. "이는 참으로 이스라엘 사람이라 그 속에 간사한 것이 없도다"(요 1 : 47). 그리고 자신을 이미 알고 계신 예수님에게서 신성을 발견한 나다나엘은 "랍비여 당신은 하나님의 아들이시요 당신은 이스라엘의 임금이로소이다"(요 1 : 49)라는 신앙고백을 한다. 예수님이 하나님의 아들이라는 그의 고백은 제자 가운데 가장 빠른 고백이었다. 나다나엘의 신앙고백에 이어 예수님은 그에게 천상의 비밀을 누설하신다. "진실로 진실로 너희에게 이르노니 하늘이 열리고 하나님의 사자들이 인자 위에 오르락내리락 하는 것을 보리라"(요 1 : 51). 예수님의 리더십은 자신을 낮추는 자를 가장 높여 주는 것이다. 이것은 예수님의 목회의 첫째 요소이며, 핵심 요소이기도 하다.

연동교회를 목회하는 동안 당회 서기 장로님들이 한결같이 나의 좋은 조력자와 힘이 되어 주셨지만, 특히 장 장로님은 당회 서기로 섬기실 때 반대자를 설득하는 일이나 어려운 문제의 실마리를 푸는 일을 직접 나서서 하셨다. 당회 도중에 해결하기 어려운 문제가 발생하면 옆에 계신 장 장로님께 물어보았다. "장로님, 어떻게 할까요?" 장로님은 "목사님 생각대로 통과시키세요. 나머지는 내가 알아서 할게요."라고 하셨다. 실제로 장로님은 반대자들을 설득하여 당회가 결의하고 내가 원하는 대로 일이 될 수 있도록 이끌어 주셨다. 장 장로님은 약속대로 당회원으로 계시는 동안 나의 든든한 우군이 되어 주셨다. 그런데 안타깝게도 장로님은 하셔야 할 일을 남겨 놓으시고 지병으로 세상을 떠나셨다. 이 일로 나는 큰 슬픔에 빠지기도 했다.

가나의 집

현재 '가나의 집'이 있는 자리는 원래 120평과 80평 두 필지의 대지였다. 교회의 미래를 위하여 그 땅이 필요했고, 이 땅을 놓치면 교회 인근에 우리가 얻을 수 있는 땅은 없었다. 나는 이 일을 위하여 기도하며 이 땅을 매입하자고 하였다. 120평은 비교적 쉽게 매입할 수 있었지만, 나머지 80평은 매입이 쉽지 않았다. 처음에는 건축 일을 하셨고 교육사회관 증축 공사를 담당하신 방정현 장로님께 매입 건을 의뢰하였다. 2주 후 방 장로님께서 오셔서 "목사님, 포기합시다. 그 땅 주인이 땅값을 높여 놓고 팔 마음이 없습니다."라고 하셨다.

그때는 강대선 장로님의 시무 마지막 해였는데, 강대선 장로님은 당회에서 말씀을 거의 하신 적이 없으시지만, 묵묵히 할 일을 하시는 분이었다. 그리고 우리 교회 인근 동네에 오래 사셔서 지역 사정을 잘 알고 계셨다. 당회에서 나는 강 장로님께 80평 매입을 직접 부탁드렸다. 그리고 매입에 대한 전권을 위임하며 "전권 위임이란 협의와 계약까지 모든 것을 위임하는 것입니다."라고 설명드렸다. 그리고 강 장로님이 은퇴하시기 전에 이 일을 꼭 이루시라고 당부도 드렸다. 그런데 주일에 내 얼굴을 마주쳐도 땅 얘기는 꺼내지 않으셨다. 한 달이 지나고 두 달이 지나도 소식도 없었다. 나는 장로님이 어떤 분인지 알기에 만나도 땅에 대한 이야기를 묻지 않았다. 석 달이 지나고 넉 달이 지나자 장로님이 오셨다. 그리고 "목사님, 땅 계약했습니다."라고 한마디만 하셨다. 그리하여 200평의 대지를 매입하여 '가나의 집'을 건축하게 된 것이다. '가나의 집'을 건축할 때 방 장로님이 많은 수고를 하셨다. 일을 하다 보면 그 일에 적절한 인물이 있고, 이 인물을 찾는 것이 리더십일 것이다. 대지를 매입하는 분과 매입한 대지에 건축하는 분은 따로 있었다.

　　나는 신학대학교에서 리더십을 강의할 때 성품을 테스트하는 자료를 사용한다. 그 자료는 크게 네 가지 성품으로 사람을 분류하는데, 성품이란 좋고 나쁜 것이 아니라 다른 것이다. 리더십에서 이 테스트를 하는 이유는 자신의 성품을 알고 상대의 성품을 이해하는 것은 리더의 중요한 자질이기 때문이다. 나는 장로님들과 함께 이 테스트를 하여 자신과 상대의 성품을 알고 이해하게 하였다. 그리고 장로님들의 성품 유형을 내 머릿속에 저장하여 어떤 특정한 업무를 맡길 때 활용하였다. 강대선 장로님께 대지 매입을 부탁한 것이나 방정현 장로님께서 건축위원장으로 수고하게 하신 것은 이 테스트의 결과를 활용한 것이다.

　　'가나의 집'의 원래 구상은 '연동복지문화관'이었다. 나는 늘 현대 선교는 이전과 같이 가가호호 방문하여 직접 복음을 제시하거나 길거리에서 전도지를 배포하며 호소하는 방법은 비효율적이며, 적합하지 않다고 생각했다. 이런 직접적 전도 방법이 아니라 간접적 방법을 통하여 복음을 전하여야 한다고 생각했다. 이것이 곧 복지와 문화이다. 복지와 문화는 현대교회를 지탱할 두 기둥이다. 마치 솔로몬 성전의 야긴과 보아스처럼 성전을 우뚝 세우는 힘이라고 생각한다. 야긴과 보아스는 다른 이름을 가지고 있었지만, 높이나 문양이나 조각이나 모습이 동일하였다. 복지와 문화는 바로 이런 교회의 두 기둥이라는 것이 나의 이론이다. 그래서 연동복지문화관이 복지와 문화 두 콘텐츠를 담는 집이 되기를 원하였다. 연동복지문화관은 건물의 이름을 정리하면서 '가나의 집'이 되었다.

여성 안수와 여성 장로

1995년 대한예수교장로회(통합)는 여성 안수를 허락하였다. 여성 목사와 여성 장로가 오랜 산고 끝에 비로소 탄생하게 된 것이다. 나는 개인적으로 여성 안수를 일찍 찬성하였고, 찬성을 넘어 목회학박사 학위 논문도 "Women's Ordination : It's Necessity and Effectiveness in the Presbyterian Church of Korea"(여성 안수 : 대한예수교장로회에서의 필요성과 효율성)란 제목으로 쓸 만큼 여성 안수에 관심이 깊었다. 여성 안수에 대한 글도 많이 쓰고 강의도 많이 하였다. 우리 교단이 여성 안수를 허락하였을 때 나의 작은 노력이 도움이 된 것 같아서 정말 기뻤다. 여성 안수를 주장하다가 약간의 어려움도 경험하였다. 어떤 목사님은 마구 야단을 치기도 하고, 어떤 분은 집으로 전화하여 아내에게 남편 단속 잘하라고 훈계하기도 하며, 심지어 어떤 이는 선친께 전화하여 아들을 말리지 않고 무엇 하느냐고 윽박지르기도 하였다. 하루는 여성 안수에 대해 강의하는 중 아주 극렬하게 반대하는 어느 목사님에게 "내가 보니 여성 안수를 반대하는 분들이 부부 사이가 안 좋습디다."라고 하였다. 이에 화를 내더니 잠잠해졌다. 이런 저항에도 불구하고 우리 교단은 마침내 여성 안수 제도를 이루어 낸 것이다.

그리고 곧이어 우리 교회에 여성 장로를 세웠다. 우리 교회가 세운 여성 1대 장로는 김기환 장로님과 이현정 장로님이시다. 그런데 안타깝게도 김기환 장로님은 임직 후 주일예배에서 기도 인도를 한 번도 못 하시고 병환으로 세상을 떠나셨다. 정이 많고 쾌활하신 김 장로님은 나와 우리 가족을 많이 사랑해 주셨다. 김 장로님이 병원에 입원해 계실 때 병실을 찾았더니 장로님이 자꾸 돌아가신다는 말씀을 하셨다. 나는 장로님께 이렇게 말했다. "장로님, 돌아가시면 안 돼요. 장로님이 돌아가시면 제가 슬퍼서 장례예식 인도도 못 해요. 그러니 돌아가실 생각은 하지 마세요." 이 말이 떨어지기가 무섭게 장로님은 웃으시면서 "목사님이 어디 가고 안 계실 때 내가 죽으면 되지요."라고 하셨다. 얼마 후 총회 세계선교부의 중동선교대회 강의차 레바논에 가 있는 동안 김 장로님의 부음을 듣게 되었다. 말이 씨가 된 것이다. 그 후 김 장로님의 1주기 예배를 함께 하면서 가족들에게 이 말을 전했다. 그 후 내가 시무하는 동안 당회원 가운데는 여성 장로님들이 있었고, 모두 열한 분의 여성 장로님을 세웠다. 여성 장로님들은 목회와 당회에 많은 도움을 주셨다. 우리 교회는 여성 안수가 허락되기 이전에도 집사님 한 분과 권사님 한 분이 당회에 옵서버로 참석하게 했다. 그러나 여성 장로님이 당회원으로 참석하는 것은 전혀 다른 차원이었다. 성도의 3분의 2에 가까운 수가 여성인 것을 감안하면 교인의 목소리를 대변하는 역할을 여성 장로님이 담당하게 되는 것이 얼마나 다행한 일인지 모른다. 여성 장로님들은 모성으로 교회를 자상하고 세밀한 마음으로 돌보고 섬기시며, 특히 담임목사인 나에게도 늘 어머니의 마음으로 협력자가 되어 주셨다. 은퇴할 때까지 당회원 수의 3분의 1을 여 장로님으로 세울 계획이었지만, 이루지는 못했다.

장의자

현재 예배당의 장의자는 2003년에 교체한 것이다. 기존 장의자는 1978년 예배당 헌당 당시에 제작한 것이었으므로 25년을 사용한 의자였다. 25년을 사용했다고 폐기 처분할 만큼 훼손된 것은 아니지만, 장시간 앉아 있기에는 불편했다. 어느 집사님이 장의자를 교체해 달라고 약간의 봉헌을 하실 만큼 불편을 느낄 만한 의자였다. 그런 가운데 무명의 집사님이 거액을 봉헌하셨다. 집사님은 헌금을 교회의 필요한 곳에 써 달라고 하셨다. 나는 장의자를 교체하는 데 사용해도 되겠냐고 물었고 집사님은 선뜻 동의하셨다. 그리고 장의자 교체를 제직회에 보고하였는데 작은 논란이 벌어졌다. 의자는 앉을 수만 있으면 되는데 왜 교체하느냐고 반론을 제기하며, 불필요한 곳에 왜 교회의 재정을 소모하느냐는 항의성 발언이 이어졌다. 어느 집사님은 '노블레스 오블리주'를 논하며 장의자 교체는 우리 교회가 있는 자로서의 책임을 잃어버리는 일이라고도 했다. 내가 장의자를 교체하자는 것은 돈이 남아서도 아니고 사치스러운 낭만도 아니었다. 나는 미래목회학을 꾸준히 공부하며 책을 읽는 가운데 아주 중요한 부분을 발견하였다. 의자가 불편한 교회는 교인들의 평균 기도 시간이 5분을 채 넘기지 못하고, 의자가 편안하면 기도 시간이 10분을 넘긴다는 관찰 보고였다. 그리고 예배당의 내부가 침침하면 교인들의 기분도 우울하고, 감동과 즐거움이 덜하여 교회가 성장하지 않으며, 교회 내부가 밝으면 감동적이고 예배의 은혜가 배가 된다는 것이다. 나는 제직회원들에게 이런 설명을 하며, 재정이 들어가더라도 교인들이 기도를 더 많이 하는 편을 택하겠다고 하였다. 그리고 재정도 이미 봉헌자가 내게 위임을 하였고, 봉헌자에게 허락을 받았다고 하였다. 그래서 현재의 장의자로 교체한 것이다. 원래 장의자는 짙은 갈색이었는데 새 장의자는 옅은 베이지색이다. 나무의 재질이 뛰어나고, 인체공학적으로 설계되어 디자인도 뛰어난 의

자이다. 나는 그동안 많은 교회를 가 보았지만, 우리 교회 장의자만큼 편안한 의자를 본 적이 없다.

장의자를 교체할 때처럼 나는 어떤 물건을 사거나 교체하게 될 때 두 가지를 늘 염두에 두었다. 필요성(necessity)과 효율성(efficiency)이다. 이 두 가지 조건을 다 충족한다면 최고의 상태이고, 그렇지 않으면 두 가지 가운데 하나를 따진다. 만일 새로운 어떤 것을 구입하게 될 경우에는 그것이 꼭 필요한지 필요성을 따진다. 그리고 어떤 것을 교체하거나 질을 높일 경우에는 그것이 효율적인지 효율성을 따진다. 장의자에 대한 필요성은 이미 전 세대에 끝난 이야기이다. 바닥에 앉아 예배하다가 필요성을 느껴 장의자를 예배당에 들여놓게 된 것이다. 이제는 장의자에 대한 효율성을 따질 때이다. 이전의 장의자는 예배 시간 내내 가만히 앉아 있기조차 힘들 정도로 바닥과 등받이가 불편하게 제작된 것이었다. 새로 교체한 장의자는 예배와 기도에 효율적 기능을 하였다.

포스트모던 예배

20세기 말의 가장 급격한 변화는 모든 면에 끼친 포스트모더니즘의 짙은 영향 때문일 것이다. 이런 포스트모더니즘의 영향은 예배에서도 예외가 아니었다. 오랜 역사적 목회 형태의 변형, 전통적 예배 형식의 파괴, 전승적 교회교육의 탈바꿈 등이 교회 안에서도 현저하게 드러나고 있었다. 듣는 예배에서 보는 예배로, 참가하는 예배에서 참여하는 예배로, 수동적 예배에서 능동적 예배로 대전환을 이룬 것이 바로 그때였다. '열린 예배'(Open Worship), '구도자 예배'(Seeker's Worship)가 마치 예배 형식의 정답인 양 번지기 시작하였다. 나는 교회의 미래인 청년들과 다음 세대를 위하여 점진적인 변화를 시도하였다. 오르간과 피아노에 의존하던 찬양에 신시사이저와 기타와 드럼을 도입하고, 듣는 예배를 듣고 보는 예배로 전환하여 스크린을 설치하였으며, 찬송가와 더불어 복음성가를 예배 찬송으로 도입하였다. 이 또한 엄청난 거부와 반발을 일으켰다. 기타나 드럼 같은 경박한 악기를 예배에 사용한다고 제직회가 다시 술렁였다. 그때 나는 확실한 신념을 가지고 이렇게 말했다. "기타나 드럼은 나도 아직 적응이 되지 않습니다. 나도 복음성가보다 찬송가가 좋습니다. 그러나 기성세대가 좋아하는 것만 고집하다가는 젊은 세대를 놓치게 됩니다. 앞으로 50년이 지나면, 사람들은 이 시대의 연동교회를 돌아보며 다른 사람의 이름이 아니라 저의 이름을 떠올릴 것입니다. 저의 이름이 역사에 기록될 것입니다. 그러니 제가 책임질 수 있도록 제게 맡겨 주십시오. 제직원 여러분이 우리 교회의 장로, 집사, 권사라고 생각하지 마시고 청년이라고 생각해 보십시오. 여러분이 청년이라면 우리 교회에 나오겠습니까? 나라면 안 나올 것 같습니다. 청년들을 배려하지 않고 어른들의 생각과 경험만을 고집하는 교회에 청년들은 매력을 느끼지 않습니다. 그리고 오르간이나 피아노가 교회음악을 위한 악기라고 생각하지 마십시오. 피아노는 학교에도 있고 심지어 술집에도 있습니다. 하나님께 영광 돌리기 위해 사용하는 악기는 어떤 악기든지 거룩합니다. 성경의 악기를 보세요. 다윗이 사용했던 비파와 수금이나 제금 등은 성전 음악을 위한 악기가 아니라 세속 악기였습니다. 어떤 악기든지 하나님을 찬양하는 도구로 사용하면 거룩한 악기가 되는 것입니다. 오르간이 교회음악의 최고의 악기라고 합니다만 200여 년 전만 해도 미국에서 오르간 설치를 두고 지금 우리 교회와 같이 거룩하니 거룩하지 않느니 하는 격한 논쟁을 벌였습니다. 하나님을 찬양하는 모든 악기는 거룩한 악기입니다. 우리의 목소리도 찬양하면 거룩한 악기지만, 세속적인 유행가만 부르면 세속 악기입니다. 악기 자체를 가지고 거룩한 것, 세속적인 것을 구분하는 것은 잘못된 것입니다." 그날 이후 악기에 대한 논란은 사라졌고, 오히려 찬양선교단이 활성화되었다. 찬양선교단은 세 개가 있었는데, 청년예배 담당은 '예수님의 사람들'이라는 뜻으로 '예람', 주일 오후예배 담당은 '하나님의 놀이패'라는 뜻으로 '하놀', 수요기도회 담당은 '다 함께 올려 드린다'라는 뜻으로 '다올'이라고 이름을 지어 주었다. 이와 더불어 2012년 몸 찬양팀이 구성되었다. 몸으로 하나님을 찬양하는 또 하나의 찬양팀에게 '소마애'라는 이름을 지어 주었다. 몸이라는 뜻의 헬라어 '소마'와 사랑이란 뜻의 한자어 '애'의 합성어로, '몸으로 하나님의 사랑을 표현하는 찬양팀'이란 뜻이다.

포스트모던 시대의 또 하나의 특징은 멀티미디어이다. 산업사회의 단순 미디어에서 멀티미디어로의 전환은 실로 획기적인 변화였다. 우리 교회가 처음으로 프로젝터와 스크린을 설치할 때 청년들은 "와!" 하고 환호성을 질렀다. 하지만 또 한 차례 시비가 있었다. 설교자의 음성뿐만 아니라 표정을 보고, 성경구절과 찬송 가사를 눈으로 보며, 귀로 듣는 예배에서 보고 듣는 예배로의 전환이 어른들의 심한 거부 반응을 불러일으킨 것이다. 제직회 때 나는 또 한 번 설득 작업에 들어가야 했다. "우리 교회의 젊은 세대들은 집에서 이미 TV나 컴퓨터의 스크린에 익숙한 세대입니다. 그들에게는 소리뿐만 아니라 소리와 더불어 영상이 있어야 집중할 수 있고 기억할 수 있습니다. 우리 젊은 세대는 우리의 아이들입니다. 아이들에게 집에서는 그렇게 하도록 하면서 교회에서는 하지 못하게 하는 것은 잘못된 일입니다. 구약은 소리 시대입니다. 하나님은 하나님의 사람들에게 소리로만 나타나셨으며, 하나님을 보면 죽는다고 했습니다. 그래서 하나님은 '아담아', '아브라함아', '모세야'라고 부르셨습니다. 그러나 신약은 보고 듣는 시대입니다. 하나님은 사람들이 자신을 보게 하시려고 예수님을 하나님으로 이 땅에 보내셨습니다. 빌립이 '내 아버지를 보여주소서.'라고 했을 때 예수님은 '나를 본 자는 아버지를 보았다.'라고 하셨습니다. 예수님은 자신을 보여 주시며 말씀을 들려주셨습니다. 이제는 교회의 미디어도 청각에서 시청각으로 전환해야 합니다." 스크린을 떼어 없애야 한다고 하며 시대의 변화에 적응하지 못하던 기성세대도 얼마 후에는 익숙해지는 듯했다. 시대에 설득당했는지 아니면 신세대 설득을 포기했는지 모르지만, 스크린에 대한 논란이 사라졌다. 오히려 창립 120주년 사업으로 한 본당 리노베이션 과정에서 현재의 고화질 LED 스크린으로 교체하였고, 모두들 만족했다.

개척 기도

연동교회에 부임한 후 5년이 지났을 때 두터운 전통의 벽에 한계를 느껴 숨이 막힐 것 같았다. 새로운 일을 시도할 때마다 "우리는 그렇게 안 해 봤습니다.", "우리 전통이 아닙니다.", "하던 대로 합시다."라는 말에 비전이 꺾이고, 용기도 사라지고 말았다. 그래서 나는 하나님께 교회 개척을 위해 기도하기 시작하였다. "하나님, 교회를 개척할 사람과 물질을 주십시오." 한참 기도하는 가운데 하나님의 음성이 들려왔다. "연동교회는 어쩔래?" 그 음성에 나는 "연동교회가 내 교회입니까? 하나님의 교회이니 저에게 묻지 마시고 연동교회는 하나님이 알아서 하십시오."라고 대답했고, 마치 줄다리기를 하듯 하나님과의 씨름은 한참 계속되었다. 그런데 어느 날 새벽기도 시간에 하나님께서 천둥소리처럼 확실하게 들려주셨다. "내가 볼 때는 연동교회 목사는 이 목사 네가 제일 낫다." 이 응답에 교회 개척 기도는 끝을 냈다. 그리고 그때부터 연동교회 목회에 주력하게 되었다. 이는 부임 후 6년이 지나고 1차 안식 기간이 지났을 때의 일이다. 그동안 교회 전통과의 씨름에서 문제는 교회가 아니라 나 자신이었다. 나는 나 자신과의 씨름에서 비로소 승리하고 전통의 굴레에서 벗어나게 된 것이다.

2004년 초 조용한 반란이 마음속에서 일어났다. 미국에서 유학 중 섬기던 남가주 동신교회가 느닷없이 청빙서를 보내온 것이다. 내가 귀국한 후 남가주 동신교회를 섬기던 김상구 목사님이 은퇴하시면서 전임이었던 나를 다시 청빙하려 했던 것이다. 귀국한 후에도 오랜 친분을 쌓은 그곳 교인들과 교제를 이어 오긴 했지만, 다시 미국으로 간다는 것은 상상할 수 없는 일이었다. 남가주 동신교회 어느 장로님은 내가 다시 미국으로 오기를 간절히 바라며 내게 통장을 하나 주셨다. 통장에는 10,000달러가 들어 있었다. 미국으로 다시 오게 되면 집을 살 때 계약금으로 사용하라는 것이었다. 미국으로 다시 가지 않는다는 것을 확정한 다음에 그 돈을 다시 장로님께 돌려 드렸다.

그런데 막상 청빙서를 손에 쥐고 나니 마음에 작은 파도가 치기 시작하였다. 그때는 아들이 미국에서 박사과정을 이수 중이었으므로 더욱 마음이 기울어질 수밖에 없었다. 그러나 나의 의사와는 관계없이 보내온 청빙서였으므로 쉽게 거절할 수 있었다. 청빙서를 보냈지만 내가 가지 않는다고 하자 남가주 동신교회의 담임목사님이 곤란에 처하고 말았다. 교회가 담임목사님에게 책임을 물은 것이다. 목사님은 이 일을 수습하기 위하여 나를 만나러 한국까지 오셨다. 청빙서를 받았지만 내가 가지 않겠다고 거절해서 가지 않는 것임을 확실하게 해 달라는 것이었다. 그래서 나는 확인서를 써 드렸고, 목사님은 그것을 가지고 돌아가셨다. 그 후에 남가주 동신교회도 다른 좋은 목사님을 청빙하게 되었다. 아마 내가 교회 개척을 위해 기도하던 때에 이런 청빙서를 받았더라면 뒤도 돌아보지 않고 하나님의 뜻을 운운하며 미국으로 서둘러 돌아갔을 것이다. 내게 하나님의 '카이로스'는 언제나 절묘하였다.

장로회신학대학교

내가 신학대학교에서 수학할 때부터 품고 있던 나의 장래에 대한 생각은 목회자가 된다는 것과 공부는 힘닿는 데까지 한다는 것이었다. 목회자로 교회를 섬기면서 기회가 되면 공부한 것을 책으로 남기고 후학들에게 전달하겠다고 생각했다. 그래서 공부하는 목회자로 남기를 바랐다. 지나고 나서 보면 내가 생각했던 대로 목회와 공부를 병행하였던 것 같다. 나는 박사학위를 받은 이후 1991년부터 장로회신학대학교의 겸임교수로 그리고 다른 신학대학교에서 강의와 특강 등을 제법 부지런히 하였다. 내가 맡은 과목은 '교회행정'으로 나의 전공이자 가장 잘할 수 있는 과목이었다. 신학에서 다소 생소한 이 과목은 전공자가 많지 않았기에 나는 오랫동안 한국 교회에서 이 분야의 일인자로 공헌할 수 있었다. 내가 가지고 있는 지식을 나누는 일에 인색할 필요가 없다는 생각에 그렇게 열심히 뛰어다닌 것이다.

그러던 중 2008년 장로회신학대학교 이사회가 나를 총장으로 선임하였다. 대개 총장 선임은 후보자의 지원과 학교발전계획 등을 제출한 뒤, 이사회에서 발전계획을 발표하고 면접을 하는 등의 과정이 있으나 나는 이런 과정을 거치지 않고, 이력서 한 장을 제출한 일 없이 선임된 것이다. 그리고 이사회에서 선임되었다는 통보를 보내왔다. 이사회가 나를 총장으로 선임하자 기독교 언론뿐만 아니라 일반 언론에서까지 기사를 내보냈고 순식간에 교회에 소문이 쫙 퍼졌다. 이사회의 선임 소식을 접한 나는 이것이 하나님의 계획이라고 확신하였다. 겸임교수로 학교에서 가르치고 있었고, 미래를 공부하면서 신학교육의 진로를 나름대로 파악하고 있었기에 하나님의 선택이라고 의심 없이 수용했던 것이다. 그래서 나는 총장으로 부임하기로 작정하였다. 신학대학교 총장은 총회의 인준 과정을 거쳐야 하므로 총회가 지나고 그해 10월 5일에 총장취임식을 하리라고 날짜와 순서자까지 정해 놓았다.

그리고 당회에서 "총장으로 갈까요? 말까요?"가 아니라 "총장으로 갑니다. 사임을 허락해 주시기 바랍니다."라고 하였다. 그러나 당회원들의 허락이 쉽지 않았다. 나는 "안 됩니다."라고 잡는 척하면서도 뒷문을 슬쩍 열어 출구를 확보해 주리라고 생각했다. 그래서 조금 시간이 지나면 사임을 허락할 것이라고 기대했다. 그러나 시간이 지나도 좀처럼 합의가 안 되어 결론을 내리지 못하고 당회를 폐회하였다. 당회가 시작된 지 네 시간이 흘렀고 결국 임시당회를 다시 소집하기로 하고 헤어졌다. 똑같은 얘기가 임시당회에서 다시 반복되었다. '세상에서 제일 맛없는 회가 당회'라고 목사들끼리 농을 하는데, 이미 네 시간 동안 논의하던 사임 건에 대해 다시 시계를 풀고 대화한다는 것은 여간 힘들고 맛이 없었다. 한참 동안의 논의 후에 나는 장로님들에게 한마디씩 의견을 얘기해 보라고 하였다. 대부분의 장로님들은 총장으로 가면 안 된다는 단호한 의사를 표시하였다. 그 가운데 몇몇 장로님은 우리 교회만 생각하지 말고 한국 교회와 신학교육을 위해서 보내드리자는 의견을 피력하였다. 그 중 어느 장로님은 내가 사임하게 되면 담임목사 청빙위원회를 구성하고 청빙 때까지 원로목사님이 강단을 담당하면 된다고도 하였다. 그때 어느 한 장로님이 "목사님께서 총장으로 가시면 우리 장로들은 시무 사임하겠습니다."라고 하는 것이었다. 임시당회가 시작된 지 다섯 시간이 될 무렵 이 말을 들으니 나는 감정이 상기되어 "제가 총장으로 가는데 장로님이 왜 사임을 합니까?"라고 하였다. 장로님은 "교인들은 목사님이 총장으로 못 가시게 말리라고 하는데, 목사님을 보내 놓고 우리가 어떻게 시무합니까?"라고 하는 것이었다. 나는 당회와 공동의회와 노회를 거치는 까다로운 절차를 통해 장로 임직을 하게 되는데, 사임한다고 사표 한 장 낸다고 사임할 수 있는 것이 아니라고 타이르듯 이야기했다. 한참이나 임직자의 자세를 설명하는데, 그 설명이 내게도 해당되는 말이라는 생각이 번뜩 들었다. 위임목사가 되기 위해 공동의회에서 출석 3분의 2 이상의 동의를 얻어야 하는 등 많은 과정을 거친 것처럼 위임목사의 사임도 사표 한 장으로 끝날 일이 아니었다. 우리 교단의 헌법에 위임목사가 사임할 때 교인 3분의 2 이상의 동의를 얻어야 한다는 성문법은 없지만, 법의 정신은 분명히 그럴 것이다. 장로교회 헌법의 정신을 생각하니 갑자기 총장으로 가야 한다는 강박관념이나 아집이 순식간에 사라졌다.

바로 그때 당회 서기인 최문규 장로님이 "목사님, 우리 장로들이 가부를 투표해서 목사님께 드릴 테니 이 자리에서 보지 마시고 댁에 가서 보시고 목사님이 판단하시면 좋겠습니다."라고 하였다. 나는 이미 장로님들의 마음을 읽고 있던 터라 "장로님들 얼굴이 투표용지인데 달리 투표할 필요가 있겠습니까? 다음 주일 광고 시간에 제가 가부간 발표하겠습니다. 만일 총장으로 간다고 하면 하나님의 뜻인 줄 알고 고이 보내 주세요."라고 하니 장로님들도 벌써 눈치를 채고 "예."라고 하였다. "만일 가지 않는다고 하면 간다고 하더니 왜 안 가냐고 하지 말고 잘 봐주세요."라고 했더니 장로님들이 그제야 크게 웃었다. 아홉 시간에 걸친 두 차례의 당회가 총장 부임을 위한 사임 문제를 종결짓는 순간이었다. 그리고 그다음 주일 광고 시간에 이렇게 말했다. "이미 언론을 통하여 제가 장로회신학대학교 총장으로 선임된 사실을 알고 계실 텐데, 안 가기로 했습니다." 그때 교인들은 박수로 환호했고, 심지어 많은 분들에게 감사 인사를 받고 식사 대접까지 받았다. 장로회신학대학교 총장 선임 문제는 이렇게 해프닝으로 끝났다. 만일 내가 이력서를 제출하고 학교발전계획을 발표하는 총장 청빙 과정을 거쳤더라면 장로님들의 만류에도 갈 수밖에 없었을 것이다.

내가 고등학교에 재학 중이던 1964년 선친께서는 장로회신학대학교의 교수로 부름을 받으셨다. 선친의 학문과 목회를 선망의 대상으로 삼던 젊은 목회자들과 학교가 선친을 모시고 싶어 했던 것이다. 그러나 대구제일교회는 한사코 선친의 사임을 거절하였다. 심지어 아침에는 권사님들이, 오후에는 집사님들이 편을 짜서 선친을 만류하며 대구를 떠나지 말라고 강청하였다. 나는 그때 대광고등학교에 전학하기로 하여 전학 수속이 진행 중이었고, 우리 가족이 서울에 가서 기거할 사택도 행당동 무학교회 근처에 마련해 놓은 상태였다. 그러나 대구제일교회의 만류로 선친께서는 결국 대구를 떠나지 못하시고, 대구에서 목회를 마치셨으며, 생을 마감하셨다. 우리 집은 선친과 나, 2대가 장로회신학대학교의 교수로 부름을 받았지만, 교회의 만류로 결국 학교로 가지 못하고 목회자로 사역을 마감하게 되었다. 우리 집과 장로회신학대학교는 인연이 없는가 보다. 어쨌든 장로회신학대학교 총장으로 부임은 하지 못했지만, 이사회에서 총장으로 선임이 되었다는 것만으로도 나에게는 감사한 일이었고 영광이다.

건축

내가 1990년 부임했을 당시 한국 교회는 최고조로 성장하는 시기였고 재정도 비교적 유족한 시기였다. 교회 성장에 따라 주일예배를 여러 개로 나누었고, 부교역자를 많이 세워 업무 분담이 이루어졌으며, 교회마다 건축이 붐이었고, 기도원 혹은 수양관 건립에 많은 투자를 하였으며, 교회 개척 혹은 교회 분립이 이루어졌다. 내가 부임하기 전 우리 교회는 수양관 부지로 포천에 4만여 평의 대지를 매입하였다. 그러나 지역 주민들의 반대와 기초 진입로 공사의 과다한 비용 등으로 포천 대지를 그대로 둔 채 강화도에 있는 폐교된 초등학교를 수양관 부지로 매입하였다. 1997년 5월 현재의 강화수양관을 건립하기로 하고 일 년여의 공사 끝에 1998년 5월 수양관을 준공하여 봉헌하였다. 나는 수용 인원 150명을 기준으로 예배실, 강의실, 침실, 식당 등을 갖출 것을 원했다. 왜냐하면 과한 규모를 가진 수양관이 교회의 짐이 되는 경우를 많이 보았기 때문이다. 만약 전 교인이 함께하는 수양회나 행사가 있으면 큰 수양관을 빌려 쓰기로 하고, 우리 수양관은 훈련장의 규모로 하자고 했던 것이다. 그 결과 강화수양관은 '아가피아'를 비롯한 총회나 타 교회의 훈련 장소로 적절히 쓰임을 받고 있다.

교회 옆 200평의 건축 대지를 매입한 후, 여러 해를 준비한 교회는 창립 110주년을 기념하여 '가나의 집'을 건축하기로 하였다. 내가 바라던 교회의 모범적 형태는 새로운 시대에 적응하는 선교 접근 양식을 가진 교회이다. 즉, 이 시대는 이전 시대처럼 대중 전도나 축호 전도 등이 불가능한 시대이므로 교회가 문화와 복지로 사회에 접근해야 한다고 본 것이다. 그래서 문화와 복지는 마치 솔로몬 성전의 야긴과 보아스처럼 두 기둥이 되어야 한다고 생각했다. 이런 선교 개념에서 설립한 것이 '연동복지재단'과 '문화선교부'이다. 원래 복지재단과 문화재단을 설립하고자 했지만, 여러 가지 여건상 문화재단 대신 문화선교부를 제직회 부서로 둔 것이다. 이런 선교 개념을 담기 위한 하드웨어로 200평 대지에 건물을 세우기로 했다. 원래 그 건물의 가칭은 '연동복지문화관'이었는데 준공과 더불어 가나 혼인 잔치처럼 풍요한 잔치와 기적의 집이 되라는 의미에서

'가나의 집'이라고 명명하였다.

　　　목회자에 따라 리더십의 형태가 각각이어서 어떤 목회자는 건축자재까지 일일이 챙기기도 하지만, 나는 새로운 건축물을 설계할 때 기초적인 필요 공간만 제안하고 그 외에는 일체 장로님들과 건축위원들에게 맡기는 편이다. 가나의 집도 예외가 아니었다. 기본 설계 개념으로 카페 갤러리, 소극장, 게스트룸 등이 꼭 포함되었으면 좋겠다고 제안하였다. 건축위원회에서 나의 안을 받아들여 지금의 형태가 되었다. '다사랑'은 교인들과 지역 주민들을 위한 교제의 공간, '열림홀'은 기독예술인들을 위한 문화공간, 게스트룸은 공무로 일시 귀국하는 선교사들의 휴식과 주거 공간이다.

　　　그 가운데 다사랑과 열림홀은 교회의 부속건물인 종교시설로 허가를 받아 준공검사를 하였다. 열림홀은 대학로 주변 소극장들 가운데 가장 효율성이 있는 객석이 150석이라는 정보를 얻어 150석 기준으로 전동식 객석을 만들어 임대하기로 하였다. 전동식 객석은 공연 시에는 객석의 자가 되지만 그렇지 않을 때는 의자를 뒤쪽으로 밀어서 붙이고 열린 공간으로 사용할 수 있었다. 종교시설로 준공검사를 이미 받은 상태였지만, 사업을 하기 위하여 사업장 허가를 받아야 하므로 감면되었던 4,500여만 원의 세금을 냈던 것으로 기억한다.

영성훈련과 '아가피아'

나는 오래전부터 많은 훈련을 경험하였다. 성경공부, 전도훈련, 가정세미나, 영성훈련 등을 경험하면서 훈련의 가치와 중요성을 알고 있었다. 미국에서 잠시 목회할 때는 '전도폭발' 훈련을 받고 '클리닉'까지 하였고, '베델성서', '크로스웨이' 등 성경공부 훈련을 받아 교인들에게 실시하였다. 이후 내가 연동교회를 섬길 무렵 한국 교회에는 훈련의 중요성이 강조되고 있었고, 나는 미래목회를 공부하면서 미래목회의 특징적 내용들을 알게 되었다. 미래목회를 연구하는 학자들의 저서에는 반복적으로 등장하는 용어들이 있다. 반복적으로 등장한다는 것은 중요하다는 뜻이다. 미래목회에 자주 등장하는 용어들은 영성, 평신도, 소그룹, 훈련 등이다. 21세기가 영성 시대라는 것은 미래학자들의 공통적 의견이다. 이전 시대가 성직자 시대라면 새 시대는 평신도 시대라는 것, 나노기술이 발달하는 21세기에는 대형이 아니라 소그룹이 효율성을 증가한다는 것, 훈련이 참 제자를 만든다는 것이다. 장 칼뱅은 '교회는 훈련이다.'(Church is discipline)라고 하였으며, 미래목회를 연구한 학자인 칼 조지(Carl George)는 그의 책에서 21세기 교회는 '메타 교회'라고 정의하면서 메타 교회의 목회자는 교회의 규모에 관계 없이 평신도를 영성적으로 훈련해야 한다고 하였다. 이런 미래지향적 관점에서 나는 영성 훈련 프로그램을 도입하기로 하였다. 미래목회에 자주 등장하는 용어들을 모아 보면 '소그룹 평신도 영성 훈련'이다. 그리하여 우리 교회를 중심으로 시작한 것이 '아가피아 트레스 디아스'이다.

    그 무렵 한국 교회에서는 '트레스 디아스'에 대한 오해가 극심하여 이단 논쟁을 불러일으켰다. 우리 교단을 비롯한 한국 교회 여러 교단들이 이단으로 규정했던 레마선교회의 이명범 씨가 '한국 트레스 디아스'를 조직하여 많은 경험자를 배출했기 때문이었다. '트레스 디아스' 자체가 아닌 이 훈련 프로그램의 사용자로 말미암아 이단 시비가 생긴 것이다. 우리 교회 내에도 '한국 트레스 디아스'를 경험한 분들이 있었는데, 우리 교단 총회에서는 이들을 이단 가담자라고 하여 책벌하라고 명단을 보내왔다. 내가 받은 명단의 인물들은 모두 이단이라기보다 예배에 열중하고, 봉사에 열심이 있으며, 특히 기도에 열정을 가진 분들이었다. 그리하여 나는 은밀히 '트레스 디아스'를 연구하기 시작하였다. 그 결과 '트레스 디아스'의 신학이 정통신학에서 한 치도 치우침이 없는 것을 발견하였고, 참여자의 감동을 극대화하기 위해 진행 과정을 미리 공개하지 않는 것 등으로 오해의 소지가 있는 것을 알았다. 그리고 평신도 운동인 '트레스 디아스'가 가장 효과적으로 평신도를 훈련할 수 있는 프로그램이라는 확신을 가지게 되었다. 그래서 오히려 적극적으로 '트레스 디아스'를 평신도 훈련 프로그램으로 도입하기로 하여 제직회 부서에 영성훈련부를 조직하여 관리하게 하고, 당시 '서울 트레스 디아스', '골든 트레스 디아스', '사랑의 동산', '예닮동산', '나이스 미팅' 등 최대한 많은 트레스 디아스 훈련을 경험하게 하여 우리 교회를 중심으로 한 '아가피아'의 인력으로 활용하였다. '아가피아'는 사랑(아가페)의 나라(유토피아)라는 뜻을 가진 합성어로 1999년 8월 남자 제1회를 시작으로 2019년에 20주년을 맞이하였으며, 여자 40회까지 그리고 청소년 프로그램인 '비다 누에바' 1회를 포함하여 81회 훈련을 시행하여 약 3,500명의 경험자를 배출하게 되었다. 나아가서 '트레스 디아스 한국위원회'(TDKR)를 중심으로 여러 '트레스 디아스'와 공조하며 발전시켜 나갔다. 우리 교회에서는 박행본 장로님이 회장으로 섬겼고, 그 외에도 많은 분들이 '트레스 디아스' 한국 위원회의 임원으로 함께하였다. 2014년에는 세계 트레스 디아스 대회를 한국에서 개최하게 되었고, '아가피아'가 중심이 되어 우리 교회에서 회의를 진행하였다.

'트레스 디아스'를 도입한 후 나는 수많은 이단 시비에 시달려야 했다. 교회 안팎의 오해와 비난을 막아 낸다는 것은 결코 쉬운 일이 아니었다. 교회 밖에서의 시비보다 교회 안에서의 반대와 비난이 더 큰 시련을 주었다. 그래서 '아가피아'를 슬그머니 폐쇄해 버릴까 아니면 내가 빠져 버릴까 하는 유혹도 있었다. 이단 시비 외에도 교회 안에서는 '아가피아'를 경험한 사람들이 자기들끼리 또 다른 '섹트'가 되어 교회의 분위기를 해친다는 말까지 나왔다. '트레스 디아스' 훈련의 힘이 느껴지기 시작한 것이었다. 어느 장로님은 노골적으로 나에게 '아가피아'를 없애는 것이 좋겠다고 압력을 넣기도 하였다. 그러나 나는 이런 모든 말들은 '트레스 디아스'를 경험하지 않아 생기는 오해이며, 경험자들의 활기찬 모습에 대한 질시였다고 생각한다. 교인들의 작은 모임을 보면 찬양대원들의 테이블, 교사들의 식탁, 구역원들의 모임, 가족들의 대화 등 모두 친밀한 그룹들의 집단일 수밖에 없는데 유독 '아가피아'를 경험한 사람들만을 꼬집은 것이기 때문이다.

이단 시비에 대한 나의 신학적 대변은 확실했다. 나는 '트레스 디아스'의 신학적 배경에 대하여 확고한 신뢰를 가지고 있었기에 누가 이단이라고 하더라도 흔들림이 없었다. 어느 집단의 이단성을 가리는 것은 다음과 같은 몇 가지 신학적 조명으로 가능하다. 이단이란 325년에 제정된 '니케아 공의회'의 '아타나시우스 신조'에서 벗어난 것을 의미한다. 이단을 분별할 수 있는 첫 번째 신학적 논증은 성령론이다. 많은 이단이 삼위일체를 부정한다. 이런 이단들은 '사도신경'을 자신의 신앙으로 고백하지 않는다. 둘째는 성경론이다. 이단은 성경 외의 경전을 가지고 있다. 셋째는 그리스도론이다. 이단은 그리스도 외에도 구원이 있다고 한다. 넷째는 교회론이다. 이단은 자기 교회에만 구원이 있다고 한다. 다섯째, 이단은 교주 등 개인을 신격화한다. 여섯째, 이단은 성경이나 훈련 도구를 개인을 위해 사용하여 훈련자를 하나님이 아닌 자신의 추종자를 만든다. '트레스 디아스'의 매뉴얼은 이런 이단성을 배제하며 그리스도는 참 하나님이시며 참 사람이라는 정통 그리스도론을 가르친다. 그리고 확실한 교회론을 가르침으로 경험자들에게 각자 자신의 교회에서 좋은 지도자가 될 것을 권한다. 그 증거로 우리 교회를 중심으로 하는 '아가피아'의 경험자들 가운데 우리 교회에 등록한 교인이 한 사람도 없다.

교회의 리더들이 먼저 이 훈련을 받는 것이 좋을 것 같아서 교역자들과 장로님들에게 훈련을 받도록 권하였다. '아가피아'를 시작한 이후 우리 교회의 모든 교역자들은 전원 경험자가 되었다. 나는 "앞으로 다른 교회의 담임목사가 되었을 때 그 교회에서 이 훈련을 할 거냐 말 거냐 하는 것은 본인의 목회 철학이며 선택입니다. 그러나 우리 교회를 섬길 동안은 교회의 방침으로 알고 훈련에 임하십시오."라고 했다. 장로님들에게도 같은 의미로 권했지만, 반대의 소리가 컸고 심지어 '아가피아'를 폐지해야 한다는 말도 나왔다. 그 결과 끝까지 훈련에 참여하지 않은 장로님도 있다. 어느 당회에서 나는 단호하게 말했다. "제가 있는 동안 '아가피아'는 우리 교회가 중심이 되어 계속될 것입니다. 이 시간 이후로는 '아가피아'를 경험하지 않은 분은 누구도 '아가피아'에 대하여 논하지 마십시오. 경험도 하지 않고 논하는 것은 합리적인 것이 아니며 무책임한 일입니다. 그러나 경험한 분들이 하는 말은 어떤 말이든 경청하겠습니다." 그 날 이후로 '아가피아'에 대한 시비와 논쟁이 사라졌다. 경험하지 않은 분들은 말을 하고 싶어도 하지 못했고, 경험한 분들은 한결같이 은혜를 받았기 때문에 더 이상 시비할 말이 없기 때문이었다. 내가 은퇴할 즈음에 어느 집사님은 이렇게 말했다. "목사님이 우리 교회에 오셔서 가장 잘하신 일 가운데 하나는 '아가피아'를 만드신 것입니다." 연동교회의 일꾼들은 궂은일들을 마다하지 않고 잘한다. 행사가 있을 때 기획하고 추진하는 능력이 뛰어나다. 그런데 그 일의 중심에 선 사람들을 보면 '트레스 디아스'를 통하여 섬김을 경험한 이들이다. 내가 앞장서 '트레스 디아스'를 활발히 이끌었고, 신학적 방어를 해 주었기 때문에 이제는 '트레스 디아스'에 대한 이단 시비가 고개를 숙였다고 평가한다.

예배와 예전

내가 29년 동안 연동교회를 섬기면서 예배의 기본 틀은 김형태 목사님이 하시던 대로 고수하였다. 왜냐하면 봉헌 순서가 설교보다 앞서든 뒤서든 아무 문제가 없으며, 많은 교회들이 설교 후에 봉헌을 하지만 설교 전에 봉헌을 하는 것이 옳다고 생각했기 때문이다. 또 많은 교회들이 봉헌 시간을 따로 두지 않고 예배당에 입장할 때 봉헌함에 봉헌하며 봉헌 시간에는 봉헌을 위한 기도만 하기에 봉헌 시간에 큰 의미를 둘 필요는 없다고 생각했다. 단지 봉헌 시간을 설교 전에 두어 봉헌위원들이 헌금을 수

거하게 한 것은 그것마저 하지 않으면 서리집사들이 교회 내에서 봉사할 일이 거의 없기 때문이었다.

설교에서 성경 본문은 구약과 신약을 병행하였다. 본문이 구약이면 신약의 병행구를, 신약이 본문이면 구약의 병행구를 함께 사용하였다. 구약과 신약을 함께 낭송하는 것이 개혁주의의 예전이기 때문이다.

이전보다 새롭게 한 것은 한 주간의 삶에서 지은 죄를 회개하는 고백기도의 시간을 예배순서에 첨가한 것이다. 또 한 가지 시도한 것은 '아론의 축도'이다. 일반적으로 교회는 '바울의 축도'를 사용한다. 바울이 고린도교회에 주신 "주 예수 그리스도의 은혜와 하나님의 사랑과 성령의 교통하심이 너희 무리와 함께 있을지어다"(고후 13 : 13)이다. 그러나 흩어지는 성도들에게 주는 말씀으로는 아론의 축도인 "여호와는 네게 복을 주시고 너를 지키시기를 원하며 여호와는 그의 얼굴을 네게 비추사 은혜 베푸시기를 원하며 여호와는 그 얼굴을 네게로 향하여 드사 평강 주시기를 원하노라"(민 6 : 24-26)가 훨씬 감동적인 것 같아 이 둘을 함께하려고 하였다. 나는 이런 궁금증이 생길 때마다 나의 설교와 예전의 멘토이며 형님 같은 정장복 총장님께 물어보곤 하였다. 총장님은 종교개혁 이후까지 아론의 축도가 예배의 축도로 사용되었다고 하셨다. 그래서 나는 오전 예배를 마칠 때는 바울의 축도를, 오후 예배를 마칠 때는 아론의 축도를 하였다.

그 무렵 내가 교회에서 시도했던 몇 가지를 잊을 수 없다. 나는 교회에서 예전을 비롯한 모든 일을 새롭게 시행할 때는 오랫동안 신학적, 역사적 배경을 나름대로 연구하고, 신학자 그리고 전문가들과 의논하여 조언을 들은 뒤, 당회에 제안하여 설명한 후에 시행하였다. 우리 교회는 장로교회라고 하면서도 개혁주의 전승에서 벗어난 것들이 너무나 많았다. 이것을 발견한 나는 최대한 개혁주의 전승을 다시 회복하려고 애썼다. 개혁주의는 정치제도나 예전에서 좋은 점들을 많이 가지고 있는데, 한국에 장로교회가 전래되면서 중요하고 좋은 것들이 많이 버려졌고 근본도 없는 것들이 예전과 정치제도에 많이 들어왔다. 그래서 개혁주의 제도를 공부한 나로서는 그것을 다시 찾아 우리 교회와 한국 장로교회가 개혁주의의 좋은 전승을 계승하기를 원했다.

나는 홀로 미래목회를 공부하면서 여러 가지 사례들을 배우고 교회에 적용해 보았다. 어느 미국의 미래목회 컨설팅 전문가는 미국의 교회들 가운데 많은 대형 교회들이 독립 교회의 형태를 갖추고 있다고 지적하였다. 그가 말한 대형 교회들이 교단을 탈퇴하고 독립 교회로 변신한 이유는 교단의 경직성이 교회 성장을 방해한다는 것이었다. 교단은 교회를 유익하게 해야 하는데 그렇지 못하고, 교회에 유익은 주지 않으면서 조금만 교단성에서 벗어나면 강한 제재를 하여 교단에 속하기를 꺼린다고 하였다. 교단이 중요하기는 하지만 지나친 교단의 벽이 교회의 자율성과 성장을 저해하는 것은 옳지 않다고 보았다. 그래서 기독교의 2천 년 역사 가운데 우리가 잃은 것들을 찾아 교단이 하지 않는 일들을 우리 교회가 앞서서 시도해 보았다.

그 가운데 하나가 '촛불'을 켜는 일이었다. 지금도 우리 교회는 모든 예배의 시작을 강단에 촛불을 켜는 것으로 한다. 강단의 촛불이란 성령의 임재를 상징하는 것인데 언제부터인지 상징들을 거부하는 현상이 뚜렷해졌다. 마치 상징을 중요시하면 가톨릭교회 같다고 매도하였다. 그러나 개혁교회에도 상징이 있다. '성상숭배'의 교리를 가지고 있는 가톨릭교회는 숭배의 대상으로 상징을 가지고 있지만, 개혁교회는 그 의미를 높이고 기념하는 것으로 상징을 사용한다. 한때는 우리 교단에서도 어느 목사님이 예배당의 십자가를 철거해야 한다고 하였지만, 우리는 십자가를 숭배의 대상으로 삼는 것이 아니므로 그 의미를 잘 이해하고 교인들에게 설명해야 한다. 촛불이 한국 교회에 들어올 때는 "마치 절간 같다.", "여기가 무슨 초상집이냐."라고 하여 촛불을 껐다. 그러나 예배의 촛불은 그 의미가 다르므로 교인들에게 촛불의 의미를 충분히 설명하고 강단에 촛불을 켜야 한다. 유럽이나 미국의 교회 중 개신교 특히 장로교회들도 거의 촛불을 밝히는 것으로 예배를 시작한다. 나는 촛불을 당회에도 적용하였다.

오래전에는 당회가 시작되면 먼저 촛불을 켜고 잠시 경건의 시간을 가진 뒤 당회를 하였다. 그리고 작은 종들이 당회원들 앞자리에 놓여 있어서 당회가 거룩한 모습을 상실하게 되면 누구든 종을 치고, 종이 울리면 잠시 묵상기도를 한 후 다시 회의를 계속하였다. 흔히 말하는 관상회의에서 도입한 것이다. '관상'(contemplation)이란 '함께'(con) '성소'(templum)로 나아간다는 뜻의 영성 용어인데, 영성학 특히 수도원 영성에서 사용하는 용어이다. '관상기도'란 십자가만을 묵상하는 수도원 영성기도를 의미하는데 한국 교회에서는 정교회적이라고 하여 금지하였다. 한국 개신교는 영성적 전승을 많이 잃어버렸기 때문에 영성에 대한 오해도 많이 가지고 있다. 이런 연유로 당회에서는 촛불을 더 이상 밝히지 않았다. 심지어 한 때는 '이성희 목사는 예배와 당회에 촛불을 켜는 이단'이란 말까지 있었고, 어느 이단 집단에 소속된 계간지에서는 내가 이단이라는 글을 실었다. 이중부정이 긍정인 것처럼 이단이 이단이라고 하는 것을 보아 내가 정통인 것이 분명하다.

내가 시도한 다른 하나는 '축도'에 관한 일이다. 예배의 축도는 굉장히 중요한 예전이다. 더구나 축도란 '안수받은 자의 사역'(Ordained ministry)으로서 하나님의 복의 선언이므로 축도자가 아닌 하나님의 권위로 복을 선포하는 것이다. 그러므로 "축원합니다"가 아니라 "있을지어다"가 옳다. "축원합니다"란 축도자가 주격이 되어 복을 선포하는 것인데, 목사가 축복의 주체가 된다는 것은 있을 수 없는 일이다. 반면에 "있을지어다"란 하나님의 복을 축도자가 선포하는 것이다. 그러나 내가 스스로 옳지 않다고 말하는 "축원합니다"를 계속 사용한 것은 그것도 총회의 결정이기 때문이다. 총회의 결정에 권위를 실어 주는 것은 산하 교회와 목회자의 의무이며 책임이다.

내가 시도한 또 다른 하나는 '성의'에 관한 일이다. 교회의 오랜 전통은 성직자의 복식(服飾)이다. 과거에는 성직자의 구별된 의복이 있었다. 그러나 개신교는 이런 구별된 의복을 성직 계급(hierarchy)의 잔재라고 하여 조금씩 성의를 없애 버렸다. 그 결과 의복에 있어 성직자와 평신도의 구별이 없어지고 성직자의 권위가 실추됨으로 다시 많은 교단, 교파들이 성직자의 성의를 구별하여 착용하기 시작하였다. 우리 교단에서도 1993년쯤 총회에서 '성직자 복식 위원회'가 설치되어 교수와 목회자가 일 년 동안 연구하여 다음 해에 발표하였다. 안수받은 목회자들은 성직자 복인 '클러지 칼라'(clergy collar)를 흰색, 녹색, 붉은색, 보라색 등 예전 색깔에 맞춰 입는 것과 가운의 색을 회색(비둘기색)으로 하는 것을 위원회의 결의로 발표하고 총회에 헌의하였다. 그러나 총회는 강제조항으로 하지 말고 목회자 개인의 선택에 따르자고 결의하였다. 나는 그때부터 나라도 목회자의 복식을 따르기로 하고 은퇴할 때까지 주일마다 예전 색깔에 맞춰 클러지 칼라와 가운을 입고 강단에 섰다. 그 후로는 주일 강단이 아니라도 약식 클러지 칼라를 즐겨 입고 특별한 경우에만 넥타이를 착용하였다. 주일에 반드시 클러지 칼라를 입은 이유는 나름대로 명확하다. 첫째는 복식이 신분을 말하기 때문이며, 둘째는 넥타이를 매면 무슨 색깔을 맬까, 비뚤어지지 않았나 등 신경이 쓰이지만 클러지 칼라는 예배 외에 신경 쓸 일이 없어 예배에 집중할 수 있기 때문이다.

　　나는 은퇴하는 날까지 주일예배에는 반드시 '가운'(gown)을 입어 복식을 갖추었다. 엄밀히 말하면 내가 주일에 입은 것은 가운이 아니라 '로브'(robe)이다. 가운이란 학교에서 졸업식이나 행사에 입는 것을 일컬으며, 예배 때 입는 성직자 복은 로브이다. 그러므로 정확하게 말하자면 성직자가 주일에 입는 것은 가운이 아니다. 근래에 와서 '열린 예배'가 소개되면서 예배 형식도 많은 변화를 가지고 왔다. 그 가운데 하나가 전통 강단의 변화이다. 예배 인도자나 설교자가 로브를 입고 강단에 앉아 있는 이전의 형식을 벗어나 아예 로브를 입지 않고 강단 아래에 있다가 순서에 따라 강단에 올라가 순서를 담당하는 것이다. 나는 예배 인도자가 강단에 올라가 순서를 담당하는 것을 바꾸지 않고 고수하였다. 그리고 설교자가 로브를 입는 것도 끝까지 지켜야 한다고 하였다. 심지어 예전학 교수가 로브를 벗고 강단에 오르는 것이 아니라고 해도 한국 교회는 아랑곳하지 않고 예전의 파격을 신학적 근거 없이 시행한다. 더구나 찬양대원들이나 봉헌위원들은 가운을 입는데 설교자는 로브를 입지 않는다. 분명한 것은 가운은 복장 통일용이 아니라는 사실이다. 설교자는 로브를 입지 않으면서 찬양대원이나 봉헌위원들만 가운을 입게 한다면 신학적 이유가 분명해야 할 것이다. 복식은 그 자체가 권위일 때가 많이 있다. 판사들은 법정에서 법복을 입는다. 법복은 권위이기 때문이다. 지금도 법조인들은 권위를 지키려고 애쓰고 있다. 의사와 간호사들은 환자를 진료할 때 가운을 입는다. 지금도 의료인들은 권위를 지키려고 애쓰고 있다. 그런데 목회자들은 스스로 자신에게 부여된 영적 권위를 벗어 버리려고 애쓴다.

그리고 또 한 가지 중요한 것은 강단에 오를 때 설교자가 박사 가운 등을 입는 것은 옳지 않다. 박사가 설교하는 것이 아니라 목사가 설교하는 것이기 때문이다. 그래서 나는 세 번의 학위 졸업식에 입었던 두 학교의 박사 가운이 있지만 29년 동안 강단에서 박사 가운을 단 한 번도 입지 않았다. 나는 박사인 나보다 목사인 내가 비교할 수 없이 자랑스럽다.

헝가리 개혁교회는 지금까지 칼뱅의 전승을 가장 잘 유지하고 있다고 한다. 2017년 총회장의 자격으로 헝가리 개혁교회 500주년 기념예배에 초대되어 간 일이 있었다. 예배와 기념식도 좋았지만 그들의 로브가 너무 엄숙하고 좋았다. 알고 보니 칼뱅이 입던 로브와 같은 것을 착용하고 있었던 것이다. 칼뱅의 복식을 한국 장로교회에 소개하기 위하여 가지고 싶다고 했더니 헝가리 개혁교회 총회가 나에게 선물을 해 주었다. 나는 칼뱅의 로브를 우리 교회와 노회 그리고 기회가 있을 때마다 다른 교회에 알리고 있다.

　　　성도들이 주일 한 번의 예배가 모든 예배가 아닌 것을 알게 하기 위하여 매일의 삶이 예배가 되게 하려고 많은 공을 들였다. 그뿐만 아니라 우리 교회 주변의 그리스도인들을 위한 수요직장인 예배를 2005년에 개설하여 한때는 150명 가까운 지역 회사원들이 수요일 정오에 모여 예배하고, 그들의 직장 신우회를 우리 교회가 후원하고 지원하여 직장 신우회에서 우리 교회 부목사님들이 성경을 가르치고 신앙을 지도하는 일을 하였다. 그리고 2008년에는 영어예배를 개설하여 영어로 예배하고 성경을 공부하였으며, 2013년에는 중국어 예배를 개설하여 예배하고 중국인 학생들과 직장인들을 전도하는 일을 하게 되었다.

찬송과 찬양

내가 시도한 또 다른 변화의 하나는 예배 찬송이다. 음악을 좋아하고 노래하기를 즐겼던 나는 예배 찬송에 있어 많은 변화를 시도하였다. 찬송가와 복음성가를 융합하여 예배음악으로 사용하기도 하였고, 새로운 찬양이 있으면 찬양단과 함께 부르기도 하였다.

　　　젊은 시절부터 노래를 만들고 부르기를 좋아했던 까닭에 찬양은 내게 큰 즐거움이었다. 젊을 때는 어린이를 위한 찬양을 많이 만들었다. 나의 딸 진아가 어릴 때는 한밤 빗소리에 잠에서 깰 때가 많아 노래를 개사해서 불러 주기도 했다. 그 노래는 오래전 왕영은 씨가 "뽀뽀뽀"를 진행할 때 한참 동안 TV에 나온 노래였고, 유치원 음악경연대회에서 독창곡으로 불린 "예쁜 마음"이란 노래였다.

주룩주룩 내리는 빗방울 모아서

동그란 대야에 담아 놓고요

우리 엄마 빨래를 도와줄 거야

우리 엄마 빨래를 도와줄 거야

번쩍번쩍 비취는 번갯불 모아서

길쭉한 전지에 담아 놓고요

우리 아빠 밤길을 밝혀 줄 거야

우리 아빠 밤길을 밝혀 줄 거야

하늘하늘 불어오는 강바람 모아서

넙죽한 부채에 담아 놓고요

우리 아가 잠잘 때 부쳐 줄 거야

우리 아가 잠잘 때 부쳐 줄 거야

영락교회에서 전도사로 섬기던 때는 금요일에 철야기도회가 있었다. 기도회 중 천장을 쳐다보니 작은 전구들이 조롱조롱 매달려 있는 것이 마치 하늘에 별이 매달려 있는 것 같았다. 종이를 꺼내서 이 노래를 만들어 "내 고향"이라 제목을 붙였다.

반짝반짝 아기별 네 고향이 어디니

예쁜 맘속 꿈나라 내 고향이지

오순도순 아가야 네 고향이 어디니

예쁜 맘속 하늘나라 내 고향이지

당시에 제법 유명한 유치원에서 원장으로 섬기시고 경영하시던 정혜옥 권사님이 영락교회 영아부를 지도하셨는데, "내 고향"을 예배 시작 찬양으로 불렀다. 그때 나의 아들 재훈이가 영락교회 영아부에서 예배했었다. 그 외에도 많은 어린이 노래와 찬양을 만들어 교회학교 등에서 부르기도 하였다.

내가 제101회 총회장으로 부임하면서 우리 총회는 역사상 처음으로 총회 주제가를 제정하였다. "다시 거룩한 교회로"라는 총회 주제에 맞춰 같은 제목으로 주제가의 노랫말을 내가 지었고, 과천교회 주현신 목사님이 곡을 붙여 전국 교회에 보급하여 부르게 하였다. 우리 교회는 이 주제가를 루터의 종교개혁 500주년의 해인 2017년과 다음 해인 2018년 이태 동안 오후 예배의 마침 노래로 부르기도 하였다. "다시 거룩한 교회로"의 가사는 다음과 같다.

어둡던 이 땅 아침의 나라 복음의 새날을 열고

잠자던 영혼 흔들어 깨운 교회

순교자의 피 대지에 흩뿌려 지켜 온 믿음을 따라

이제 다시 말씀으로 돌아가라

다시 거룩한 순결한 교회로

다시 거룩한 주님의 교회로

다시 일어나 민족의 희망으로

다시 거룩한 교회로

부끄러웠던 흔적을 딛고 눈물로 회개하면서

생명 샘물로 깨끗이 씻는 우리

불 꺼진 제단 성령의 등불로 십자가 높이 밝히며

이제 다시 말씀으로 돌아가라

다시 거룩한 순결한 교회로

다시 거룩한 주님의 교회로

다시 일어나 민족의 희망으로

다시 거룩한 교회로

    찬양선교단과 함께 부르던 찬양으로는 디트리히 본회퍼가 감옥에서 사형을 당한 1945년 그의 생애 마지막으로 작사하였다는 "Von Guten Mächten"(선한 능력으로), 그리고 내가 어릴 때 선친으로부터 배운 "The Church in the Wildwood"(숲속 교회) 등이 있다.

    찬송에 대한 변화 가운데 예배 찬송의 2절을 무반주로 부르는 것도 자리매김하였다. 찬송가 2절을 부를 때는 반주 없이 자신의 노랫소리를 들으며 찬송을 하나님께 올려 드리는 마음으로 부르게 하였고, 모든 찬송은 마지막 절 이전에 간주를 하여 쉼을 주며 찬양을 의미 있게 하려고 애썼다. 이런 시도는 여러 가지 의미가 있지만 칼뱅이 제네바에서 예배의 예전을 만들 때 찬송을 무반주로 하였던 것도 하나의 이유였다.

동시에 파이프 오르간과 함께 설교 도중의 찬양은 신시사이저로 반주하게 하여 전통과 현대 음악의 조화를 시도하였다. 또한 가야금이나 판소리 등 우리 음악을 예배에 사용하기도 하여 우리 음악과 서양 음악을 함께 예배에 사용하였다. 특히 우리나라의 대표적 민요인 아리랑 곡조가 미국 장로교 찬송가에 있다는 사실에 착안하여 미국 장로교 찬송가의 가사를 번역하여 예배 시간에 부르기도 하였다. 그 찬송은 "그리스도, 주님은 충만이시니"(Christ, You are the Fullness)이다. 아마 아리랑 곡조로 찬양을 부른 교회는 많지 않을 것이다. 우리 교회 게일 찬양대가 이 찬양을 할 때 판소리를 전공한 소리꾼 송민정 집사가 독창으로 함께 찬양하였다. 나는 우리 가락을 좋아한다. 우리 음악을 '국악'이라고 하는데, 나는 여기에 불만이 있다. 서양 음악을 '음악'이라 하고 우리 음악을 '국악'이라 하는 것은 사대주의적 발상이라고 본다. 나는 우리 음악을 '음악'이라고, 서양 음악을 '양악'이라고 부르기를 주장한다.

교회교육과 교회학교

교육목회는 내가 연동교회에 부임할 당시에 목회의 목적문 가운데 한 대목이었다. 나는 "우리 교회는 개인의 신앙훈련을 통해 그리스도인의 참 삶을 살 수 있게 하는 교육목회를 지향할 것입니다."라고 목적문에 썼다. 교회에서의 교육 대상은 어린이나 학생들뿐만 아니라 모든 성도를 포함하지만, 특별히 교회학교 교육에 많은 힘을 기울였다.

우리 교회는 1907년 '연동소아회'를 개설하여 한국 교회 주일학교의 효시가 되었으며, 그 후 1918년에 '유년주일학교'로 개칭하여 본격적인 교회학교로서의 기능을 하게 되었다. 그리하여 2007년 연동교회 주일학교 100주년을 맞이하여 『연동주일학교 100년사』를 발간하게 되었다. 아마 주일학교 100년사를 발간한 교회는 교회 창립 100주년을 지난 교회로서도 우리 교회밖에 없을 것이다.

1993년 나는 연동교회 교육 관계자들을 모아 교육 발전을 위한 기초조사 연구, 교사대학 모델 개발 및 실험 교육 등을 연구하기 위해 '교육발전연구위원회'를 조직하여 이 일을 하게 하였다. 교육이란 당장 눈에 보이는 효과를 얻는 것이 아니라 보이지 않는 미래에 투자하는 것이다. 그리고 정말로 그 효과가 서서히 드러나게 되었다.

연동교회 교육부의 역량이 증대된 것은 1990년대 말부터라고 본다. 교회학교가 힘을 내기 시작하고 각 부서가 나름대로 정착하기 시작하여 작지만 알찬 교회교육이 이루어졌다. 한때는 교회학교 어린이가 장년 숫자를 능가하기도 하였지만, 도시화 현상이 본격화되면서 교인들이 수도권 전역으로 흩어지게 되어 부모와 동행하지 않으면 교회학교에 출석하지 못하는 어린 학생들이 많아지게 되었다. 그럼에도 불구하고 교회학교가 발전하고 정착하여 1998년에는 주일 오후예배 시간에 맞추어 '어린이부'를 신설하였고, 후에 어린이부는 '영어어린이부'로 시대적 부름에 맞추어 자리 잡게 되었다. 교회학교는 이에 더 힘을 내어 2004년에는 '연동주니어앙상블'을 창단하여 다양한 악기로 하나님을 찬양하였으며, 2016년에는 하나님을 찬양하는 어린이 합창단, '연동주니어콰이어'를 창단하였다.

우리 교회는 도심지의 교회지만, 아기의 출산이 제법 많은 편이었고 이에 따라 미취학 어린이 부서도 '영아부', '유아부', '유치부'로 나누어 세 부서로 편성하게 되었다. 도심지 교회 가운데 미취학 어린이 부서가 세 부서로 구성된 교회는 그리 많지는 않을 것이다. 그리고 2017년에는 '아기학교'를 신설하여 아기들과 학부모들을 교육하고 훈련하는 일을 시작하였다. 교회에 아기들이 있는 동안 연동교회의 미래는 밝을 것이다.

40일 특별새벽기도회

'40일 특별새벽기도회'는 나에게 아주 즐겁고 의미 있는 목회 프로그램이었다. 2005년에 시작한 40일 특별새벽기도회는 2008년에 다시 열렸고, 그 후로는 격년으로 40일을 기도에 열중하였다. 나는 성도들에게 기도해야 한다는 강박관념을 주지 않고 즐거운 마음으로 참여할 수 있도록 하려고 애썼다. 40일 특별새벽기도회 기간에는 성도들의 흥을 불러일으켜 기도하게 하는 몇 가지 프로그램을 준비하였다.

첫째는 성도들의 참여를 독려하기 위하여 출석표를 만들고 참여자의 이름을 동판에 새겨 역사관에 보관하였다. 둘째는 개근하는 성도들에게는 기념품을 증정하고, 개근하는 학생들에게는 격려금을 지급하였다. 셋째는 40일 특별새벽기도회 때만은 자유롭게 봉헌하게 하여 학생들의 격려금과 그 외의 비용으로 사용하였다. 넷째는 40일 특별새벽기도회 기간에는 누구나 한두 번의 찬양을 하게 하였다. 다섯째는 토요일마다 어린이들, 학생들, 환자들 등을 위한 특별 기도를 하고, 함께 공동식사를 하였다. 여섯째는 토요일 식사 후에 청계천 산책을 하고 마지막 토요일에는 교회 대청소를 하였다. 교인들 대부분이 교회에서 원거리에 거주하는 관계로 평일에는 새벽기도회에 잘 참석하지 못하지만, 40일 동안은 열심히 참석하였다. 처음에는 40일 내내 교회 본당을 채울 만큼 많은 성도들이 열심히 참여하였고, 「국민일보」에 우리 교회의 40일 특별새벽기도회가 소개되기도 했다.

2005년에는 2월 28일부터 4월 14일까지 기도회를 했으며, 릭 워렌의 책에서 아이디어를 얻어 "목적이 이끄는 40일"을 주제로 하였다. 2008년에는 "출애굽을 통해 보는 나의 구원"이란 주제로 출애굽기 40장에 있는 중요한 구절들을 택하여 매일 한 장씩 공부하며 40일 동안 기도의 제목을 찾았다. 2010년에는 교회가 점점 하나님의 영광을 떠나는 것이 안타까워 영광을 회복하고 교회의 사명을 온전히 수행하기 위하여 "교회의 영광을 회복하기 위하여"라는 주제로 역대하 5~6장의 솔로몬의 성전 봉헌의 기도를 묵상하여 기도의 제목을 주었다. 2012년에는 교회의 중요성을 강조하고 교회의 본성적 가치를 찾기 위하여 "시편의 교회"라는 주제로 시편에 등장하는 교회의 상징인 성전, 성소, 여호와의 집 등을 찾아 교회의 본질을 회복하는 기도의 제목을 찾아 기도하였다. 2014년에는 "기적을 경험하는 40일"이란 주제로 예수님의 기적을 강해하며, 환자들의 치유를 위한 기도를 하였다. 2016년에는 가장 중요한 것은 하나님의 말씀밖에 없다는 관점에서 시편 119편을 40일로 나누어 "시편을 통해 듣는 하나님의 말씀"이란 주제로 말씀, 법, 증거, 규례, 율법 등의 용어들을 해석하며 말씀 중심의 삶을 위해 기도하였다. 2018년은 나의 연동교회 시무를 마무리하는 해이므로 어떤 주제를 택할까 상당히 고심하였다. 성경에 많은 질문들이 기록되어 있는데, 그 질문들을 풀어 해답을 찾을까 하는 생각도 하였다. 그러나 나의 시무 마지막 해에 교인들에게 가장 주고 싶은 말씀을 고민하다가 성도로서 반드시 암송해야 할 40개의 성구를 심어 주기로 하여 주제를 "마음에 새겨야 할 하나님의 말씀"이라 하였다. 그리하여 40개의 중요한 성구를 선택하여 암송 카드를 만들어 매일 하나씩 주어 그 말씀을 해석해 주고, 다음 날 그 말씀을 함께 암송하였다. 암송 카드를 지니고 다니며 암송할 수 있도록 휴대폰에 부착할 수 있는 카드 케이스도 하나씩 나누어 주었다.

나는 40일 특별새벽기도회 기간에는 수요기도회와 다른 모임을 가급적 부목사님들에게 맡기고 매일 새벽기도회의 말씀 준비에 몰두하여 40일 동안 직접 인도하고 말씀을 전하였다. 총회와 그 외의 피할 수 없는 일이 있을 때는 설교를 미리 영상으로 녹화하여 영상 설교를 듣게 하였고 나머지 인도를 부목사님들이 하게 하였다. 40일 특별새벽기도회는 성도들에게 많은 영적 도움을 주었겠지만, 사실은 내게도 큰 유익이 되었다. 『시편의 교회』(한국장로교출판사, 2012)와 『시편을 노래하다』(한국장로교출판사, 2016)는 새벽 설교를 모아 출판한 책이다.

교회 개척과 자매 연동교회들

연동교회 목회에 탄력을 받을 즈음 나는 교회 개척을 꿈꾸게 되었다. 마침 어느 집사님이 봉헌해 주신 거액의 교회 개척 기금은 개척의 종잣돈이 되었다. 서울 근교와 천안 인근의 부지들을 보았지만, 결국 태백에 교회를 개척하기로 합의하였다. 태백은 탄광 산업으로 번성하던 도시였으나 탄광이 폐광되어 도시 산업이 내리막을 가게 되어 도시가 몰락하였다. 더구나 강원랜드가 설립되면서 도박으로 탕진한 사람들이 증가하는 현실을 고려하여 태백을 위로하는 차원에서 그곳에 교회를 개척하기로 한 것이다. 그러나 서울에서 접근이 쉽지 않은 먼 거리에 교회를 개척하는 데 있어 교인들의 불만도 컸다. "가까이 있어야 방문하기도 쉽고 관리할 수 있지 않느냐", "전도팀이 가서 지역 주민을 전도하더라도 가까워야 갈 수 있지 않느냐" 등이 불만의 주원인이었다. 그러나 태백에 교회를 개척하는 이유와 당위성을 설명하면서 불만을 잠재우고 온 성도들의 협력을 구하였다. 마침 태백 출신의 최준만 목사님을 만나 교회를 개척하고, 그로 하여금 태백연동교회를 담임하게 하였다. 그 후 연동교회는 태백의 자매 교회를 위해 교회 건축, 지역 전도, 아가피아 참여 등 우리 교회라는 마음으로 협력하였다. 특히 예배당을 건축할 때는 온 교우들이 힘써 동참하였는데 당시 총무부장이었던 방정현 장로님께서 혼신의 정성으로 건축에 앞장서셨다. 교회 건축이 한참일 때 IMF 사태가 발생하여 시공회사의 부도로 건축이 중단될 위기에 놓였으나 최 목사님과 방 장로님의 정성과 노력으로 다른 시공회사를 선정하여 무사히 공사를 끝낼 수 있었다. 지금 생각하면 기적 같은 하나님의 은혜로 교회가 세워지고 공사도 마무리된 것이다.

태백연동교회가 세워진 후 연동교회라는 이름을 가진 다른 두 교회가 설립되었다. 그중 하나는 우리 교회 부목사로 섬기다가 수원에 교회를 개척한 장동학 목사님이 세운 수원연동교회이며, 다른 하나는 강남에 홍정근 목사님이 세운 강남연동교회이다. 이 두 교회는 실제로 우리 교회가 어느 정도의 지원은 했으나 전적으로 재정을 지원하지는 못했다. 대신 우리 교회의 몇몇 일꾼들이 함께 가서 개척의 협력자가 되었으며, 나는 필요할 때마다 그 교회들을 방문하고 목회적으로 협력하였다. 수원연동교회는 장동학 목사님의 목회상담의 전문성으로 성장하였고 후에 아름다운 예배당을 건축하고 교회명도 하늘꿈연동교회로 개명하였다. 강남연동교회는 한국 교회 교육행정의 일인자로 인정받는 홍정근 목사님의 교회 교육의 은사로 규모 있고 탄탄한 교회가 되었다.

그 외 두 곳의 선교지에도 연동교회라는 이름을 가진 교회가 세워졌다. 하나는 사할린연동교회이고, 다른 하나는 말레이시아 페낭에 있는 페낭연동교회이다. 사할린연동교회는 제1대 목사로 송준섭 선교사가 기초를 닦았고, 제2대 목사로 류용현 선교사가 현재까지 섬기고 있다. 페낭연동교회는 박은덕 선교사가 페낭 지역에 개척한 작은 교회이다. 우리 교회가 넉넉하게 지원은 하지 못했지만, 연동교회라는 이름을 가진 교회가 국내외 여러 곳에 세워진 것은 하나님의 은혜요, 내가 연동교회를 시무하는 중에 얻은 감사의 열매이다.

창립 기념사업

나는 29년 동안 연동교회를 섬기며 교회 창립 100주년, 110주년, 120주년을 맞이하였다. 특별한 교회의 기념 절기를 맞이할 때마다 적지 않은 고민과 수고가 따르게 된다. 목회자로서 가장 큰 고뇌는 가시적인 기념사업과 불가시적인 기념사업의 균형을 이루는 일이다. 기념관을 건축하고, 기념행사를 하는 것은 누구나 할 수 있는 일이지만, 역사적 의미와 정신적 기념물을 담으려는 노고가 결실하게 해야 한다.

100주년 기념행사는 "100년의 은혜를 이웃과 함께"라는 주제를 가지고 지난 100년을 되돌아보며 앞으로의 100년을 설계하였고, 『연동교회100년사』를 집필하여 출판하였다. 110주년은 "영문 밖으로 나아가자"라는 주제로 교회 밖으로 눈을 더 크게 뜨고 시선을 돌리는 사업에 열중하였다. 110주년은 '가나의 집' 건축이 가장 큰 사업이었고 대신 역사서는 기록사진으로 대신하였다. 창립 110년을 맞이하면서 나는 교인들을 독려하기 위하여 "영문 밖으로 나아가자"라는 주제를 해설하는 글을 교인들에게 배포하였다.

110주년 기념주제 "영문 밖으로 나아가자"

한 세기를 넘어 110주년을 바라보는 연동교회가 끊임없는 하나님의 사랑과 섭리에 감사를 드립니다. 역사(history)는 하나님의(His) 이야기(story)입니다. 하나님은 우리 교회의 역사를 통하여 그리스도의 이야기를 하셨습니다. 하나님은 우리 교회의 역사를 통하여 세상의 이야기를 하셨습니다. 하나님은 우리 교회를 통하여 사람의 이야기를 하셨습니다. 그래서 우리는 이 이야기를 듣고, 일하며, 적고 있습니다.

많은 사람들은 지난 역사를 자랑합니다. 또 많은 사람들은 다가올 역사를 기대합니다. 우리 교회는 막연하게 지난 역사를 자랑하거나 다가올 역사를 기대하지 않습니다. 우리 교회는 지난 역사 속에 섭리하신 하나님의 은총에 감사하고, 다가올 역사 속에 개입하실 하나님의 뜻을 밝혀야 합니다. 그래서 우리 교회는 역사를 가장 잘 보존하고 있는 교회일 것입니다. 동시에 다가올 미래를 가장 열심히 연구하고 알뜰히 준비하는 교회라고 자부합니다.

교회는 사회적 기관입니다. 사회를 떠난 교회의 존재는 무의미합니다. 교회가 사회 속에 빠져도 교회는 그 존재 가치를 상실합니다. 교회는 사회 위에 고고히 떠 있어야 합니다. 그래서 교회는 세상의 빛이며, 세상의 소금입니다. 교회는 하나님 나라의 모형이어야 하지만 하나님 나라의 빛이 아니며, 하나님 나라의 소금이 아닙니다.

그런 의미에서 교회는 세상으로 나아가야 합니다. 세상으로 나아가는 교회의 방편은 다양합니다. 그리고 시대에 따라서 변화되어야 합니다. 우리 교회가 새로운 세기에 110주년을 맞이하게 된 것은 하나님의 은총입니다. 그리고 우리는 그 은총을 교회 밖의 이웃과 함께 나누어야 합니다. 이제 110주년을 맞이하여 우리 모두 영문 밖으로 나가는 기회가 되기를 바랍니다.

그리고 창립 110주년을 맞이하여 성도들에게 연동인으로서의 자긍심을 가지게 하기 위하여 110주년의 비전을 선포하였다. 2004년 4월 11일(부활주일) 새벽 6시, 주일 1부 예배 겸 선포식에서 나는 이렇게 선포의 문을 열었다. "성탄일 낮 예배는 우리 교회에 정착된 중요한 예배이다. 그러나 부활주일은 성탄일에 버금가는 중요한 절기임에도 불구하고 별 의미 없이 지나치기 쉽다. 특히 부활주일의 새벽은 의미가 있으므로 전 교인들이 새벽에 함께 모여 부활을 축하하며 우리 교회의 부활을 의미하는 비전을 선포한다."

비전선포식에서 우리에게 필요한 것은 모든 교인들이 함께 참여하는 것이었다. 아무리 좋은 목적과 준비 과정이라고 하더라도 교인들이 동참하지 않으면 아무 소용이 없다. 비전은 모든 사람들과 공유할 때 가치가 있듯이 비전선포식에 모든 교인이 함께 참여할 때 그 가치가 극대화될 것이다.

또 다른 일은 비전을 실현하기 위해 함께 일하는 것이었다. 교회의 비전은 선교, 교육, 봉사 등 교회의 본질적 사명을 구현하는 일에 집중될 것이다. 이전과 같은 내용이지만 전혀 새로운 정책과 방법으로 사명 구현에 접근하는 것이 비전이라는 것이다. 그러므로 시도해 보지 않은 새로운 방법을 이해하며 동참하는 것이 비전을 이루는 길이다.

앞으로 점진적인 방법으로 우리 교회의 비전을 실현하게 될 것이다. 연구위원회에서는 비전을 연구할 것이며, 이 비전을 실현하기 위해서는 모든 교인들이 솔선하여 협력하는 것이 필요하다. 이런 공동체성을 회복함으로 우리 교회는 비전을 실현하는 교회가 될 것이고 사회에 대한 바른 소명자로서의 책임적 교회가 될 것이다.

비전선포식을 위하여 비전 찬양을 미리 만들었다. 필자가 작사하고, 음악 감독인 최홍기 장로님이 작곡한 곡을 찬양대가 미리 연습하여 전체 교우와 함께 불렀다. 찬양의 제목을 "꿈꾸는 자가 되어라"라고 하였고, 다음과 같이 노래하였다.

"꿈꾸는 자가 되어라"
구원의 방주 고요한 아침의 나라에 닻을 내리고
복음의 씨앗 이 땅에 뿌려 새 생명이 움텄다

연못골에 우뚝 서 세상을 비추는 희망의 등대가

새 하늘과 새 땅으로 인도하는 길잡이 되었네

보라, 이제 새 나라, 새 서울이 우리 앞에 전개되네

깨어라, 새 시대는 우리에게 새 꿈을 꾸라 하네

내가 너에게 꿈을 주노라, 너에게 비전을 주노라

일어나라 주의 백성들아, 꿈꾸는 자가 되어라

일어나라 주의 자녀들아, 비전을 선포하여라

작은 너의 울타리 넘어서 영문 밖으로 나아가라

내일은 주의 날이라, 교회의 영광을 회복하리라

새날을 너희에게 주리라, 새 세계가 밝으리라

그리고 비전선언문을 선포하였다. 비전선언문은 장로, 집사, 권사, 청년, 학생, 어린이 대표가 한 단원씩 읽고 모든 성도가 박수로 자신의 선언문으로 공감하며 동참하였다.

비전선언문

한반도에 구원의 방주의 닻을 내린 지 10년 후, 이곳 연못골에도 희망의 씨앗이 떨어져 생명의 열매를 맺게 되었다. 어언 110년의 세월 속에서 수많은 영혼들이 복음으로 구원받게 되었고, 이 땅의 무지함을 깨우쳤으며, 이웃을 섬기게 하셨다. 우리는 이것이 하나님께서 우리 교회에 주신 시대적 요청인 것을 분명히 인식한다.

21세기에 110주년이라는 새로운 역사적 전기를 맞이하게 하신 하나님은 지금도 끊임없이 하나님의 교회가 새로운 변화의 소리를 귀로 듣게 하신다. 그리고 시대적 소명이며 하나님이 우리 역사에 개입하시는 손길인 비전을 보게 하신다. 하나님의 뜻은 청계천 복원과 지역의 개발과 변화로 교회에 새로운 꿈을 꾸게 하시고 이 꿈을 실현하게 우리를 이끄신다.

이곳 연못골에 삶의 자리를 한 연동교회는 있는 자와 없는 자를 아우르고, 높은 자와 낮은 자를 하나 되게 하며, 하나님의 나라와 이 세상의 나라를 잇는 가교의 역할을 하였다. 그리고 이러한 매개는 사회적 기관으로서의 교회의 모습을 분명히 갖추어 갈 것이다.

우리 교회는 민족적 사관과 소명을 가진 민족의 고통을 분담한 민족 교회이다. 민족을 사랑하는 지도자를 배출한 교회이며, 민족을 위하여 헌신한 교회이다. 국론이 심각한 분열 현상을 띠고 매사에 양분된 소리를 내는 이때 우리 교회는 민족 화해의 전령으로 설 것이다.

한국 교회는 신학적, 교리적, 인위적 이유에서 찢기고 쪼개어져 많은 교파와 교단을 양산하게 되었고 교회 연합기구도 하나 되지 못한 현실적 아픔이 있다. 하나 되라고 하신 명령을 따르는 우리 교회는 예수를 그리스도로 고백하는 모든 교회가 그리스도의 몸이며, 모든 그리스도인이 한 형제자매인 것을 고백하며 교회의 연합과 일치에 앞장설 것이다.

선교는 교회가 살아 있음을 증명하는 교회의 본질적 사명이다. 우리 교회는 지역을 복음화하고 해외의 초기 선교사를 파송, 지원하는 선교의 열정을 가진 교회이다. 시시각각으로 변화하는 시대에 새로운 선교의 패러다임을 개발하고 하나님의 나라가 이 땅에 임할 수 있도록 선교에 매진할 것이다.

교회가 이 땅에 세워지면서 이 땅의 몽매함을 깨우쳤다. 복음을 아는 사람들은 배우는 사람들이었고, 민족의 지도자들이었으며, 인격이 존경을 받는 사람들이었다. 초기 교회는 사회의 교육을 이끌었고 교회학교는 가장 뛰어난 배움터였다. 우리 교회는 새로운 시대에 걸맞은 비전과 열정으로 교회의 교육적 사명을 다할 것이다.

작은 자는 예수님의 관심 대상이었으며 또한 우리의 관심 대상이다. 이 땅에서 약하고, 소외되고, 없는 자는 사랑하고 품어야 할 우리의 이웃이다. 그러므로 우리 교회는 작은 자를 섬기는 큰 자가 되기 위하여 그리스도의 마음으로 섬기는 일에 끊임없는 손을 펼 것이다.

바야흐로 세계는 하나이며 첨단 과학과 기술이 지배하는 시대를 맞이하였다. 이제 우리 교회는 민족의 교회일 뿐만 아니라 세계인의 교회이며 한국의 복음화를 넘어서 세계의 복음화로 나아가야 할 것이다. 우리 교회는 세계 교회로 도약할 것이며 이런 우리의 비전을 선포하고 작은 우리의 울타리를 넘어 영문 밖으로 나아가는 교회가 될 것이다.

그리고 교회에 '1-10 운동'을 선포하여 교회가 새로운 신앙의 활력을 얻기를 간구하고 여기에 동참할 것을 촉구하였다.

1분 더 기도

1곡 더 찬송

1. 나와 연동교회

1장 더 성경

1번 더 묵상

1집 더 심방

1일 더 훈련

1손 더 교제

1조 더 봉헌

1사람 더 전도

1시간 더 봉사

　　창립 110주년 기념관인 '가나의 집' 건축을 기념사업으로 한 이후 창립 120주년을 맞이하면서 나의 마지막 기념사업의 흔적을 멋있게 남기려고 많은 기도와 연구에 몰두하였다. 그리고 120주년은 가시적인 기념물과 불가시적인 기념물을 함께 남겨야겠다는 마음으로 연동교회 성도들의 생활 규범을 제정하여 성도들의 삶을 새롭게 하려고 하였다. 생활 규범을 제정하면서 나는 성도들에게 다음과 같은 제정의 의미를 담은 글을 전하였다.

　　연동교회 생활 규범을 제정하며

　　이 땅에 복음이 전파된 지 130년이 흘렀다. 지난 130년은 하나님의 은총의 시간이었고, 한국 교회는 세계 기독교 역사상 유례를 찾아볼 수 없는 급속 성장으로 세계 교회의 주목을 받았다. 특히 지난 1960년대부터 1990년까지는 10년마다 수적 배가를 기록하는 수직 성장을 이루었다. 그러나 2000년대에 접어들면서 한국 교회는 급속 성장한 교회는 급속 쇠퇴한다는 역사의 법칙을 피해 가지 못하고 날개 없는 추락을 계속하고 있다.

한국 교회의 쇠퇴는 다양한 원인에 기인한다. 사회와 타 종교의 기독교에 대한 고의적 폄훼와 기독교의 기본교리에 대한 무지와 오해가 한 원인이다. 그러나 가장 치명적 원인은 기독교에 대한 사회의 신뢰성 상실이다. 교회들은 사회를 외면하고 몸집 불리기에 열중하였으며, 도덕성의 흠집을 여과 없이 드러내었다. 더구나 기독교는 자정능력 없이 갈등을 스스로 해결하지 못하고 영적인 교회가 세속적인 사회법에 의존하는 부끄러운 일을 서슴없이 하였다. 그리하여 사회는 교회를 이기적, 비도덕적, 수구적 집단이라고 단정하고 있다.

교회는 사회적 기관이어야 한다. 교회는 사회 안에 있어야 하고, 사회를 위한 기관이다. 사회를 외면하는 교회는 있을 수 없으며, 사회를 외면하면 교회는 그 존재 가치를 상실한다. 교회가 사회적 기능을 수행하지 못할 때 사회는 교회를 외면하게 된다. 이제 한국 교회는 사회를 섬기는 교회로 거듭나야 할 전환점에 서 있다.

성경은 교회의 일꾼들에게 엄격한 영성적, 도덕적 기준을 요청한다. 어느 시대나 성도는 거룩하게 구별된 사람이며, 내면의 영성이 삶이 되어 도덕적 인격을 갖춘 사람이다.

우리 교회가 창립 120주년을 맞이한 것은 우리 시대에 주신 하나님의 은총이다. 이제 우리는 교회의 본질적 사명을 감당하며, 사회적 책임을 수행하기 위하여 생활 규범을 제정하여 성결에 힘쓰려 한다. 성경이 가르치며 사회가 인정하는 영성적, 도덕적 기준을 설정하여 하나님과 사회인들 앞에 자랑스러운 그리스도인이 되고자 한다. 우리의 작은 노력이 한국 교회를 새롭게 하며 사회로부터 사랑받는 교회가 되기를 기대하며 '생활 규범'을 준행할 것을 다짐한다.

2014년 10월, 교회창립 120주년을 맞이하여
연동교회 담임목사 이성희 외 교우 일동

위와 같은 목적으로 연동교회 생활 규범을 '교회생활 규범', '가정생활 규범', '사회생활 규범' 세 부분으로 나누어 제정하여 규범을 선포하고 모든 성도들이 함께할 수 있도록 카드를 만들어 지키며 실천하게 하였다.

'교회생활 규범'

1. 주일은 하나님께 예배하는 날이므로 거룩하게 지키겠습니다.
2. 특히 주일을 섬기는 자로 공동체 봉사에 힘쓰겠습니다.
3. 하나님의 은혜에 늘 감사하며 십일조의 삶을 살겠습니다.
4. 성경을 매년 통독하는 데 힘쓰고 말씀을 깊이 묵상하겠습니다.
5. 겸손한 마음으로 남을 존중하며 서로의 차이를 인정하겠습니다.
6. 믿음의 언어, 소망의 언어, 사랑의 언어를 적극 사용하겠습니다.
7. 교회의 모든 사역에 관심을 갖고 기도하며 참여하겠습니다.
8. 교우들의 기쁜 일과 슬픈 일에 정성을 다해 함께하겠습니다.

9. 새로 온 교우들을 돌보며 친절하고 따뜻하게 대하겠습니다.

10. 진심을 담아 성도의 교제에 힘쓰겠습니다.

'가정생활 규범'

1. 교회의 원형은 가정이므로 나의 가정을 작은 교회로 만들겠습니다.

2. 매월 1회 이상 온 가족이 모여 가정예배를 드리겠습니다.

3. 매일 5분 이상 성경 읽고 기도하는 삶을 살며 선한 일에 힘쓰겠습니다.

4. 항상 부지런히 청결하며 잘 정돈된 가정환경을 만들겠습니다.

5. 꾸준한 생활 운동으로 건강관리를 해 건강한 가정을 세우겠습니다.

6. 매월 온 가족이 함께 식탁의 만남을 가지겠습니다.

7. 가족에게 항상 감사의 마음을 말과 글로 표현하겠습니다.

8. 부모님을 공경하며 그 은혜에 감사하겠습니다.

9. 세상의 지식이 아닌 하나님의 말씀으로 자녀들을 교훈하며 양육하겠습니다.

10. 자녀를 사랑으로 대하며 자녀의 이야기에 귀를 기울이겠습니다.

'사회생활 규범'

1. 연약한 이웃의 아픔을 외면하지 않고 나의 물질과 시간으로 돕겠습니다.

2. 다른 이들이 꺼리는 궂은일에 솔선수범하겠습니다.

3. 근검절약하며 전기와 물 등 에너지 자원 사용에 대해 절제하겠습

니다.

4. 환경보호를 위해 화학 세제를 적게 사용하고 대중교통을 많이 이용하겠습니다.

5. 인터넷과 스마트폰을 올바르게 사용하겠습니다.

6. 하나님께서 주신 영과 육의 강건함을 위해 금주, 금연하겠습니다.

7. 국가의 법과 질서를 준수하며, 정직하고 양심에 맞게 행동하겠습니다.

8. 사회정의가 훼손되는 곳에서 침묵하지 않고 그 개선에 적극 참여하겠습니다.

9. 타인의 개성과 생각을 존중하며 다문화 가족을 나의 이웃으로 사랑하겠습니다.

10. 타인에게 상처를 주거나 실수하지 않도록 항상 경건한 언어생활을 하겠습니다.

성인들을 위한 '생활 규범'과 더불어 이에 맞추어 교회학교 학생들을 위한 규범을 교회학교에서 제작하여 학생들에게 가르치고 그 규범에 따라 살도록 하였다. 학생들을 위한 규범은 학생들이 실천할 수 있는 단순한 것으로, 어릴 때부터 그리스도인의 삶을 실천할 수 있도록 하는 것이 목적이었다. 연동교회 교회학교 생활 규범은 다음과 같았다.

'영유아유치부 규범'

1. 주일은 하나님께 예배드려요.

2. 잠자기 전에 하나님께 기도해요.

3. 예수님을 사랑해요.

4. 엄마, 아빠의 말씀에 순종해요.

5. 엄마, 아빠와 가정예배를 드려요.

6. 물을 아껴 써요.

7. 쓰레기를 버리지 않아요.

8. 손과 발을 깨끗하게 씻어요.

9. 인사를 잘해요.

10. 친구와 사이좋게 지내요.

'유초등부 규범'

1. 주일은 하나님께 예배드려요.

2. 매일 하나님께 기도드려요.

3. 주일 헌금을 정성스럽게 준비해요.

4. 가족을 아끼고 사랑해요.

5. 부모님의 말씀에 순종해요.

6. 일주일에 한 번은 부모님과 가정예배를 드려요.

7. 인사를 잘해요.

8. 예쁜 말, 고운 말을 사용해요.

9. 물과 전기를 아끼고 쓰레기를 버리지 않아요.

10. 스마트폰과 인터넷을 바르게 사용해요.

1. 나와 연동교회

'중고등부 규범'

1. 주일은 하나님께 예배하겠습니다.

2. 매일 1장씩 성경을 읽겠습니다.

3. 매일 5분씩 기도하겠습니다.

4. 어려운 환경에 있는 친구를 적극적으로 돕겠습니다.

5. 부모님의 말씀에 순종하겠습니다.

6. 인터넷과 스마트폰을 올바르게 사용하겠습니다.

7. 긍정적이며 올바른 언어를 사용하겠습니다.

8. 물을 아껴 쓰겠습니다.

9. 쓰레기를 함부로 버리지 않겠습니다.

10. 음식을 남기지 않겠습니다.

120주년 기념사업의 또 하나의 걸작은 자작 뮤지컬 "카이로스 120"이었다. 우리 교회 120년의 역사를 뮤지컬로 제작하여 두 차례의 공연을 가졌다. 음악목사인 이성은 목사님이 지휘, 감독으로 수고하셨고, 백형설 장로님이 쓰신 가사를 제갈수영 집사님이 작곡, 편곡하여 무대에 올렸다. 외부의 극장을 임대하여 공연할 계획도 있었지만, 우리 교회의 축하공연이기에 본당에서 하는 것이 좋겠다는 결론이 나서 교회에서 한 것이다. 감동적이고 아름다운 뮤지컬이었고, 우리 교회 찬양대원들이 함께 수고한 작품이어서 더 의미가 컸다.

그리고 120주년 기념사업을 위해 나의 마지막 정열을 바치기로 작정하였다. 교회창립 130주년은 내가 앞장서 해야 할 몫이 아니기 때문이었다. 그리하여 마지막으로 교회를 섬긴다는 마음으로 최선을 다하기로 하였다. 또 그렇게 마음을 먹은 것은 교회가 나에게 넘칠 정도의 사랑을 베풀어 주었기 때문이었다. 그래서 나는 내게 과할 정도의 기념봉헌을 하기로 작정하고 아내와 의논하였다. 그동안 실제적인 경제활동은 아내의 몫이었기에 나는 사정을 밝히 알지 못하였다. 나의 이야기를 들은 아내는 두말하지 않고 "당신이 기도하면서 작정한 것이면 그렇게 하세요."라고 하였다. 매달 불입하던 창립 120주년 기념봉헌은 내가 은퇴하던 해인 2018년 6월에 마지막 불입금이 납입되었다. 그때 나는 이런 말을 한 적이 있다. "인간적이고 개인적인 관점에서 보면 나는 어리석은 사람입니다. 대개의 경우 은퇴가 몇 년 남지 않으면 새로운 일이나 큰일을 벌이지 않습니다. 은퇴 시에 복잡한 일을 피하기 위해서 조용히 마무리하는 것입니다. 나는 그것을 알지만, 마지막 봉사하는 의미에서 인간적 어리석음을 표하고 있습니다. 그리고 창립 120주년 기념행사의 기본 관점은 앞으로 30년 동안은 우리 교회에 큰 공사나 큰돈을 들여야 할 일을 하지 않게 우리가 책임지고 잘해서 후배들, 후손들에게 물려 주자는 것입니다." 그 후 본당을 완전히 리노베이션하고, 파이프 오르간을 새롭게 설치하였다. 이 작업을 하느라 여러 달 동안 본당을 사용하지 못하고 백주년기념관 대강당을 주일예배를 위하여 사용하였다. 이때 본당의 천장과 지붕을 완전히 고치고 높였으며, 외벽과 음향을 새롭게 하고, 스크린을 LED로 교체하였다. 그 외에도 교회 구석구석의 미흡한 부분들을 단장하여 원래 계획대로 당분간은 큰 공사가 필요하지 않을 만큼 마무리하였다. 이 과정에서 한 가지 잘한 부분은 승강기를 설치한 일이다. 오래전 교회를 건축할 때는 승강기를 사치한 것으로 생각했을 것이고, 승강기의 필요성에 대한 요구도 없었을 것이다. 그러나 시대가 변하여 고령사회가 되고 장애인에 대한 배려가 상식이 되어 승강기는 필수품이 되었고, 우리 교회 내에서도 승강기를 요구하는 목소리가 커졌다. 교회 내부에는 도저히 승강기 설치를 할 수 없어 궁리하고 고안하여 건물 외부에 돌출형 '누드 엘리베이터'를 설치하게 되었다.

창립 120주년 기념사업의 또 하나의 기념물은 혜화동의 부목사 사택인 '엘림빌리지'이다. 120평의 대지에 6동의 빌라형 주택을 건립하여 교회 사택으로 사용하기로 하고, 대지를 매입하여 빌라를 건축하였다. 많은 교회들이 부교역자 사택에 곤란을 겪고 심지어 사택을 제공하지 못하는 사례가 빈번한 가운데 우리 교회는 부목사님들의 안정된 삶을 위하여 주택을 건축하기로 한 것이다. 주거 환경이 안정되지 못하면 개인의 삶뿐만 아니라 목회에도 많은 지장을 초래하기 때문이다. 건립 과정에서 몇몇 집사님들의 재정에 대한 비리와 건축비용 등 건축에 대한 의혹의 시비로 선한 목적이 퇴색되었지만, 지금에 와서는 좋은 평가를 받고 있다. 그 지역에서는 현재 '엘림빌리지'가 가장 인기 있고 잘 지은 빌라라는 평을 받고 있으며, 지가도 상승하여 참 잘한 일이 되었다. '엘림빌리지' 건립은 그때가 아니었다면 당분간 우리 교회가 성취하기 힘든 일이었을 것이다.

고소와 고발

창립 120주년 기념행사가 한참 진행 중일 때 시공회사와의 계약, 공사비 과다 지출, 혜화동 사택 부지 고가 매입 등의 시비로 교회가 어려움에 빠졌다. 의문을 제기한 집사님은 본인의 경험과 안목으로 계속해서 문제를 제기하고 적정한 답을 요구하였으며, 기념사업위원장과 주무부장 등은 그에 대한 서면 답변을 제시하였다. 수차례 대면하여 설명을 했으나 본인의 주장만을 반복하여 좀처럼 의견 차이를 좁힐 수가 없었다. 기념사업위원장과 직접 실무를 담당한 장로님들도 끈질긴 시비에 곤혹을 느꼈다. 그리고 급기야 혜화경찰서에서 고소 건으로 출두서를 보내왔다. 나를 고소한 집사님은 120주년 기념사업의 최종 책임자는 담임목사이기 때문에 나를 고소한다고 했으며, 120주년 기념사업 건으로는 고소 건을 충족하지 못하기 때문에 이전의 것으로 고소하였다. 고소의 내용은 교회 재정의 유용 및 횡령 건이었다. 2010년 교단 부총회장에 출마하면서 교회의 재정을 유용했다는 것이다.

    2010년 부총회장에 출마하였을 당시 우리 교단의 선거는 부끄러운 선거였음을 나는 누누이 시인하였다. 그리고 많은 재정적 낭비가 있었던 것도 사실이다. 내 평생의 삶과 목회를 되돌아볼 때 가장 부끄러웠던 일이 바로 그 일이다. 그러나 그것은 나와 하나님과의 일이며, 나 자신의 양심 문제이지 고소를 당할 일은 아니다. 왜냐하면 당시의 모든 재정은 당회와 제직회의 승인하에 사용된 것이며, 이미 교회 감사의 결과를 제직회와 공동의회에서 다 수용하고 통과했기 때문이다. 도의적인 문제는 있다고 하더라도 법적인 문제는 아니라는 뜻이다. 도의적인 문제란 어느 개인이 내게 지적할 문제가 아니라 내가 내 자신을 탓할 문제이며, 하나님과 해결할 문제인 것이다. 여러 해 지난 일로, 경제사범으로 경찰서에 드나든다는 것이 창피하기도 하고, 속이 상하기도 하였다. 더구나 우리 교단의 총회장으로 경찰서에 드나드는 것은 정말 자존심이 상하는 일이었다. 그러나 당당히 조사받기로 하고, 모든 자료를 꼼꼼히 챙겨 성실히 답변하였다. 나는 적지 않은 재정을 사용했지만, 내가 직접 그 재정을 관리하지 않았을 뿐 아니라 직접 재정을 사용하지도 않았다. 그러기에 지금도 그 당시에 선거 비용이 얼마나 사용되었는지는 정확히 알지 못한다. 그때 내 마음을 더 아프게 한 것은 변호사를 선임하는 일이었다. 교회의 입장은 담임목사가 고소를 당해서 경찰서에 출두해야 하므로 변호사를 선임해야 한다는 것이었다. 결과적으로 고소 건은 혜화경찰서에서 무혐의의 소견을 검찰로 보냈고, 검찰에서도 기소가 되지 않고 무혐의로 종결되었다.

후에 나를 고소한 집사님은 자신의 고소 건으로 변호사 수임료가 지불되었음에도 불구하고 변호사 수임료가 과다 지출되었다고 교회에 항의하는 우를 다시 범하였다. 교인으로부터 담임목사가 고소를 당한 사건은 불미스러움을 넘어서 교회의 추악하고 어두운 면이었다. 내게 이 사건은 감출 수 없는 일이었지만, 감추고 싶지도 않은 사건이다. 담임목사로서 교회 내의 치부들은 내가 껴안을 수밖에 없는 나의 일이었다. 그때 나는 바울이 "나는 이제 너희를 위하여 받는 괴로움을 기뻐하고 그리스도의 남은 고난을 그의 몸 된 교회를 위하여 내 육체에 채우노라"(골 1 : 24)라고 한 말씀을 되새기고 또 되새기며 그 고통을 내 육체에 채우려고 애썼다. 그리고 부끄러움과 죄송한 마음으로 문제가 된 120주년 기념사업에 대한 의문과 물의에 대한 사과의 변을 교회의 당회장인 내가 제직회에서 발표하였다.

120주년 사업과 현안에 대한 담임목사의 변

우리 교회가 창립 120주년을 맞이하면서 당회는 기념사업으로 예배당 리노베이션과 교역자 사택을 건립하기로 하였습니다. 향후 30년 정도는 교회의 큰 공사가 없게 하여 후손들에게 부담을 주지 말자는 선한 뜻에서 기념사업의 계획이 세워졌습니다.

그러나 공사가 수주되고 진행되는 과정에서 이해의 차이로 관리와 회계의 측면에서 의문이 제기되었습니다. 이 문제는 지금까지 해결되지 못하고 갈등을 빚어 왔습니다. 예상에 미치지 못하는 120주년 기념봉헌과 이미 시행된 공사의 진행 관계로 관행에 따른 관리와 재정 집행으로 문제가 발생한 데 대하여 연동교회의 담임목사로서 심심한 유감을 표하며 사과를 드립니다.

이러한 우리 교회의 아픔이 교회의 발전을 위한 계기가 되기를 바라며 이러한 문제가 다시는 야기되지 않도록 '교회제도 개선팀'을 구성하여 제도적인 보완을 하겠습니다. 그리하여 교회가 미래지향적인 면모를 갖추고, 화해와 협력을 통하여 더욱 성장할 수 있도록 하겠습니다. 이후로 우리 모두가 사랑하고, 배려하며, 용납하고, 협력하여 루터의 종교개혁 500주년을 맞이하는 올해를 시작으로 개혁에 박차를 가하는 개혁교회가 되기를 바랍니다.

빠른 길을 너무 멀리 돌아와 아쉬움도 있지만 그동안 교회를 위해 기도하시고, 함께 염려해 주시며, 문제 해결을 위해 조언과 협력을 아끼지 않으시고, 인내로 기다려 주신 우리 교회의 모든 분들에게 감사를 드리며, 우리 교회가 주님 오시는 그날까지 하나님께 영광을 돌리며, 한국 교회의 소망이 되는 교회가 되기를 기도합니다.

2017년 5월 7일
연동교회 담임목사 이성희

6대 목사에서 7대 목사로

나는 연동교회 6대 목사로 부임하여 7대 목사로 은퇴하였다. 내가 연동교회에 부임할 때는 담임목사의 대수를 6대라고 하였다. 많은 사람들이 우리 교회를 게일 목사님이 개척한 교회로 알고 있는데, 우리 교회는 1894년 한인들에 의해 교회의 터를 잡은 후 1900년에 게일 목사님이 1대 목사로 부임하였다. 우리 교회가 1894년에 창립되었다는 것은 거의 확실한 역사적 사실이다. 1894년 당시 창립에 관한 기록이 남아 있는 것은 아니지만, 그 후 1934년에 교회 창립 40주년 기념 예배와 행사의 기록이 자세히 남아 있다. 이 기록으로 역사를 추적하면 1894년에 창립된 것이 확실하다. 내가 부임할 당시 우리 교회의 역사는 1대 게일 목사, 1대 동사목사 이명혁 목사, 2대 함태영 목사, 3대 전필순 목사, 4대 백리언 목사, 5대 김형태 목사로 기록하고 있었고, 내가 6대 목사였다. 그러나 그 이후로 이명혁 목사님이 동사목사인지 아니면 2대 목사인지에 대한 논란이 계속되었다. 그러던 중 내가 은퇴할 무렵 비로소 역사를 바로잡아 이명혁 목사님이 2대 목사로 인정되었고, 나는 7대 목사가 되었다. 그동안 이명혁 목사님에 대한 대수를 확정하지 못한 것은 김형태 목사님의 사관 때문이었다. 우리 교회 90년사를 집필하신 김형태 목사님은 이명혁 목사님을 게일 목사님의 동사목사로 기록하셨다. 일제강점기에 외국인이 당회장의 직책을 가지는 것을 조선총독부가 거부하였기에 이명혁 목사님이 당회장의 직함만 가지고 있었다는 것이 김형태 목사님의 이론이었다. 그러나 그 이후 계속되는 논란을 잠재우기 위하여 한국교회사를 전공한 몇 분의 학자들에게 역사 자료를 주어 판단하게 하였다. 그 결과 이명혁 목사님은 오래전 우리 교회가 경기노회 소속일 때 연동교회의 당회장의 직함을 가지고 있었고, 노회록이나 당회록에 분명히 당회장으로 기록되어 있으며, 당회장의 역할을 확실하게 하였기에 2대 목사로 보는 것이 옳다고 판단하였다. 그래서 내가 은퇴하기 직전 담임목사의 대수를 역사적으로 바르게 확정하였다. 역사적 자료에 근거하여 수정한 것이므로 이에 대한 특별한 논란 없이 교인들도 잘 이해해 주었다.

2.

나와 부교역자

2

부교역자의 기준

담임목사의 또 다른 업무 가운데 하나는 부교역자와 동역자의 관계를 잘 유지하는 것이다. 담임목사는 부교역자의 멘토가 되어야 하며, 모든 면에서 리더가 되어야 한다. 부교역자는 자신의 목회를 하는 것이 아니라 담임목사의 목회 협력자가 되어야 하며, 담임목사는 부교역자에게 목회를 분담해야 한다. 그런 의미에서 담임목사와 부교역자는 좋은 팀이 되어야 서로 성공적인 목회를 수행할 수 있고, 목회의 즐거움을 공유할 수 있다. 그래서 나는 부교역자들에게 자율적, 능동적으로 목회의 협력자가 되어 나와 서로를 통해서 많은 것을 배울 수 있도록 배려하였다.

내 머릿속에는 언제부터인지 모르지만 차별 의식이 없다. 아마 성장 과정에서 자연히 습득된 면도 있을 것이고, 또 다인종 국가인 미국에서 여러 해를 살면서 얻은 경험도 작용했을 것이다. 여성 안수를 앞서 주장할 만큼 남녀의 차별 의식도 없다. 나에게는 딸과 아들이 있는데 많은 분들이 오래전에 이렇게 물었다. "자녀가 어떻게 됩니까?", "둘입니다.", "둘이 아들입니까?", "아닙니다.", "둘이 딸입니까?", "아닙니다.", "그럼 남매를 두셨습니까?", "아닙니다.", "그럼 뭡니까?", "저는 매남을 뒀습니다." 나는 딸이 큰 아이이기 때문에 꼭 '남매'가 아니라 '매남'이라 했다. 그뿐만 아니라 내 의식 속에는 인종에 대한 차별도 없다. 아마 이것은 초등학교 시절 어릴 때부터 대구의 선교사 자녀들과 함께 놀았던 것과 군복무 중 수도경비사령부 헌병대에 소속되어 용산 미8군 헌병파견대에서 오랫동안 미군들과 함께 근무하였던 것 그리고 미국 생활을 할 때 다인종 지역인 남가주에 있었던 것이 영향을 주었을 것이다. 나는 경상도에서 태어나고 성장했지만, 경상도니 전라도니 하는 동서 차별이나 이남이니 이북이니 하는 남북 차별도 없다. 아내가 서울에서 태어났지만 뿌리는 전라도인 까닭도 있을 것이고, 이북 출신이 주축을 이루는 영락교회를 섬기면서 얻은 친숙함도 있겠지만, 어쨌든 내 마음에는 그런 의식조차 없다. 그래서 나와 함께 동역했던 부교역자들은 팔도 출신이 다 있었다. 내가 은퇴할 무렵에는 서울, 경기도, 전라도, 경상도, 충청도 출신이었고 장로회신학대학교뿐만 아니라 호남신학대학교, 영남신학대학교, 서울장신대학교 출신 부교역자들이 나와 함께 동역하고 있었다. 은퇴하기 전에 우리 교단 산하 7개 신학대학교 출신 목사님들과 함께 사역을 하고 싶었지만, 그것까지는 이루지 못했다. 내 경험으로 부교역자들의 출신 학교는 목회 사역에 큰 영향을 주지 않았다. 우리 교단의 모든 신학대학교 교수들의 실력이 평준화된 것도 이유가 되겠지만, 이제는 서울과 지방의 교육 및 문화 등의 간격이 좁아졌고, SNS를 통하여 정보를 접하는 수준의 차이가 없어졌기 때문이라고 생각한다. 부교역자들 사이에는 출신 도나 출신 학교의 차이가 아니라 단지 개인의 능력과 성실성 그리고 배우려는 노력의 차이만 있을 뿐이었다.

나보다 훌륭한 목사

내가 연동교회를 섬기는 29년 동안 나와 동역한 부교역자들 중 29명이 담임목사로 청빙을 받았다. 목회 스승으로서 그들에 대한 욕심이 있다면, 한결같이 목회의 성공자가 되기를 바라는 마음이다. 목회의 성공이라 함은 대형 교회를 섬기는 일이나 교계에서 명예를 얻는 것이 아니라 하나님께 인정받고 스스로 자신의 목회에 만족감과 행복감을 누리는 목회를 하는 것이다. 아무리 다른 사람들이 인정한다고 하더라도 스스로 행복하지 못하면 목회가 아니라 삶에 있어 실패자일 수밖에 없다. 그래서 나는 부교역자들에게 많이 배우되 흉내 내는 목회가 아니라 자신의 소명에 맞는 목회를 찾으라고 권하였다. 그래서 부교역자들에게 수없이 권한 말 중 첫째는 나보다 훌륭한 목회자가 되라는 것이었다. 그들이 나보다 훌륭한 목회자가 되는 것이 내가 성공하는 것이며 한국 교회의 희망이기 때문이다. 둘째는 누구에게 보이기 위한 목회가 아니라 자신에게 자랑스럽고 행복한 목회를 하라고 하였다. 제법 규모 있는 교회의 목회자가 되고, 언론에 얼굴을 자주 보인다고, 사람들이 알아준다고 해서 훌륭한 목회자가 되는 것이 아니기 때문이다. 목회자는 세속적 명예나 인기를 추구하는 연예인이 아니다.

사람들은 누구나 약점을 가지고 있다. 때로는 그 약점 때문에 비난을 받을 수도 있다. 그러나 목회자는 비난받아야 할 만한 것으로 비난을 받아야 한다. 비난받지 않아야 할 것으로 비난을 받는 것은 자신의 탓이다. 목회자가 절대 비난받지 않아야 할 것들은 게으르다거나, 시간을 지키지 않는다거나, 인사를 받지 않는다거나, 사람들을 편애한다는 등의 중요치 않은 일들이다. 그러나 이런 중요치 않은 일들이 다른 인격적, 도덕적 문제와 연계가 되었을 경우에는 치명적인 약점으로 섬김의 장애가 될 수도 있다.

나는 담임목사로서 부교역자들에게 스승의 모습을 보여 주기 위하여 이런 점들을 나름대로 철저히 지키려고 애를 썼다. 새벽에 눈을 떠서 교회로 가는 생활 습관은 은퇴할 때까지 계속되었다. 내가 시무하는 동안 평일의 새벽기도회는 부목사님들이 인도하였고, 토요일 새벽기도회는 '예비일 온 가족 새벽기도회'라고 하여 내가 인도하였다. 나는 새벽기도회를 인도하든 인도하지 않든 출타하는 경우를 제외하고는 거의 새벽기도회에 참석하였다. 때로는 힘이 들기도 하고 졸기도 하지만, 새벽에 내가 자리를 지키는 그 자체가 부교역자들에게 가르침이며, 교인들에게 용기가 되기 때문이다.

연목회

내가 연동교회의 담임목사로 부임하여 섬길 때는 한국 교회의 성장 시기를 조금은 벗어난 때였다. 1960년대부터 1990년대 초반까지를 한국 교회

최고의 성장 시기라고 보는 이유는 통계가 증명하고 있다. 이 시기에 한국 교회는 10년마다 수가 배가가 되었다. 이런 현상적 교회 성장은 세계 교회에서 그 유례를 찾아볼 수 없을 만큼 획기적인 것이었고, 세계 교회를 놀라게 할 교회사적 사건이었다.

그러나 내가 목회하던 시기는 경제 발전과 더불어 교회 성장이 주춤하였지만, 그럼에도 불구하고 개척교회들이 번성하였고, 목사 지망생들이 많아 신학대학교마다 학생들이 넘쳤다. 이때는 교회 수의 증가보다 신학대학원 졸업생 수의 증가가 많아 사역지의 수급이 문제가 되었고, 우리 교단의 7개 신학대학교에서는 신학대학원 학생 수를 조절하자는 이야기가 나오곤 하였다.

이런 가운데 우리 교회 교인들 가운데도 신학대학원을 지원하는 사람들이 갑자기 늘어나게 되었다. 그들 대부분은 우리 교회를 잘 섬기던 집사들이었다. 하나님의 부르심을 받고 목사가 되겠다고 신학대학원에 입학하는 것이 감사하기도 하였지만, 이미 가정을 가지고 있는 늦깎이 학생들을 볼 때마다 신경이 쓰이지 않을 수 없었다. 신학대학원을 졸업한 후에 각자의 사역지에서 열심히 섬겼고, 이제는 은퇴한 분들도 여럿이 생겼다. 그들은 '연목회'라는 이름으로 지금도 함께 교제하며 목회 소식과 정보를 나누고 있다. 황광의, 전희삼, 이효진, 신용균, 이선규, 강석훈 그리고 일찍 세상을 떠난 김기준 목사 등이 이때 신학대학원을 지망하였다.

3.

나의 자기 계발과 목회 훈련

3

시간 관리와 집중력

나는 나 스스로가 생각해도 시간에 대해 지나치게 엄격하다. 그래서 시간을 잘 지키지 않는 이에게는 불편한 감정을 느끼기도 한다. 아내는 늘 나에게 "자신에게는 엄격하고 남에게는 관용하라."라고 하지만 시간 문제만큼은 그러기가 쉽지 않다. 왜냐하면 나와의 시간을 지키지 않는 것은 이미 나에게 피해를 준 것이라는 생각 때문이다. 실제로 나는 29년 동안 철저한 시간 관리 덕에 제법 많은 일을 하였다. 연동교회를 섬기면서 장로회신학대학교의 겸임교수로 학생들을 가르치고, 그 외에도 평균적으로 한 주간에 두 번, 한 해에 백 번 정도는 타 교회나 학교에서 설교나 강의를 하고, 한 주간에 거의 두세 권의 책을 읽고 정리하며, 일 년에 한 권의 저술을 했다. 이렇게 할 수 있었던 것은 철저한 시간 관리로 집중력을 키

왔기 때문이었다고 본다. 오래전 우리 교회 신년 제직 수련회에 강사로 온 친구 목사님과 낮 시간에 교제를 하는 중에 목사님이 내게 이렇게 물었다. "시간 관리를 어떻게 하길래 그 많은 일을 다 감당하나?" 나는 그때 얼결에 이렇게 대답했다. "나는 시간을 관리하지 않아. 나는 시간을 지배하며 살고 있네. 시간을 지배하지 않으면 시간에 지배당하는 법이지." 나는 평생 시간에 지배당하지 않으려 애썼다.

나는 다른 사람들보다 공부를 많이 하였다. 공부를 많이 했다는 것은 공부를 잘했다는 것과는 다르다. 공부를 잘하지는 못했지만 꾸준히 공부하는 삶을 살았고, 지금도 공부하는 습관을 버리지 않고 있다. 대학교를 졸업하고 15년을 학생으로 공부했으니 다른 사람들보다 배는 더 공부를 한 것 같다. 대학교를 졸업하고 신학대학원과 대학원 석사과정을 공부하고, 미국에 유학을 가서 신학석사와 목회학박사 그리고 신학박사를 공부했다. 학생으로 많은 시간을 보냈지만, 대학교에 다닐 때부터 박사과정을 마칠 때까지 단 한 번도 과제물이나 논문의 제출 기한을 어겨 본 적이 없다. 오히려 일찍 제출하였다. 숙제를 미뤄 놓으면 숙제로 남는 법이다. 미뤄 두었다가 쓴다고 하여 대작이 나오는 것도 아니고 시간이 조급하면 도리어 졸작이 되기 쉽다. 어떻게 보면 융통성이 좀 없어 보이기도 하지만 모든 일을 미리 해치우는 것이 시간을 가장 잘 관리하는 것이라고 본다.

신학대학교에서 겸임교수로 가르칠 때도 학생들에게 중간 과제물의 제출 기한을 엄격하게 지키게 하였다. 정한 날 자정까지 반드시 내가 받을 수 있도록 제출하게 하였고, 그 시간을 1분이라도 어길 경우에는 5점을 감점하였다. 5점이면 학점이 달라질 수도 있는 큰 점수이다. 그리고 과제물의 양도 정확하게 지키게 하였다. 3페이지 분량으로 낼 것과 각 페이지에 어떤 내용을 담으라고 제시하고, 2페이지나 4페이지는 받지 않는다고 하였다. 그리고 반드시 이메일로 발송하라고 하였다. 이 모든 것이 훈련이다. 시간을 관리하는 훈련이고, 글을 쓰는 요령과 내용뿐만 아니라 글의 분량을 맞추는 훈련이며, SNS를 활용하는 훈련이다. 나는 이런 훈련을 부교역자들에게도 똑같이 하였다.

시간 관리와 더불어 또 한 가지 부교역자들에게 가르쳐 준 것이 있다면 집중력 강화이다. 집중력을 강화하면 시간을 벌 수 있다. 시간을 버는 것은 시간을 잘 관리하는 것이다. 집중력을 강화하기 위해서는 자신만의 방법이 필요하리라고 본다. 나는 신학대학원 재학 중일 때 나름대로 집중력 훈련 내지 인내력 훈련을 하였다. 우선 내가 책상에 앉아서 얼마나 끈기 있게 공부할 수 있는지를 시험하였다. 책상에 책을 펴 놓고 두 팔을 책상 위에 올린 뒤, 꼼짝도 하지 않고 앉아 있어 보았다. 펴 놓은 책의 두 페이지만 눈동자를 왔다 갔다 하며 읽고 고개를 돌리지도 않았다. 전혀 미동도 없이 앉아 있다는 것은 엄청난 고역이었다. 같은 자세로 2시간 30분을 앉아 있다 일어나니 허리에서 '우두둑' 소리가 났다. 이 훈련을 한 다음에는 책상에 앉아 좌우로 몸을 움직이면서 앉아 있었다. 유학 중 한창 공부할 때는 저녁 8시부터 새벽 4시까지 책상에 앉아 있을 수도 있었다.

두 번째 집중력 훈련은 잠을 자지 않는 훈련이었다. 나 자신의 한계를 알기 위해서 잠을 자지 않고 견뎌 일주일을 자지 않았다. 자지 않았다는 말이 좋지 않았다는 말은 아니다. 옷을 벗고 잠옷을 갈아입고 정식으로 자리에 누워 자지 않았다는 말이다. 밤에도 자지 않으려고 혼자 책을 보거나 TV를 보며 일주일을 보냈다. 결과적으로 이 훈련은 실패했다. 왜냐하면 그 일주일 후에 열흘은 아무것도 하지 못하고 잠만 잤기 때문이다. 그러나 그 후로 밤을 새우거나 밤늦게까지 일을 해야 하는 경우가 생기면 쉽게 견딜 수 있었다.

세 번째 집중력 훈련은 밥을 먹지 않는 훈련이었다. 나는 원래 식사량이 적은 편이다. 그리고 특별한 일이 없으면 일정한 시간에 식사를 한다. 그리고 아무리 좋아하는 음식이라도 의사가 해롭다고 하면 그 자리에서 바로 끊는 음식에 대한 절제력을 가지고 있다. 23년 전 '성대결절' 수술을 한 후에 기호 음료를 많이 줄였다. 수술 후에 주치의 교수님은 내게 커피, 우유, 탄산음료를 마시지 말라고 하였다. 이 세 가지는 내가 미국에 있을 때부터 즐긴 최고의 기호 음료였다. 특히 콜라는 즐기는 정도가 아니라 거의 중독 수준이었다. 아내가 장을 볼 때 콜라를 사 오지 않으면 짜증을 낼 만큼 즐겨 마셨다. 그러나 의사의 권고로 미련 없이 딱 끊어버렸다. 음식에 대해서는 절제력을 가지고 있지만, 금식을 하면서 얼마나 견딜 수 있을까 궁금하여 음식을 끊고 굶어 본 적도 있다. 금식기도도 아닌 아무 이유 없이 밥을 먹지 않고 버틴다는 것은 힘든 일이었다. 사흘을 금식한 후에도 며칠을 더 할 수 있었지만 어리석은 금식을 하지는 않았다. 자신의 한계를 훈련하는 이러한 과정은 남은 삶에 많은 도움을 주었다. 40일 금식 같은 장기간 금식을 하지는 않았지만, 일주일 정도의 금식은 아주 쉬웠다. 내가 시무하는 동안 우리 교회는 송구영신예배가 끝난 후 연초에 강화수양관에 가서 며칠간 금식하는 시간을 가졌다. 금식 기간에는 한 해의 목회 설계도 하고 기도와 묵상에 집중했다. 부교역자들과 이런 내 삶을 함께함으로 그들에게 시간 관리와 여러 면에서의 자기 관리 능력을 갖출 수 있도록 하려고 노력하였다.

설교 준비와 자세

나와 함께 연동교회를 섬기던 목사님들은 각자의 목회에 열중하고 있다. 그 목사님들과 '옥계선교회'라는 이름으로 이따금씩 함께 만나 나눔의 시간을 가진다. '옥계'라고 이름을 한 까닭은 선친께서 평양에서 월남하신 다음 목회하신 교회가 당시 경상북도 칠곡군 장천면 옥계동에 위치한 옥계교회였기 때문이다. 옥계(玉溪)는 이름 그대로 구슬 같은 시내가 흐르는 아름다운 곳이었는데, 나는 그 이름을 나의 아호로 쓰고 있다.

'옥계선교회'의 목사님들은 서울과 수도권뿐만 아니라 충청도와 경상도 등 여러 지역에서 교회를 훌륭히 섬기고 있다. 나는 매일 아침 이들의 이름을 불러가며 기도하고 있다. 그중에는 우리 교회를 떠난 후 어려움을 겪는 목사님도 있고, 섭섭한 일이 있는지 아예 나와 연락을 끊고 지내는 목사님도 있지만, 그래도 나는 그들을 위한 기도가 '애프터서비스'라 생각하여 기도를 쉬지 않고 있다. 이들 모두가 다 나보다 잘되기를 바라지만 그렇지 못한 목사님의 이름을 떠올릴 때마다 마음이 먹먹해진다. 그리고 누구의 잘못이든 간에 내가 지나치게 나무란 목사님을 위해 기도할 때는 쉽게 넘어가지 못한다.

부교역자 출신 목사님들과 간혹 만나 이런저런 이야기를 나누다

보면 옛날 이야기들이 나오게 마련이다. 가끔 나에 대한 섭섭한 마음을 털어놓는 분들도 있다. 그러나 대부분의 목사님들은 섭섭한 것들을 잊어주고 좋은 것들을 기억해 주니 감사하기도 하다. 때로 나는 그들에게 개인적으로 혹은 집단적으로 물어본다. "우리 교회에 함께 있을 때 나를 통해서 어떤 것을 제일 많이 배웠습니까?" 대부분의 목사님들은 설교와 행정이라고 답한다. 평소에 설교 준비하는 것과 강단에서 설교 말씀을 전달하는 것을 배웠다고 한다.

나는 내가 설교를 잘한다고 생각해 본 적은 없다. 그러나 설교는 너무 즐겁다. 그리고 설교 준비는 더 즐겁다. 나는 설교 준비를 철저하게 하라는 가르침을 선친과 신학대학교의 교수님에게서 받았다. 미국에서 잠시 목회하던 시절에는 연초에 한 해의 설교 제목과 본문을 교회 요람에 발표하였다. 그때 어느 집사님이 "목사님, 설교 예고하신 것을 일 년 동안 한 주일도 다르지 않게 하시네요."라고 했던 말이 기억난다. 한국에서는 매월 마지막 주일이면 주보에 다음 달 설교를 예고하였다. 그리고 설교는 보통 한 달 전에 준비를 끝냈다. 그리고 여러 번 묵상하고 다듬은 설교를 강단에서 전달하였다. 설교의 요약을 먼저 작성한 다음에 요약을 풀어 설교 전문을 작성한다. 요약을 풀어 작성한 설교 전문은 항상 A4 5쪽이다. 그리고 작성한 전문을 스마트폰에 저장하여 강단에 오를 때까지 평균 7~8번 읽으면서 들어 본다. 듣는 것은 읽을 때 보이지 않는 오류를 찾게 되는 좋은 점이 있다. 그렇게 한 뒤, 강단에 오르게 되면 설교 원고를 거의 보지 않고도 전달할 수 있게 된다.

나는 강단에 오르기 전에 매번 아주 간단한 기도를 드린다. "하나님, 이 시간이 말을 잘하는 시간이 아니라 말씀을 잘 듣는 시간이 되게 해 주소서." 이 기도에는 여러 가지 뜻이 있다. 첫째는 설교자는 '철저하게 하나님의 말씀을 듣는 자'라는 것이다. 설교자는 나의 말을 하는 것이 아니라 하나님께서 공동체에 주신 말씀을 전달하는 배달꾼이다. 따라서 설교는 나를 포함한 공동체에 주시는 하나님의 말씀을 듣는 것이다. 설교자는 말씀을 전하면서 듣고, 청중은 설교자의 말을 통하여 듣는다. 설교자에게 가장 중요한 것은 배달 사고를 내지 않는 것이다. 둘째는 설교자로서 내가 설교를 준비하고 말씀을 전하지만, 그 시간 그 현장에서 하나님께서 말씀하신다는 것이다. 그러므로 설교 준비는 설교가 끝나기 전에는 끝나지 않는다.

내가 부교역자들에게 강조하고 전수해 주려고 애썼던 나의 노하우는 설교에 대한 긴장감과 평소 설교 준비를 위한 독서와 자료 정리이다. 설교에 대한 긴장감을 가지라고 한 것은 평소에 보는 것, 듣는 것, 느끼는 모든 것들을 자신의 것으로 만들어 정리하라는 의미이다. 머릿속에만 가지고 있는 것은 시간이 지나면 까마득하게 잊어버리게 된다. 그러므로 메모하는 습관을 가져야 한다. 나는 스마트폰을 많이 활용하는 편으로, 간단한 메모를 스마트폰에 남겨 뒀다가 집에 와서 컴퓨터의 자료집에 정리해 보관한다.

내가 늘 생각하고 주장하는 것은 목회자의 삶에 '긴장'이 필요하긴 하지만 '스트레스'는 받지 말라는 것이다. 긴장은 활력소가 되지만 스트레스는 병이 된다. 사람은 누구나 긴장감이 없으면 진보하지 못하고 심지어 죽게 된다. 그러나 긴장이 스트레스가 되면 안 된다. 나는 오랫동안 테니스를 하였기에 라켓에 대해 잘 알고 있다. 헤아릴 수 없이 많은 라켓을 사용했고, 라켓의 줄이 끊어질 때마다 새로운 줄로 교체하였다. 라켓은 자신의 체격과 체력에 맞는 것을 선택해야 하며 또 자신의 타법과 습관에 따라 줄을 매야 한다. 줄을 맬 때 얼마나 세게 매느냐에 따라 타격이 달라지기 때문이다. 라켓에 매는 줄의 강도를 '텐션'(tension)이라 한다. 텐션이 너무 강하면 오히려 공이 세지 않고 줄이 잘 끊어지며, 너무 약하면 공이 탄력을 받지 못하고 나가질 않는다. 라켓에 따라 약간의 차이는 있지만 나는 대개 55파운드 정도의 텐션으로 줄을 맨 라켓을 사용하였다. 긴장(tension)은 삶을 활력 있게 하는 중요한 요소이지만, 긴장이 심하여 도를 넘게 되면 스트레스가 되고 병이 되어 활력을 떨어트리게 되는 것이다.

독서와 자료 정리

그리고 독서와 자료 정리는 내가 가장 많은 시간을 투자한 부분이다. 미국 유학 시절에도 많은 시간을 자료 정리에 할애하였는데, 그때의 습관이 지금까지 계속되고 있는 것이다. 유학 시절에는 컴퓨터가 일반화되어 있지 않아 나의 전공과목에 필요한 거의 모든 소논문들을 월간지, 계간지 등의 학술지에서 찾아서 복사한 다음, 저자의 이름순으로 정리하여 여러 박스를 가지고 있었다. 이 자료들은 미국에서 한국으로 이사 올 때도 가지고 와서 지금도 소중하게 보관하고 있다.

지금은 모든 자료를 컴퓨터에 정리하여 쉽게 검색할 수 있으니 얼마나 편한지 모른다. 나는 교회에서 시무하는 동안 거의 매주 2~3권의 책을 읽었다. 사역지를 가진 목회자로, 학교에서 가르치는 겸임교수로, 많은 학문과 목회에 관한 저술가로 활동하면서 한 주간 몇 권의 책을 읽는다는 것은 여간 벅찬 일이 아니었다. 그러나 목회자가 독서를 하는 것은 자기 계발의 차원이 아니라 자기 생존의 차원이라고 생각했다. 많은 지식과 에너지를 소모해야 하는 목회자로서 새로운 지식을 공급하지 않으면 고갈되는 느낌을 스스로 가지게 된 것이다. 그래서 남는 시간에 독서하는 것이 아니라 독서할 시간을 미리 할애하였다.

독서의 내용은 가급적 다양하게 하려고 애썼다. 미래학에 관한 책은 물론이고, 전공에 관한 전문 서적, 신학 전반에 관한 서적 그리고 역사, 자연과학, 문학, 예술 등 다양한 장르의 책들을 취사선택하여 읽었다. 책을 읽는 것은 독서의 절반이다. 다른 절반은 읽은 책을 정리하는 것이다. 밑줄을 그은 중요한 부분, 내 생각과 비판 등을 다시 컴퓨터에 일일이 옮겼다. 이 작업이 가장 힘든 일이었다. 일반적으로 책 한 권을 정리하는 데 4시간 정도가 소요되었다.

책을 정리한 다음에는 컴퓨터에 저장된 자료를 검색할 수 있으므로 읽은 책들을 보관할 필요가 별로 없었다. 실제로 내가 저술한 책을 읽어 보거나 이미 읽은 책을 다시 읽은 경우는 한 번도 없다. 왜냐하면 내가 저술한 책을 볼 시간에 그다음 책을 저술해야 했고, 읽은 책의 중요한 내용은 컴퓨터에 다 저장되어 있기 때문이다. 나는 이런 나만의 방법을 부교역자들에게 설명하기 위해 컴퓨터 화면을 직접 보여 주기도 했다. 그리고 자신의 방법을 개발하여 독서와 자료 정리를 효율적으로 하라고 하였다. 평소의 독서가 설교 준비와 글쓰기에 얼마나 영양가 있는 자산인지를 보여 준 것이다. 현재 내가 소장하고 있는 독서 자료는 10포인트로 A4 1,000쪽에 가까운 엄청난 양이 되었고, 이는 내가 가장 아끼는 내 지식창고이자 보물이다.

목회서신

나는 부교역자들에게 나의 컴퓨터를 열어 자료 정리 방법을 일러 준 뒤, 글쓰기의 요령도 전수하였다. 2000년에 들어오면서 '목회서신'이란 칼럼을 주보에 썼고, 토요일이면 원하는 성도들에게 이메일을 보내 주일 성수와 예배를 독려하였다. '목회서신'을 주보에 쓴 까닭은 한 주간에 발생하는 시사 문제를 그리스도인이 성경적, 신학적으로 이해할 수 있도록 하기 위해서였다. 2000년부터 은퇴할 때까지 썼으니 제법 많은 칼럼을 썼다. 열심히 사고하고 쓰다 보니 글쓰기도 숙달되었다. 칼럼 내용이 유익하여 많은 성도들이 좋아했고, 주보를 집에 가져가면 가정에서 자녀들도 읽는다고 한다. 심지어 논술학원에서 '기승전결'이 잘 맞는 논술 예제로 내 칼럼이 쓰인다는 말도 들었다. 나는 이렇게 나만의 글쓰기 기술을 홀로 습득하였다. 이런 글쓰기에는 독서와 독서 자료 정리가 가장 큰 유익을 주었다고 생각한다. 주간에 발생하는 이슈를 선정하여 독서 자료를 열고 머릿속에 정리하여 글을 써 내려가면 30분 내외로 '목회서신'을 쓸 수 있게 되었다. 나는 목회서신들을 모아『작은 것이 아름답습니다』(프뉴마, 2000),『도시 속의 사막』(한국장로교출판사, 2004),『무지개 영성』(한국장로교출판사, 2013),『다시 거룩한 교회로』(한들출판사, 2017) 등으로 엮어 출판하였다.

교회행정

교회행정은 목회에서 제일 중요한 것은 아니지만 아주 중요한 목회의 일부분이다. 오래전 교회행정에 대한 이해가 부족할 때는 '목사는 설교, 장로는 행정'이라고 하기도 하였지만, 교회행정은 그 자체가 목회이다. 교회행정학에서는 목사의 행정을 '리더십'이라 한다. 리더십이란 공동체를 주도하고 이끌어 가는 기술이 아니라 '비전을 제시하는 업무'(envisioning task)이며, '모델을 만드는 업무'(modeling task)이다. 그러므로 목사는 공동체인 교회를 위한 꿈을 꾸어야 한다. 그리고 교회의 미래지향적 모습인 모델을 만들어야 한다. 그리고 그 외 당회나 제직회 등의 회의를 법에 따라 규모 있게 인도하고 결의하는 능력도 갖추어야 한다.

나는 노회와 총회를 섬기면서 많은 교회의 어려운 문제들을 조언하고 해결한 경험이 있다. 목사에게는 설교가 중요한 업무이지만, 설교로 말미암아 교회가 갈등의 소용돌이 속에 빠지는 경우는 극히 드물다. 교회 갈등의 대부분은 성격 차이와 행정 미숙에서 발생한다. 이런 갈등의 요인들은 바른 행정으로 해소할 수 있다. 나는 당회와 제직회의 운영을 원칙대로 하려고 애썼다. 다시 말하면 장로교회의 정치 원리에서 당회는 총회, 노회와 같은 의결기구이다. 그러나 제직회는 의결기구가 아니라 봉사기구이다. 제직회에서도 재정에 관한 의결을 하지만 그 의결은 당회가 제직회에 제안하고 위임한 사항들이다. 재정에 관한 추가경정예산도 예산안은 당회의 몫이고 당회가 예산안을 제직회에 의뢰하여 제직회가 안을 허락하여 시행한다.

목사 청빙의 경우도 제직회에서 청빙안이 통과되어야 한다. 목사 청빙안이 제직회에 상정되는 것은 당회가 아무개 목사를 청빙하기로 하였으니 교회 예산에서 재정을 지원하겠느냐는 물음이다. 그러므로 제직회에서는 목사의 자격이나 설교, 인품 등을 따질 수는 없다. 간혹 어느 교회에서는 당회가 청빙 결의한 목사의 자격 등을 재심하듯 문제 삼아 제직회가 부결하는 경우가 있는데, 이것은 개혁주의 정치에서는 불가한 것이다.

담임목사 혹은 위임목사를 청빙할 때도 그렇다. 최근 많은 교회들이 담임목사를 청빙할 때 후보자 가운데 마지막 두세 사람의 설교를 듣고 최종 결정하게 된다. 최종 결정할 때 전 교인에게 투표하게 하여 결정하는 경우가 흔한데, 사실 이것은 당회가 직무를 유기하는 것이나 마찬가지이다. 당회의 결정권을 양보하거나 포기하면 당회의 권위도 실추되고, 다른 중요한 안건이 생길 때 교인들이 당회에 결정권을 요구할 것이다. 당회원 가운데 장로는 스스로 원하여 된 것이 아니라 교인들이 선택하여 모든 결의권을 행사하라고 위임한 것이다. 그리고 교인들이 당회원인 장로에게 결의권을 위임한 다음에 장로가 결의를 잘하지 못했다고 시비하는 것도 어긋나는 일이다. 그러므로 당회원은 결의권을 포기하지 말고 행사해야 한다.

당회나 제직회의 모든 결의는 확실하게 해야 한다. 결의의 잘못으로 후에 시비가 되지 않도록 하는 것이 좋다. 잘못된 결의 과정으로 말미암아 교회가 갈등에 휩싸여 고통을 당하는 경우가 허다하기 때문이다. 시비가 될 만한 안건은 충분한 토의 과정을 거쳐 가급적 모든 회원이 동의할 수 있는 안을 도출해 내는 것이 좋다. 그렇지 않으면 잠시 휴회하거나 아니면 다음 당회나 제직회로 미루는 것도 좋다. 나는 늘 이런 생각을 했다. '예수님이 언제 오실지 모르는데 내가 당장 서두를 필요가 없다.' 기도하면서 다음 당회나 제직회에서 결정하게 되면 쉽게 결의될 수도 있다. 그 외 법이나 규칙 등은 3분의 2 이상의 동의를 얻어야 신설 혹은 개정되므로 반드시 거수로 가결했다. 이런 회의법의 이해나 회의 진행이 부교역자들에게 도움이 되었다고 생각한다.

부교역자가 다른 교회의 담임목사로 청빙을 받을 경우에는 그 목사님에게 맞는 맞춤형 교습을 하였다. 목사님의 설교의 장단점과 설교법, 행정의 중요성, 부임할 교회와 지역의 특성, 특별한 이벤트나 행사 등을 소상히 일러 주고 기도해 주었다. 부교역자들에 대한 목회 스승으로서의 역할도 나의 중요한 업무라고 생각했기 때문이다. 그래서 늘 입버릇처럼 말하던 "나보다 좋은 목사가 돼라."라는 소망이 여러 목사님을 통하여 이루어지는 것을 볼 때마다 기쁘고 감사하다.

4.

나와 선교

4

선교사의 꿈

나는 유아기에 선친으로부터 유아세례를 받았고, 고등학교 2학년 때인 1964년에 입교하였다. 내가 세상에 태어났을 때 이미 아버지는 목사였고, 나는 아무런 선택의 여지 없이 예수를 믿게 되었다. 그리고 아버지 덕에 장로교 교인, 장로교 목사가 되었다. 나는 입교하던 바로 그해에 철없고 순진한 마음으로 목사가 되겠다고 서원하였다. 그때 아버지께서 시무하시던 교회에서 여전도회 노회 연합회가 주최하는 사경회가 열렸고, 한국 교회의 해외 선교 초기 태국 선교사로 섬기셨던 김순일 목사님이 강사로 오셔서 설교하셨다. 나는 200여 장의 선교사경회 포스터에 글씨를 쓰는 작업을 하다가 부흥회에 관심을 가지게 되었고, 그 관심으로 부흥회 처음부터 끝까지 빠지지 않고 참석했다. 선교사님의 "앞으로 한국의 많은 젊은이들이 선교사로 복음을 전해야 한다."라는 말씀은 내게 큰 감동을 주었고, 나는 그것을 내게 주시는 말씀으로 받아 목사가 되리라 다짐했다. 그러나 선친께서는 나에게 의사가 될 것을 권하셨다. 나는 내가 의과대학을 진학하여 의사가 된다고 하더라도 후에 목사가 되어 의사이자 목사로서 선교사가 되리라고 생각했다.

  목사가 된 나는 오랜 학업으로, 선교사로 직접 파송될 기회를 잃었다. 그리고 공부하는 가운데 선교의 사명이 선교사로 파송받아 선교지에 가는 것만이 아니라는 생각이 깊어졌다. 가는 것도 중요하지만 보내는 것도 중요하고, 보내는 방법도 여러 가지임을 깨닫게 된 것이다. 그리하여 가는 대신 보내기로 하였고, 연동교회의 선교 사역은 내가 처음 교회에 부임할 당시보다 몇 배나 커지고 활성화되었다. 그럼에도 불구하고 선교사가 되지 않았다는 송구함과 미련이 끝내 나를 자유롭게 하지 못하였다. 그래서 나는 선교사들을 볼 때마다 미안한 마음이 들고 동시에 주눅이 든다.

  나는 이런 마음의 빚을 갚기 위해 선교에 대해서 최선을 다했다. 교회에서 선교사 파송과 지원을 늘리고, 선교사들의 모임에 힘써 참석하여 위로하고 강의를 하였다. 내가 연동교회를 섬기는 29년 동안 거의 25년은 휴가 대신 선교지를 방문하였고, 총회 세계선교부가 주관하는 지역 선교사 대회는 자청하여 참석하고, 강의를 했다. 중미선교대회, 중동선교대회, 동남아선교대회, 북방선교대회, 유럽선교대회 등 많은 선교대회에서 선교사들을 만나고 강의하는 것이 마음의 빚을 털어 내는 가장 좋은 길이었다.

연동교회와 해외 선교 사역

그간 우리 교회의 선교 사역도 확대되어 해외 여러 곳에 선교사를 전담 혹은 부분 지원하게 되었다. 사할린, 우간다, 네팔, 도미니카공화국, 브라질, 인도, 인도네시아, 말레이시아, 동북아시아, 슬로바키아, 태국, 온두라스, 스위스, 영국, 페루 등 여러 곳에 선교사를 파송 지원하고 방문하여 의료 등 다양한 선교활동을 펴 왔다. 나와 함께 선교지를 방문하고 활동을 하느라 세계선교위원회의 많은 분들이 함께 수고하였다.

선교지를 개척할 때 미리 그곳을 방문하여 여건을 확인한 뒤, 중요 인물들을 만나 선교사와 협력할 수 있도록 다짐을 받고 선교사를 파송하는 것이 나의 정책이었다. 우리 교회가 사할린에 처음 선교사를 파송할 때도 그렇게 하였다. 당시 일본 선교사였던 이병구 목사님이 한국에 오셔서 사할린의 교포인 고려인을 위로하는 차원에서 교회를 세우고 선교사를 파송했으면 좋겠다는 제안을 하셨다. 나는 이 말에 공감하여 먼저 총회 세계선교부 총무이신 임순삼 목사님과 사할린을 방문하였다. 그때만 하더라도 러시아 여행이 그리 편하지 못했던 시절이라 어렵게 일정을 정하고 갔다. 팩스도 안 되고 여행사들이 텔렉스로 교신을 하던 시절이라 유즈노사할린스크에 도착하니 검정 양복을 입은 키가 크고 건장한 직원들이 러시아제 큰 승용차를 타고 공항에 마중을 나왔다. 그들은 우리를 보고 적지 않게 실망한 표정이었다. 알고 보니 텔렉스로 한국에서 두 목사가 간다는 소식을 "Two ministers of Korea."라고 보낸 것을 한국의 두 장관이 간다고 해석했던 것이다. 우리는 양해를 구하고 해약금을 지불하고 저렴한 방을 얻어 머물면서 교회 부지를 보고, 김춘경 씨 등의 고려인 유지들을 만나 협력과 편의를 부탁한 뒤 돌아왔다. 그 휴양소에서 평생 처음으로 김일성 휘장을 달고 있는 북한 동포를 마주쳤다. 철저한 반공교육에 나는 소스라치게 놀랐다. 그런데 자세히 보니 나를 본 그들이 더 놀라워했다. 며칠간 식당에서 그들과 여러 번 함께 식탁을 같이했고, 귀국하는 날은 우리의 음식과 반찬들을 그들에게 주고 왔다. 이때 세워진 교회가 '사할린연동교회'이다. 앞에서 밝힌 대로 1대 목사로 송준섭 선교사를 파송 지원하였고, 얼마 후에 송 선교사가 사임하게 되어 2대 목사로 류용현 선교사를 파송 지원하여 오늘에 이르게 되었다.

우간다의 김정윤 선교사님은 내가 연동교회에 부임하기 전에 이미 우리 교회가 지원한 '월드컨선' 파송 선교사이다. 한국에서는 '외항선교회'가 다국적 선교회인 '월드컨선'의 사역을 함께하기에 우리 교회는 외항선교회를 통하여 선교사님을 지원하였다. 우간다 최북단의 골리 지역에서 사역하던 선교사님은 월드컨선뿐만 아니라 한국에서 인정받는 훌륭한 선교사였다. 나와 우리 교회는 두 번의 우간다 방문을 통하여 선교사님의 활동을 감동적으로 보았고 골리 지역에서 선교사님이 얼마나 인정받고 있는 선교사인지를 알게 되었다. 그래서 의료선교팀으로 함께 간 우리 교회 선교위원회 분들은 우스개로 선교사님은 그곳에서 국회의원에 출마해도 될 것이라고 하였다. 선교사님의 선교 능력과 열정을 높이 인정하여 우리 교회는 선교사님이 은퇴할 때까지 지원하기로 약속하였다.

우간다의 수도 캄팔라에서 골리까지의 여정은 고된 길이었다. 먼지가 쉴 새 없이 앞을 가리는 길을 새벽 5시에 출발하여 점심을 도시락으로 때우고 열심히 달려 골리에 도착했을 때는 오후 5시경이었다. 거의 12시간을 달려서 도착한 것이다. 선교사님이 사역하는 병원에 도착하여 짐을 푼 후 의료팀은 다음 날 의료선교를 위해 준비하고, 영성훈련팀은 다음 날부터 시작되는 영성수련회를 준비하였다. 나는 영성수련회 강사로 말씀을 전하게 되어 영성수련장으로 갔다. 창문이 없는 수련장에는 이미 성도들이 한가득 모여 웅성거리고 있었다. 선교사님의 말로는 이들은 우간다뿐만 아니라 접경지대인 콩고에서도 왔다고 했다. 많은 사람이 며칠을 걸어 가족들을 다 데리고 자기네 먹거리를 지고 온 것이다. 돌로 만든 강단 앞에는 '하나님 찬양'(Afoyo Mungu)이라는 큰 글씨가 쓰여 있었다.

다음 날 영성수련장에는 흔히 표현하듯이 '새까맣게' 모였다. 나는 그들에게 영어로 설교하기로 되어 있었기에 미리 영어 설교를 준비하여 갔다. 설교하러 강단에 올라갔더니 통역자가 세 사람이나 서 있었다. 어떻게 된 일인지 선교사님에게 물어보았더니 우리 귀에는 똑같이 들려도 우간다 언어와 콩고 언어, 수단 언어가 서로 다르기 때문에 각자 자기 방언으로 통역을 한다는 것이었다. 내가 한마디를 하면 세 사람이 통역을 했는데, 정신을 잃을 뻔하였다. 더 재미있는 것은 강단 아래에서 선교사님이 나의 영어 설교를 우리 선교팀에게 한국어로 통역을 한 사실이다.

지금도 나는 '선교사'라는 나 홀로 직함을 버리지 않고 있다. 나는 보내는 선교사요, 기도하는 선교사요, 후원하는 선교사이다. 선교사를 뒷바라지하는 역할이 선교사의 사역에 얼마나 중요한지를 알고 있기에 그 일을 자청해서 할 때가 많이 있다. 교회가 공식적으로 지원하는 것 외에 나의 사비로 매월 선교사를 지원했고, 은퇴한 후에도 여러 곳을 지원하고 있다. 그리고 교단 총회 세계선교부에 '순회선교사'를 자원하였다. 순회선교사란 자비량으로, 선교사가 업무 관계로 선교지를 비울 수밖에 없을 때 가서 선교지를 잠시 지켜 주는 역할을 하는 선교사이다. 일정 기간 선교지를 지키면서 현지 목회자들이나 선교사들을 위한 강의 정도는 할 수 있을 것 같아 자청한 것이다. 아직은 그 일을 하지 못했지만, 언젠가는 꼭 하려고 한다.

연동교회와 국내 선교 사역

내가 처음 연동교회에 부임하였을 때 교회는 상당히 많은 미자립 교회들을 돕고 있었다. 많은 미자립 교회를 돕고 있었지만, 미자립 교회가 자립할 수 있는 것도 아니고 넉넉하게 지원하는 것도 아니었다. 그래서 나는 과감하게 국내 선교의 정책을 바꾸었다. 우선 5만 원, 10만 원의 지원금을 대폭 증액하고 대상 교회를 대폭 감소하였다. 적은 수의 교회지만, 그 교회가 우리 교회의 지원금으로 최소한의 생활을 할 수 있도록 하고, 목회에 전념할 수 있도록 해 주는 것이 새로운 정책의 핵심이었다. 그리고 '지원 교회'란 용어를 '협력 교회'로 바꾸었다. 우리 교회가 지원하고 미자립 교회가 지원받는 일방적 지원이 아니라 우리 교회가 재정적으로 지원하고 그 교회는 지역 생산품이나 영적 도움으로 지원하는 쌍방적 지원으로 전환해야 한다고 강조하였다. 그 결과 협력 교회에서는 배추, 고구마, 포도 등의 생산품들을 보내왔다. 어느 교회는 매년 추수한 쌀을 보내왔다. 그리고 서로 협력하는 관계가 되기 위하여 협력 교회의 교역자가 우리 교회의 오후 예배에 와서 설교하고, 내가 그 교회에 가서 설교하는 교환 예배도 했다. 일방적으로 지원한다는 우리의 지배적 사고를 불식시키고 교회와 교역자의 동등한 지위를 인식시키려고 이렇게 시도한 것이다. 하지만 교환 예배는 자주 하지 못했다.

5.

나와 디아코니아

5

학원복음화협의회

내가 미국에서 귀국할 무렵 한국 사회는 흔히 말하는 대학가의 이념화로 몸살을 앓고 있었다. 학생들이 대학에 입학하기만 하면 북한의 주체사상 등으로 '이념화'하여 '주체사상파', '민족해방 NL파' 등 많은 이질적 집단이 국내에서 자생하고 있었다. 심지어 서울의 대형 교회들에 불을 지르겠다는 말도 있었는데, 나중에 알아본 결과 사실이었다고 한다. 이런 정신적 혼란기에 '교회의 역할이 무엇일까?'라는 과제를 안고 한국으로 돌아온 것이다. 연동교회에 부임하기 전 2년 동안 영락교회에서 담임목사이신 임영수 목사님, 교육목사이신 김동호 목사님과 행정목사인 나는 '팀 목회'를 시도하였다. 그 당시 우리 셋은 함께 대화를 나누고 사회나 주변 이야기를 많이 하였다. 우리 셋의 성경 해석과 세계관 등이 팀 목회에 중요한 영향을 미치기 때문이었다.

그때 내가 제안한 것이 학생들이 대학교에 들어가 이념화되기 전에 복음화할 수 있는 방안이었다. 대학을 복음화하는 것은 교회만으로는 부족하다. 대학을 복음화하는 것은 선교단체만으로도 부족하다. 대학을 복음화하기 위해서는 교회가 재정이나 인력을 제공하고, 캠퍼스 선교에 정책과 노하우를 쌓은 선교단체가 공조해야 가능하다는 것을 설명하여 선교단체와 함께 이 일을 하자고 제안한 것이다. 그리하여 우리 셋은 캠퍼스 선교에 관심을 가진 분들을 초청하고 이 일에 함께하기로 하였다. 이때 임영수 목사님의 초청으로 첫 모임에 참석한 분들은 옥한음 목사님, 홍정길 목사님, 이동원 목사님, 하용조 목사님, 허남기 목사님 등이었고 이때 발족한 단체가 '학원복음화협의회'이다. 이 일은 교육목사이신 김동호 목사님이 주관하여 자리를 잡게 되었다.

장로교회와 섬김

내가 유학 시절 박사학위를 공부할 때 많은 영향을 받은 책 가운데 하나가 데이비드 모버그(David O. Moberg)의 *The Church as a Social Institution*이란 책이다. 당시 나는 교회의 사회적 관심을 늘 주지하며 공부하던 터라 사회는 나에게 관심의 대상인 동시에 전도의 대상이었다. 그런 의미에서 나는 유학 시절의 두 학교에 많은 빚을 지고 있다. 특히 풀러 신학대학교(Fuller Theological Seminary)에서는 복음적 선교의 열정을 배웠고, 샌프란시스코 신학대학교(San Francisco Theological Seminary)에서는 교회의 사회적 책임을 끊임없이 생각하게 되었다. 두

학교는 내가 배운 것들을 목회에 접목하여 기획하는 데 많은 도움을 주었다. 이는 내가 연동교회를 목회하는 동안 사회적 역량을 크게 성장시키는 동력이 되었다.

유학 시절 귀가 따갑게 듣고 배운 것은 개혁주의의 사회적 원리이다. 개혁주의의 대명제는 '교회는 항상 개혁되어야 한다'(Ecclesia semper reformanda)라는 것이다. 그리고 또 다른 개혁교회의 명제는 '교회가 사회를 위하여 무엇을 할 것인가?'(What the church should do for the society?)라는 물음이다. 그래서 개혁교회인 장로교회는 어떤 교파보다 사회적 관심이 크다. 이런 장로교회의 원리에서 내가 늘 강조하는 것이 있다. 한국 교회는 교회 성장 신드롬을 벗어나야 성장한다는 이론이다. 그동안 한국 교회는 교회 성장에 몰두하여 사회를 외면하고 앞만 보고 달려왔다. 교회가 사회를 외면한 결과 사회가 교회를 외면하게 되었다. 그래서 교회 성장 신드롬을 벗고 사회를 섬기면 교회가 성장한다는 것이다. 교회가 성장하기 위해서는 '사회인'이 '교회인'이 되어야 한다. 교회인을 우리는 그냥 교인이라 부른다.

성경적 원리에서 보면 예배와 섬김은 하나이다. 성경은 "오직 하나님께 경배하고 다만 그를 섬기라."라고 한다. 하나님을 섬기라고 하는데, 하나님을 섬기는 것은 예배이다. 우리가 하나님을 섬길 수 있는 최선의 방법은 사람들을 섬기는 일이다. 하나님을 섬기는 것을 '예배'라고 하고, 사람을 섬기는 것을 '봉사'라고 한다. 그래서 영어로는 예배를 'worship'이라고도 하고, 'service'라고도 한다. 그리고 두 단어를 묶어 'worship service'라고도 한다.

교회의 본질적 사명을 말하면 크게 세 가지이다. '케리그마'와 '디아코니아' 그리고 '코이노니아'이다. 말씀의 선포인 '케리그마'의 외적 작용이 '디아코니아'이며, 내적 기운이 '코이노니아'이다. 그러므로 '디아코니아'와 '코이노니아' 둘 다 하나님의 말씀에 근거하는 것이며 말씀 없이는 모든 것이 다 헛되다. 초대교회는 교회를 '봉사자의 집단'이라 불렀다. 교인이 되었다는 것은 봉사자가 되었음을 뜻한다. 교인은 봉사하는 사람이다. 그래서 교회는 봉사자의 집단인 것이다. 기독교는 두 가지 상징물을 가지고 있는데 십자가와 수건이다. 영성가 리처드 포스터는 십자가가 복종의 징표인 것처럼 수건은 섬김의 징표라고 하였다.

야고보서 1:27에는 "하나님 아버지 앞에서 정결하고 더러움이 없는 경건은 곧 고아와 과부를 그 환난 중에 돌보고 또 자기를 지켜 세속에 물들지 아니하는 그것이니라"라고 한다. 참된 경건은 섬김이다. 일반적으로 경건이라고 하면 굉장히 정적인 것으로 상상하기 쉽다. 그러나 성경은 경건을 고아와 과부를 섬기는 동적인 일이라고 한다.

그리스도인의 섬김이란 그리스도를 닮아 가는 과정이다. 주님은 "인자가 온 것은 섬김을 받으려 함이 아니라 도리어 섬기려 하고 자기 목숨을 많은 사람의 대속물로 주려 함이니라"(마 20:28)라고 하셨다. 그리스도는 '섬기는 종'(serving servant)이셨고, '고난의 종'(suffering servant)이셨다. 섬김은 그리스도가 오신 목적이었고, 그분의 삶 전체였다. 그러므로 그리스도인들이 섬기는 것은 마땅한 일이다. 교회는 하나님과 사람을 섬기는 기관이다. 그래서 교회는 예배하고 봉사하는 것이다. 예배만 하면 교회가 아니고, 봉사만 해도 교회가 아니다.

목회신학에서 말하는 교회의 목적을 성취하기 위한 세 가지 지향(approach)이 있다. 상향(upreach)과 내향(inreach), 외향(outreach)이다. 상향은 위를 향한 교회의 목적이며 예배를 통하여 성취 가능하다. 내향은 안을 향한 교회의 목적이며 교육, 훈계, 수양을 통하여 성취 가능하다. 외향은 밖을 향한 교회의 목적이며 섬김(caring)을 통하여 성취 가능하다. 섬김이란 교회의 목적을 성취하는 중요한 도구이며, 교회의 디아코니아는 교회의 목적 3분의 1을 성취하게 한다.

약간은 냉소적이라 할지 모르지만, 나는 가끔 한국 교회를 변화산 꼭대기의 환상에 빠진 교회라고 한다. 신약성경을 보면 변화산에서 베드로는 변화하신 예수님의 모습을 보고 환상에 빠져 초막 셋을 짓겠다고 제안하였다. 하지만 예수님은 베드로의 제안에 대하여 아무런 대꾸도 하지 않으셨다. 예수님은 간질로 고통당하는 한 아이, 아들의 고통을 안타까워하는 아버지 그리고 아무리 애써도 고치지 못하고 어쩔 줄 몰라 하는 아홉 제자들이 있는 산 아래로 내려가기를 원하셨던 것이다. 지금 한국 교회는 이런 환상에 빠져 있다고 해도 과언이 아니다. 내 생각에는 산 아래에 예수님의 마음으로 관심을 가져야 할 많은 사람이 있음에도 불구하고 교회는 산꼭대기에 초막 셋을 짓고 있는 것 같다. 초막 셋은 본당, 교육관, 기도원이다. 목회신학적으로 본다면 본당은 상향을 위한 것이며, 교육관은 내향을 위한 것이므로 세 번째는 외향을 위하여 기도원이 아닌 복지관 혹은 사회봉사관이 있어야 하는 것이다. 교회가 기도원 대신 복지관을 가지고 사회를 섬겼다면 지금의 한국 교회는 분명히 이런 모습이 아닐 것이라고 생각한다.

연동복지재단

그래서 나는 연동교회에 부임하여 복지재단을 설립하기를 간절히 소망하였다. 이 정도 규모의 교회가 복지법인을 가지고 복지재단을 운영하는 것은 어려움이 있을 수도 있지만, 나는 우리 교회의 능력에 지나치지 않은 복지재단을 가지기를 원했고, 할 수 있는 선에서 다양한 복지사업을 운영하기를 바랐다. 그리하여 우리 교회의 창립 100주년을 기념한 '복지법인 연동복지원'을 설립하였다. 이때 교회 안팎에서 많은 반대가 있었다. 어느 장로님은 "복지재단이 있으면 교회가 골치 아픕니다."라고 하였다. 그때 나는 이렇게 대답했다. "우리가 골치 아프자고 하는 일입니다." 섬기는 일이란 힘이 드는 만큼 보람이 있다.

처음 연동복지재단은 창신동 산동네에 있는 '창락가정관'을 위탁받아 섬기기 시작하였다. 그때는 우리 교회가 복지법인을 설립하기 이전이었으므로 우리 교단 '장로교 복지재단'의 이름으로 위탁을 받아 우리 교회가 섬기게 된 것이다. 그 후에 우리 교회는 산하기관으로 복지법인을 설립하여 복지재단을 운영하였다. 복지재단은 어르신들을 위한 실버아카데미, 원로관, 어린이를 위한 연동어린이집, 누상어린이집, 지역아동센터 등을 운영하였고 한때는 장애인을 위한 '작은 형제의 집'을 가지고 있었으나 전문적으로 운영하는 데 부족함이 있어 폐쇄하는 아픔도 있었다. '연동복지원'은 2017년 '연동복지재단'으로 재단 명을 개명하였다.

교회의 본질적 사명인 '섬김'을 우리 교회의 중요한 사업으로 자리매김하기 위하여 여러 가지 방안을 검토한 가운데 복지 담당 교역자를 두기로 하였다. 그리하여 우리 교회의 집사 중 늦깎이 신학생이 된 홍광의 집사에게 복지에 대한 공부를 권하였다. 신학대학원을 졸업하고 목사 안수를 받은 다음 은퇴할 때까지 연동복지재단 원목으로 섬겨 주었다. 나는 설립 당시부터 은퇴하기 직전까지 복지법인의 이사장으로 복지에 참여하고 섬겼다. 이는 목회 사역 가운데 상당한 보람과 자부심을 느끼게 해 준 일이었다.

택시 타고 오기

복지와 연관이 없다고 생각할지도 모르지만, 우리 교회를 외부에 알리고 사회인을 섬기는 봉사의 차원에서 오래전부터 매년 전교인 '택시 타고 오기'를 실시하였다. 이 프로그램을 실시하게 된 목적은 다음과 같다. 첫째는 우리 교회를 외부에 알리자는 것이다. 우리 교회의 많은 성도들은 오랜 전통과 역사에 익숙해져서 연동교회는 모든 사람이 다 안다고 생각한다. 그런데 사실은 그렇지 못하다. 그래서 택시 기사들에게 우리 교회를 알리는 방법으로 택시를 타기로 한 것이었다. 둘째는 전도하자는 것이다. 현대인의 일상에서 시간을 내어 전도한다는 것은 여간 어려운 일이 아니다. 그래서 택시를 타고 잠시라도 복음을 전할 때 우리가 알지 못하는 하나님의 은총이 있을 것이라고 생각한다. 셋째는 택시 기사들을 섬기자는 것이다. 택시를 타서 재정적으로 도움도 주고 친절하게 대해 줌으로 삶에 활기를 불어넣어 주자는 것이다. 교인들이 택시를 타고 교회 정문에서 내리면 우리 교회 사회부원들이 물과 떡과 전도지를 택시 기사에게 전하며 감사의 표시를 하였다. 큰 사역은 아니지만, 그날 우리 교인을 태운 택시 기사에게 기쁨이 전달되었을 것이라 믿는다.

6.

나와 문화선교

문화의 세기

흔히 21세기를 문화의 세기라고 한다. 문화는 이제 취미나 여가 활동이 아니라 인류의 가치이며 나아가 생존이라고 할 수 있다. 그런 의미에서 사이버 시대는 문화 시대이다. 최첨단 과학 시대를 이끌어 가는 여섯 가지 과학기술인 전자기술(IT), 나노기술(NT), 생명공학(BT), 환경공학(ET), 문화기술(CT), 항공우주공학(ST) 가운데 하나가 문화개발기술이다. 문화가 발달하며 타 문화가 존중되는 시대에 교회는 사회의 문화를 이해하고 사회의 문화를 기독교화하기 위하여 노력하여야 한다.

흔히 '한류'라고 하는 한국 문화는 이제 세계적인 명품으로 인정받고 있다. "겨울연가", "대장금" 등 드라마의 수출로 일본과 세계를 들썩거리게 만든 한국의 문화는 예능으로 옮겨가 "1박2일", "런닝맨" 등의 프로그램들이 문화 수출을 이끌었고, K-pop은 세계 음악을 이끌 정도로 세계화에 성공하였다. 슈퍼주니어, 소녀시대가 주인공이던 K-pop을 싸이의 "강남스타일"이 수직 상승시켰고, 최근에는 방탄소년단이 'BTS'란 이름으로 UN에서 노래와 연설을 할 만큼 자리를 굳혔다. 세계의 청소년들이 한국어로 방탄소년단의 노래를 부르고 춤을 추는 광경을 어렵지 않게 볼 수 있게 된 것이다. 그뿐만 아니라 이제는 K-문화가 음식에까지 파급되어 K-김밥, K-라면이 날개 돋친 듯이 팔리고 있다.

문화란 사회 구성원의 행동과 사회 체계를 형성하고 이들을 조합, 연결하여 동일한 이념과 가치관을 형성하는 영향력의 본체이다. 기독교는 사회 구성원의 행동을 규정하고, 사회 체계를 형성하는 힘을 가져야 하며, 사회의 가치관을 형성하는 데 영향을 주어야 함에도 불구하고 한국 기독교는 사회에 영향을 주기에 부족했다. 교회는 교회의 내용인 문화를 소유하여야 하며, 그 문화는 사회를 움직일 수 있는 영향력으로 변화되어야 한다.

교회는 인간의 이념과 동기를 지배하는 원동력인 문화를 사회에 심어 사회 문화를 기독교화할 수 있을 것이다. 나아가 기독교는 사회의 바른 문화를 창출해 나가는 원동력이 되어야 하며 전통문화의 보존자 역할을 하여야 한다. 세계 민족사를 보아도 전통 가치와 문화를 소홀히 여긴 민족들은 역사 속에서 소멸하였다. 원나라, 청나라가 이런 나라들이다. 그러므로 교회는 전통 가치와 문화를 보존하는 동시에 건강한 사회 문화를 창조해야 한다.

사회의 발달은 문화의 발달에 연유한다고 한다. 이 말은 우리 사회가 발달하기 위해서는 문화가 발달해야 한다는 것이다. 한국 교회가 한국 사회의 발달을 추구한다면 한국 사회의 문화 발달을 교회가 담당해야 할 것이다. 미래학자들은 21세기를 지배하는 민족의 특징을 다음과 같이 설명한다. 첫째, 단일민족이다. 새로운 세기에 세계를 지배할 수 있는 민족은 단일민족이다. 지방화 시대를 맞이하여 다민족은 점점 작은 국가로 분리될 가능성을 가지고 있다. 그러므로 단일민족이 미래 세계를 지배할 힘이 있다. 둘째, 역사와 문화를 가진 민족이다. 21세기는 문화 시대라는 단적인 표현까지 있을 정도로 21세기에서 문화는 중요한 자원이 될 것이다. 셋째, 교육과 기술에 투자한 민족이다. 교육과 기술은 미래 사회와 산업의 발달에 있어 중요한 기간(基幹)이 되므로 교육과 기술에 대한 투자는 미래를 위한 준비이다. 위의 설명을 통하여 문화의 중요성이 강조되어 있음을 알 수 있다. 그런 의미에서 볼 때 우리나라는 21세기를 위한 좋은 조건을 가지고 있다.

그러나 한국 사회를 지배하는 문화가 무엇이냐는 것이 중요하다. '교회가 사회를 위하여 문화를 창조하느냐?'라고 하는 기본 물음을 통하여 교회는 사회를 위한 존재가 될 수 있다. 새로운 세기를 앞두고 한국 교회는 자신을 위한 성장 위주의 교회에서 타인을 위한 성숙 위주의 교회로 탈바꿈해야 하며 이러한 사회를 위한 노력은 사회뿐만 아니라 자신을 위한 자구적(自求的) 노력이 될 것이다.

예일 대학교의 교수 폴 케네디는 21세기에 한국이 세계 중심 국가가 될 수밖에 없는 다섯 가지 이유 가운데 하나를 한국의 독창적 문화라고 하였다. 한국 문화의 중심은 한이며, 한국인의 한은 누구도 흉내 낼 수 없는 고유한 것이다. 사이버 시대를 맞이하는 한국 교회는 한국의 문화를 세계화하는 매체로서의 역할을 할 뿐만 아니라 사회 문화의 기독교화 혹은 기독교 문화의 사회화를 위한 노력을 극대화하여야 할 것이다. 이제 한국 교회는 성장 중심의 교회 구조를 벗어나서 사회를 위한 교회가 되기 위한 구조조정이 조속히 이루어져야 한다. 이러한 생존적 노력은 기독교 문화를 사회에 심는 문화목회가 가능하게 할 것이다.

21세기를 '문화의 세기'라고 한다. 포스트모던 시대의 최첨단 기술 가운데 하나가 '문화개발기술'이라는 것도 같은 맥락이다. 문화개발기술은 미래를 이끌어 갈 중요한 기술 가운데 하나이며 문화는 이제 더 이상 '놀이'가 아니라 부가가치를 동반한 '산업'으로 변신하였다. 문화는 취미나 여가 활동이 아니라 인류의 가치이며 나아가 생존이라고 할 수 있다. 문화의 발달로 타 문화를 존중하는 시대에 교회는 사회의 문화를 이해하고 사회의 문화를 기독교화하기 위하여 노력하여야 한다. 문화적 차원에서 볼 때 가장 시급한 것은 기독교의 문화를 사회에 뿌리내리는 일이다. 즉, 세속 문화를 기독교 문화로 변화시키는 일이다. 기독교는 사회 구성원의 행동을 규정하고 사회 체계를 형성하는 힘을 가져야 하며, 사회의 가치관을 형성하는 데 영향을 주어야 한다. 그런 의미에서 문화는 이제 목회의 영역에서 해석되어야 하며 성도의 삶의 변화에서 사회의 변화로 진보해야 하는 것이다.

그리스도와 문화

리처드 니버는 교회의 문화에 대한 다섯 가지 유형을 제시하며 가장 이상적인 유형을 '문화변혁론적 유형'(Christ the transformer of culture)이라고 하였다. 교회는 문화의 변혁자가 되어야 한다. 개혁신학의 거성인 네덜란드의 아브라함 카이퍼는 적극적 문화개혁론을 주창하였다. 보수적 신앙과 진보적 문화론을 겸비한 그의 이론은 삶의 전 영역이 하나님의 주권의 장이며, 문화 영역에도 하나님의 주권이 임하도록 해야 한다는 것이다. 대중문화가 문화의 주류를 이루는 시대에 교회와 그리스도인은 문화를 사탄적이라고 비판하고 포기할 것이 아니라 긍정적이고 적극적인 자세로 문화 변혁의 주체가 되어야 한다. 그래서 카이퍼는 목회자로, 신학자로, 나아가서 세속 정치에 참여하는 정치가로서 신앙적 국가와 사회를 세우려고 애썼다. 나는 이런 행동하는 신학자를 존경하고 나 또한 그렇게 되기를 원했다.

21세기 교회 성장의 코드는 문화이다. 문화 코드 활용은 교회를 떠난 젊은이들에게 다시 교회를 찾게 하는 좋은 접촉점이 되기 때문에 교회는 목회적 관점에서 문화를 수용해야 한다. 교회는 21세기에 살아남기 위해 포스트모던 문화 속에서 복음을 구체화해 나가야 하는 절박함을 가지고 있다. 그리고 그리스도교의 문화를 사회화하는 데 교회가 앞장서야 한다. 우리 사회의 일반 문화는 너무나 세속적임에도 불구하고 그리스도인들마저 너무 익숙해져서 문화의 타락을 느끼지 못하고 살고 있다. 버스 정류장이나 지하철역에서 내려 사방을 둘러보면 술집이 보이지 않는 곳이 거의 없을 정도로 우리나라는 술집이 많이 있다. 드라마 사극에서도 손님이 오면, 주인이 하인에게 "주안상을 내오너라."라고 말할 정도로 우리 문화는 술과 연관되어 있다. 한국 그리스도인이 1,000만을 헤아린다고 하지만, 문화는 전혀 기독교적이지 않다. 일반적으로 그리스도인이 전 국민의 4분의 1이 되면 문화와 관습이 기독교화된다고 하는데, 우리나라는 그렇지 못한 형편이다. 이런 현상을 보면서 안타까운 마음이 들었던 나는 그리스도인들이 기독교 문화로 살아갈 수 있도록 하려고 노력하였다.

나는 미래목회를 공부하면서 이런 문화의 중요성, 특히 기독교 문화의 사회화에 관심을 가지고 우리 교회에서 문화목회를 시도하였다. 앞에서 언급한 대로 복지와 문화는 선교의 두 기둥이라는 나의 기본적 이해의 토대 위에 복지에 버금가는 문화를 목회에 접목하려고 하였다. 그래서 문화선교부를 중심으로 여러 가지 시도를 하였다. 우리 교회 화가들의 작품 전시회, 외부 예술인들의 초청 전시회 그리고 갤러리 카페의 특성을 살려 외부의 다양한 전시회를 '다사랑'에서 할 수 있게 하였다. 그뿐만 아니라 '열림홀'에서 좋은 문화 공연을 할 수 있도록 주선하여 연극, 뮤지컬 등 많은 공연을 하였다.

총회 문화법인

내가 총회를 섬길 때도 같은 의미에서 총회의 기구를 제안하고 조정하였다. 총회는 오래전에 '장로교복지재단'을 설립하고 총회 차원의 복지사업을 진행해 오고 있었다. 우리 교회도 장로교복지재단을 통하여 첫 번째 복지사업에 발을 디뎠다. 그러나 복지와 문화를 두 축으로 보는 나의 눈에는 복지재단만 가지고 있는 것이 마치 한 쪽 축이 기울어진 것 같았다. 그러던 중 내가 2006년에 문화재단을 설립할 것을 제안하였고, 서울노회의 헌의로 총회가 허락하여 지금의 '대한예수교장로회 총회문화법인'으로 발전하였다. 총회문화법인은 지교회의 목회자들에게 문화목회를 교육하여 그들이 문화적 목회를 할 수 있도록 도움을 주고 있다. 나도 총회문화법인의 작은 일에 여러 해 동안 동참하였다. 총회문화법인은 사무총장 손은희 목사님과 서정오 목사님, 성석환 교수님 등 많은 분들의 헌신으로 우리 교단의 중요한 목회 지원 단체로 자리매김하고 있다.

7.

나와 건강관리

건강한 목회자

나는 건강하다. 육체적으로도, 영적으로도 건강하다. 본래 사람은 '영육합일체'(Psychosomatic being)이므로 영과 육이 함께 건강해야 진짜 건강한 것이다. 영이 약해지면 육이 약해지고, 육이 약해지면 영도 약해진다. 그래서 영의 건강을 위하여 나는 제법 열심히 운동을 하였다. 학생 시절부터 시작한 테니스를 꾸준히 한 편이고, 틈이 있으면 걷기도 하고 일에 열중하다가도 중간에 휴식을 취하는 일을 반복적으로 하였다.

어릴 때부터 일찍 자고, 일찍 일어나는 습관을 가진 나는 그 습관을 평생 유지하였다. 어릴 때는 얼마나 일찍 잠에 빠졌는지 어떤 때는 저녁을 먹으면서 잤던 기억도 있다. 어머니는 내 입 안에 있는 음식을 꺼내 이를 닦아 주신 뒤 물수건으로 발을 닦아 주셨다. 일찍 잠자리에 들면 일찍 일어나기 마련이다. 내가 어릴 때는 통행금지가 있던 때였으므로 새벽 4시가 되면 통행금지 해제 사이렌이 울렸는데, 초등학교 5학년 이후에는 그 사이렌을 거의 매일 들었던 것 같다. 새벽에 일어나면 할 일이 없으므로 어머니를 따라 새벽기도회에 참석했던 것이 지금도 내 새벽 일과가 되었다.

새벽 4시쯤에 일어나는 나의 습관은 오랫동안 내 몸에 배어 내 삶의 리듬을 정해 주었다. 아침에 일어나면 제일 먼저 물을 한 잔 마시고 간단한 스트레칭을 한다. 아주 오래전 선친께서 위장이 좋지 않은 나에게 아침에 일어나 물을 마시라고 권해 주셨는데, 그것이 위장을 튼튼하게 해 주었다고 믿고 있다. 아침 스트레칭으로 허리와 다리, 무릎과 손목 그리고 목 운동을 잠시 하고 심호흡을 몇 차례 한다. 짧은 시간의 간단한 스트레칭이지만, 규칙적인 운동 덕분에 몸이 편하고 곧아졌다고 생각한다. 나는 늘 자신의 체형과 체력에 맞는 간단한 운동이 가장 좋은 운동이라고 생각해 왔다.

테니스는 내가 가장 사랑하는 운동이었다. 50년 이상 테니스를 즐길 정도로 나에게 테니스보다 더 좋은 운동은 없었다. 미국 유학 시절에도 테니스를 꾸준히 하였는데, 그때는 유명한 테니스 스쿨 코치가 만든 비디오테이프를 보면서 열심히 연구하고 코트에 나가서 연습할 정도로 좋아하였다. 나는 원래 건강이 약한 편은 아니었지만, 가족력에 따라 심혈계에 이상이 있을 정도로 건강에 약간의 불균형이 있었다. 그래도 꾸준히 운동을 한 덕에 거의 모든 것이 정상이 되었다. 그래서 지금도 성인병이라고 하는 혈압이나 당뇨를 걱정하지 않아도 될 정도로 건강을 잘 유지하고 있다.

　　내가 테니스를 좋아하는 이유는 짧은 시간에 많은 운동량을 얻을 수 있기 때문이다. 친구를 따라 골프도 해 보았지만, 내게는 그렇게 많은 시간을 운동에 소모할 여유가 없었다. 그리고 테니스는 아주 활동적이고 격정적인 운동이어서 나는 골프보다 테니스를 좋아하였다. 그래서 유학 시절에는 주일을 제외한 나머지 날에는 거의 매일 아침 한 시간 정도 테니스를 치고 학교에 갔다. 미국의 테니스코트는 거의 하드코트이다. 그래서 지금도 나는 클레이코트보다 하드코트를 좋아한다. 나는 테니스가 혈압을 정상으로 만들어 준 운동이라 생각하기에 늘 감사하고 있다.

　　청계천 산책은 청계천 복원공사가 끝난 다음부터 나의 중요한 즐거움이며 동시에 건강의 비결이 되었다. 교회에서 시작하여 청계5가부터 청계천을 걸어서 청계광장에 도착하면 내 걸음으로 거의 30분이 걸린다. 운동을 위하여 약간 빠른 속도로 걷기 때문에 그 시간에 도착하게 되는 것이다. 새벽기도를 마치고 나 홀로 청계천 산책을 할 때가 많았는데 청계광장에 도착하면 그날의 기분에 따라 간단하게 식사를 하거나 커피를 마시면 또 30분이 지난다. 그리고 다시 교회를 향하여 걸으면 30분이 소요된다. 그러므로 교회에서 출발하여 다시 교회로 돌아오면 거의 1시간 30분이 지나게 되는 것이다. 새벽기도회를 마치고 6시 30분에 출발하여 8시에 다시 교회로 돌아오게 된다. 나는 비교적 조찬 모임이 많았지만, 특별한 조찬 약속이 없는 날이면 청계천을 홀로 걷곤 하였다. 그래서 청계천은 나에게 상당히 친밀한 곳이며 정이 깃든 나의 산책길이다. 간혹 새벽기도회 후에 성도들과 청계천 산책을 나서서 50여 명이 함께 걸은 적도 있다. 청계광장에 도착해서는 혼자 걸을 때와 마찬가지로 간단한 식사와 커피를 함께하며 대화를 나누었다. 운동 삼아 걷는 내 걸음이 빠르다고 느꼈는지 어떤 집사님이 "목사님, 좀 천천히 가요."라고 했고 그에 나는 "나를 못 따라오면 평소에 운동 부족입니다."라고 응수하기도 했다. 청계천 산책은 엄밀히 말하면 나에게는 '대화'이며 '함께하기'였다. 청계천을 산책하며 묵상한 영성적 묵상집이 『영으로 걸으라』(한국장로교출판사, 2009)라는 나의 책이다.

페스카테리언

내가 29년 동안 건강을 유지한 또 한 가지 비결은 음식을 조절하는 식단에 있다고 본다. 사실 식단은 내가 아니라 아내의 비결이다. 우리 집안의 내력은 고혈압과 당뇨이다. 나는 대학교 2학년 때 ROTC를 지원했다가 고혈압으로 불합격할 정도로 대학 시절부터 이미 혈압이 높았다. 조부님과 선친께서 다 혈압이 높았던 것으로 봐서 집안 내력이었을 것이다. 그리고 어머니는 40대에 당뇨병을 얻어 평생 당뇨를 안고 사셨다. 이런 집안 내력을 아는 아내는 철저하게 내 식단을 조절하였다. 채식 중심의 식사를 하되 고기를 먹게 될 경우에는 살코기 사이의 기름을 일일이 떼어 퍽퍽하고 맛이 없는 고기를 먹었다. 소금과 설탕은 주방에서 찾아보기 힘들 정도였다. 단백질의 흡수도 고기가 아니라 콩으로 대신했다. 밥은 흰쌀밥 대신 늘 잡곡, 콩, 버섯 등이 들어 있어 시커먼 밥이었다. 내가 그렇게 좋아하던 탄산음료도 냉장고에서 아예 사라졌다. 양배추, 당근, 오이, 파프리카 등 생야채가 저녁 식사로 밥상에 오른다. 민들레차나 국화차 등을 끓여 놓고 물 대신 마신다. 제철 과일이 거의 떨어지지 않고, 냉동된 곶감을 다음 해까지 '곶감 빼 먹듯' 먹는다. 이런 식단의 변화가 이제는 혈압과 당뇨가 정상일 만큼 건강한 체질로 바꾸어 주었다.

다른 한 가지 건강의 요인은 나의 성품 덕이라고 고백하고 싶다. 나는 아무리 내가 좋아하는 기호식품이라고 하더라도 건강에 좋지 않다고 하면 쳐다보지도 않는 성품을 가지고 있다. 이런 나의 성품은 선친께서 가지고 계셨던 성품이다. 의사의 지시나 처방을 철저하게 따르고, 의사의 처방에 따른 약은 단 한 번도 거르지 않고 복용한다. 병원에 간 이상 의사의 지시를 잘 따라야 한다는 것이 나의 소신이다. 의사의 처방을 무시하려면 병원에도 가지 말아야 할 것이다. 그래서 젊은 시절 과할 정도로 좋아하던 것들 중에 지금은 아예 근처에 두지 않는 것들이 많다.

고기와 생선을 먹지 않고 채식만 하는 사람들을 '베지테리언'(vegetarian), 채식주의자라고 한다. 그러나 최근에는 채식주의자가 아니라 '페스카테리언'(pescatarian)이 많아지고 있는 추세라고 한다. '페스카테리언'은 물고기란 뜻의 '페스카'(pesca)와 '베지테리언'(vegetarian)의 합성어로 생선 등 해산물을 채식과 함께 먹는 사람들을 말한다. 그리고 새로운 채식주의자도 있다. 채식을 하지만, 몇 가지 예외를 두는 사람들을 말한다. 이들을 '유연한 채식주의자'(flexitarian)라고 부른다. 이들은 "나는 채식을 좋아합니다. 하지만 100% 채식주의자는 아니지요."라고 한다. 굳이 내가 어디에 속하느냐고 물으면 나는 '페스카테리언'이라고 답한다. 채소를 좋아하고 생선을 먹는 편이다. 그런데 정작 중요한 것은 '무엇을 먹느냐' 하는 것보다 먹고 '무엇을 하느냐'가 더 중요하다고 본다.

먹은 열량만큼 일하는 것이 건강의 관건이다.

힘의 시대

우리가 사는 이 시대를 '정보 시대'라고 한다. 나는 엄밀히 말하면 이미 정보 시대도 지나갔고, 현재 우리는 '스마트 시대'에 살고 있다고 본다. '사이버'(cyber), '디지털'(digital), '비트'(bit), '디엔에이'(DNA), '드론'(drone), '에이아이'(AI) 등의 단어들이 귀에 익숙한 우리 시대의 언어가 되었다. 또한 미래학자들은 한결같이 미래 사회는 영성 사회라고 한다. 미래 사회는 영성적 극대화를 체감할 수 있는 시대가 될 것이다. 미래형 인간은 첨단 과학과 기술 그리고 정보에 길들여질 것이다. 이러한 인간은 인간의 본래적인 욕구, 즉 영성을 추구하게 될 것이다. 미래 사회에 이단과 사이비가 성행하게 될 것이라는 말도 같은 의미이다. 교회가 사회에 건전한 영성을 제공하지 못하면 사회는 그릇된 영성에 빠지게 될 것이다.

이런 사회가 인간에게 필수적으로 요청하는 것은 힘이다. 힘이란 영적 힘과 육체적 힘을 말한다. 인간의 수명에 대한 욕심은 날로 증대되고 있으며, 우리 사회도 건강에 대한 관심이 고조되고 있다. 마치 장수와 건강이 이 시대의 새로운 이데올로기로 자리 잡은 듯하다. 피에르 신부는 『당신의 사랑은 어디 있습니까』(바다출판사, 2000)라는 책에서 인류가 직면하게 될 가장 큰 폭발의 첫째를 인류의 수명의 폭발, 둘째를 정보의 폭발이라고 하였다. 다시 말하면 수명과 정보가 폭발적으로 증가하고 있다는 뜻이다.

100여 년 전 통계청 기록으로 남아 있는 5년간(1906-1910)의 우리나라의 평균수명은 23.5세였다. 1960년에는 52.4세, 1980년에는 65.8세, 1995년에는 73.5세로 연장된 평균수명이 2024년 1월 현재 남성은 86.3세, 여성은 90.7세로 나타났다. 35년 전 작성된 제1회 경험생명표와 비교하면 남성의 평균수명은 20.5세 증가했고, 여성은 15.1세 늘었다. OECD 국가의 평균수명인 80.5세를 앞질렀다. 장수 시대인 요즘은 평균수명이라 하지 않고 기대수명이라고 부른다. 한국은 이제 장수국의 반열에 들어간 것이다.

세계인의 수명이 길어지고 우리나라의 평균수명이 길어졌다고 안심해서는 안 된다. 평균수명이 아니라 내가 건강하게 오래 살아야 한다. 이것이 복이다. 그래서 나는 건강하게 목회하고 건강한 상태에서 은퇴하기 위해 제법 열심히 운동을 하고 건강을 보살폈다. 내가 건강해야 교회가 건강하다고 생각했고, 내가 건강해야 교회에 폐가 되지 않는다는 생각이 컸다. 그런 의미에서 나에게는 건강을 유지하는 것도 중요한 목회의 한 부분이었다.

앞서 말한 대로 21세기는 힘의 시대이며, 나는 힘이 곧 미래와 목회를 지키는 도구라고 보았다. 건강한 몸은 육체적 힘이 있어야 하고, 건강한 영혼은 영적인 힘이 있어야 하는 것이다. 그래서 목회의 전인 건강을 영적 건강과 지적 건강과 육적 건강, 즉 세 가지 힘으로 유지하려 애썼다. 인간의 구조를 '영지체'라고 하기도 한다(신학적 인간 구조를 의미하는 것은 아니다). 그런 점에서 나는 건강한 목회를 위해서 세 가지 기본적 힘이 필요하다고 보았다. 그것은 영력과 지력과 체력이다.

영력

'영력'은 문자 그대로 영적 힘이다. 영성은 미래목회의 중요 과제로 부상하였다. 어느 시대를 막론하고 영성을 요하지 않은 시대는 없지만, 기술과 과학 만능 시대로 불리는 시대에 대한 대응으로 사회는 다시 영성을 요청하고 새로운 영성의 시대를 불러들이고 있는 것이다. 그러므로 정보 사회는 곧 영성 사회이다. 정보와 영성이란 서로 평행선을 이루는 것 같지만, 서로 만날 수 있으며 교회는 정보도, 영성도 소홀히 해서는 안 될 것이다. 정보는 미래 사회를 이해하며 진단하는 도구로서, 영성은 미래 사회를 해결하며 처방하는 도구로서 어느 것도 소홀히 해서는 안 된다. 나는 정보사회의 영성, 영성 사회의 정보를 이해함으로 미래 사회에 대응하는 목회적 대안을 살피려고 목회하는 29년 내내 애썼다.

영성이란 말은 기독교에서 독점하는 용어가 아니다. 다른 종교와 학문의 분야에서도 사용된다. 영이 하나님의 숨을 의미하듯이 영성이란 하나님의 숨결을 느끼고 하나님의 숨결과 더불어 사는 삶을 의미한다. 위대한 교부인 아우구스티누스에게 있어서 영성이란 '하나님을 향해서', '하나님 안에서' 사는 삶을 의미하였다. 실제로 영성이란 '그리스도와 일체된 삶'을 의미하며 기독교의 영적, 종교적 차원을 가리키는 말이다. 그러므로 영성은 영이신 하나님과 교통할 수 있게 하며 하나님의 형상을 닮아 가게 한다.

기독교의 기능은 두 가지로 크게 대별할 수 있다. 하나는 영성적 기능(spiritual function)이며, 다른 하나는 예언자적 기능(prophetic function)이다. 그래서 기독교를 영성적 기능을 가진 영성적 종교이며, 동시에 예언자적 기능을 가진 예언자적 종교라고 한다. 교회 역사학자들은 유럽교회가 급속도로 쇠퇴한 원인으로 예언자적 기능에 지나친 무게를 두었기 때문이라고 평가한다. 교회의 무게 중심의 이동은 교회를 쇠퇴하게 하는 중요한 요인이 된다는 의미이다.

교회는 이러한 미래인이 추구하는 영성의 제공자가 되어야 한다. 교회는 사회에 건전한 영성을 제공할 수 있는 유일한 기관이다. 그러므로 교회는 영성을 상실하지 말아야 하며, 사회에 영성을 제공할 능력을 항상 보유하고 있어야 한다. 또한 잊지 말아야 할 것은 기독교 외에도 영성이 있다는 사실이다. 불교에는 불교의 영성이 있고, 동서양의 신비종교에도 영성이 있으며, '마인드 컨트롤'(mind control)이나 '초월적 명상'(transcendental meditation)에도 나름대로 영성이 있다는 것이다. 기독교는 이러한 비기독교적 영성과 다른 하나님의 부르심에 대한 응답으로서의 영성을 가져야 하며, 그러한 영성을 사회에 제공하여야 한다.

내가 목회를 마감하던 21세기는 영성의 시대이다. 교회가 영성적이지 못할 때 사이비, 이단이 많아진다. 그러므로 영성의 시대란 말과 이단, 사이비의 출현이 심한 시대란 말은 맥락을 같이한다. 21세기는 정보 시대인 동시에 영성 시대이다. 정보란 사회를 이해하는 도구이지, 구원하는 도구는 아니다. 사회를 구원하기 위해서는 사회에 대한 이해가 선행되어야 한다. 나는 교회가 정보에 관심을 가져야 하는 이유가 바로 여기에 있다고 생각하여 비교적 열심히 정보를 이해하고 활용하였다.

사회를 구원하는 요인으로서의 영성은 21세기에 중요하게 부각될 것이고 사회가 이를 요청하게 될 것이다. 미래학자들이 예측하는 영성의 시대, 이단과 사이비의 시대라는 미래 현상은 과학기술과 조직 사회에 대한 반작용으로 나타나는 사회 종교 현상들이다. 사람들이 기계와 더불어 살고 조직적 사회에 살게 되면 이에 대한 반작용으로 영성을 추구하게 된다. 영성 시대에 교회가 건전한 영성을 사회에 제공하지 못하면 사회는 건전하지 못한 영에 미혹되게 된다. 이는 이미 성경이 말하고 있는 바이다. "거짓 선지자가 많이 일어나 많은 사람을 미혹하겠으며"(마 24 : 11), "거짓 그리스도들과 거짓 선지자들이 일어나 큰 표적과 기사를 보여 할 수만 있으면 택하신 자들도 미혹하리라"(마 24 : 24).

교회도 이제는 생존의 방식에 변화를 가져와야 한다. 이전과 같이 문만 열면 교인들이 몰려들고, 새 신자들이 등록하는 시대가 아니다. 기존의 교인들도 새로운 고품질의 설교를 원하고 신선한 교회의 프로그램을 원하고 있다. 결국 교회는 교인들에게 감동을 주는 설교와 프로그램을 개발하여야 한다. 이와 같은 목회 패러다임의 변화는 결국 영성적으로 회귀하는 운동이라고 확신한다.

요즘 언론들은 최근의 가장 뚜렷한 사회 현상을 정리하면서 경제의 '양극화'(polarization)라는 표현을 꺼리지 않는다. 경제위기 시대의 우리 사회에 '빈익빈 부익부'(貧益貧 富益富)의 극대화가 두드러진다는 것이다. 그래서 있는 자는 가진 것이 더욱 많아지게 되고, 없는 자는 더욱 없어지게 되었다는 것이다. 앞으로 이런 양극화는 모든 면에서 수면 위로 떠오르게 될 전망이다. 영적인 면에서도 예외가 아니다. 영성적 양과 질도 시간이 갈수록 양극화 현상이 일어나서 영성적으로 충만한 사람과 영성적으로 빈곤한 사람의 거리가 더욱 멀어지게 될 것이다. 달란트 비유의 결론은 "무릇 있는 자는 받아 풍족하게 되고 없는 자는 그 있는 것까지 빼앗기리라"(마 25 : 29)라는 것이다. 앞으로 영성이 있는 자들은 더욱 간절히 준비하여 풍성하게 될 것이며, 없는 자는 있던 것마저 빼앗기고 영적 빈곤 상태가 될 것이 틀림없다.

최근의 신경영 이론에 의하면 미래인들의 구매 심리는 '국적'이나 '상표'가 아니라 '품질'과 '가격'이라고 한다. 어느 나라 제품인지를 따져서 사는 것이 아니라 가격이 싸고 품질이 좋으면 국적에 관계없이 산다는 것이다. 나는 이러한 경향이 교회를 선택하는 데도 상당히 주효하게 적용된다는 점을 파악하였다. 교인들의 교회 이동의 이유 가운데는 이사와 결혼이 가장 크고, 거리가 그다음이며, 교단이 달라서 옮기는 교인은 그리 많지 않은 것을 알게 되었다. 미래 교회에는 이러한 경향이 더욱 뚜렷할 것이다. 교회의 영성적 품질이 우수하고 가기 쉬우면 교단과 교파에 관계없이 교회를 선택하게 될 것이다. 그러므로 각 교회는 교단이나 교파의 프리미엄보다 교회의 영성적 질을 우수하게 해야 한다. 21세기는 목회 기술이 아니라 목회 영성이 지배하는 사회이다. 그래서 영적 공동체의 지도자인 목회자의 영성은 미래 교회의 생명일 수밖에 없다.

이러한 시대에 대응하기 위하여 영적 지도자인 나 자신의 영적 지도력을 개발하려고 애썼다. 어릴 때부터 습관으로 길들여진 아침 기도와 성경 읽기 외에 영성적 독서를 통하여 영성을 쌓으려고 노력하였다. 내 경험으로는 독서가 영성을 개발하고 성장시키는 가장 큰 요인이자 힘이 되었던 것 같다. 어떤 이는 영성을 "타자를 위하여 그리스도의 이미지로 변화하는 과정"(A Process of becoming the image of Christ for the sake of others)이라고 하였다. 이와 같이 영성은 나 자신을 위한 것일 뿐만 아니라 타자를 위한 그리스도인, 특히 영적 지도자의 책임이며 실천인 것을 알고 영성 개발에 몰두한 것이다.

지력

'지력'은 지식의 힘으로, 우리 시대에 필수적인 힘이다. 우리는 지식이 팽배한 시대에 살고 있고, 우리 교회의 성도들이 지식사회의 구성원이기 때문이다. 지력은 학습을 통하여 얻을 수 있다. 성경은 지력을 강조한다. 배우기를 힘쓰라고 한다. 우리가 사는 세상은 지적 세상이다. 엄청난 양의 지식이 인간의 뇌리를 융단 폭격하듯 공격한다. 이 시대의 인간은 이 지식을 외면하고 살 수 없다. 앨빈 토플러는 『권력 이동』(Power Shift)이라는 책을 통하여 정보사회의 힘의 이동을 논하고 있다. 이전의 사회에서는 물리적 힘이 세계를 지배하였다. 군대와 무기의 수가 무력을 가늠하는 기준이었다. 거액의 자본이 소자본을 잠식하는 도구였다. 그러나 정보사회에서는 물리적 힘이 아니라 정보의 힘, 지식의 힘이 세계를 지배한다. 이제 물리적 힘은 정보의 힘 앞에서 아무것도 아니게 되었고, 사회의 변화는 이러한 힘의 변화의 직접적 요인이 되었다.

　　더구나 근대 이후의 사회는 지식사회이다. 지식의 양이 기하급수적으로 팽배한 시대이다. 완만하던 지식의 발달은 금속활자가 발명되던 15세기에 와서 급속하게 발달하였다. 이후 지식의 발달은 실로 혁명적이다. "지식은 물과 같다."라는 말이 있듯이 지식은 항상 변하기 마련이다. 지식은 절대성을 가지지 못하기에 상대적이다. 그러므로 지식은 절대로 인간에게 만족을 주지 못하며, 인간은 새로운 지식을 추구하게 된다.

과학과 기술의 발달로 인간의 지식은 인간적 한계를 넘은 듯하다. 특히 생물학이 주도하는 미래 과학은 생명복제라는 신기술을 통하여 인간의 신비를 벗길 채비를 하고 있다. 산업혁명 이후 과학만능주의가 인간의 한정적인 지적 세계를 넘어서 인간의 심층에 영향을 미치고 있는 것이다. 최근에 발발한 디지털(digital)과 디엔에이(DNA) 지도는 이미 인간의 상상을 현실화하는 단계에 다다르게 된 것이다.

지식은 신앙의 기초이다. 개혁주의 신학은 신앙을 지식(notitia), 동의(assensus), 신뢰(fidutia)라고 한다. 지식은 신앙의 기초이다. 그러나 지식 그 자체가 신앙은 아니다. 신앙에서 시작하여 동의의 과정을 거쳐 완전히 의존하는 신뢰의 단계에 이르러야 신앙도 온전하게 된다. 그래서 성경은 "우리가 다 하나님의 아들을 믿는 것과 아는 일에 하나가 되어 온전한 사람을 이루어 그리스도의 장성한 분량이 충만한 데까지 이르리니"(엡 4 : 13)라고 하였다. 신앙과 지식이 하나가 되어야 온전한 사람을 이룬다. 지식이 신앙과 만나야 온전한 지식이 되고, 신앙은 지식과 만나야 온전한 신앙이 된다.

성경은 학습을 권한다. 바울은 "배우고 확신한 일에 거하라"(딤후 3 : 14)라고 하였으며, "너희는 내게 배우고 받고 듣고 본 바를 행하라"(빌 4 : 9)라고 했다. 배우는 것은 가장 기초적인 신앙의 길이다. 그리고 배우는 것은 행위의 기본이 된다. 인간은 미완성적인 존재이므로 죽을 때까지 배워야 하는 존재이다.

지력을 위하여 나는 자기 학습을 끊임없이 반복하였다. 목회와 공부는 뗄 수 없는 관계이므로 이 둘을 모두 놓치지 않으려고 애썼다. 목회자는 신학자라는 것이 나의 지론이므로 신학이 있는 목회를 하려고 노력하였다. 신학이 없이는 한 편의 설교도 불가능하므로 신학적 바탕이 있는 설교를 하려고 노력하였다. 목회자의 목회 계획은 신학적 바탕 위에 세워질 수밖에 없다. 교회의 조직과 작은 공간 하나까지도 신학 없이 되는 것은 없다. 그런 의미에서 신학교에서 가르치는 교수뿐만 아니라 모든 목회자는 신학자이다. 목회자에게 있어서 목회와 공부는 분리될 수 없기에 꾸준히 공부하면서 목회를 하였다.

목회자는 자신의 지력을 향상하기 위하여 항상 배워야 한다. 성경을 배우고, 일반 학문을 배우며, 세상을 배워야 한다. 영성가 리처드 포스터는 『영적 훈련과 성장』(Celebration of Discipline)에서 "묵상은 한 손에는 성경을, 한 손에는 신문을 가지고 있을 때 가장 잘할 수 있다."라고 하였다. 칼 바르트도 "한 손에 성경, 한 손에 신문"이란 말을 하였다. 그래서 신문을 늘 곁에 두고 살았다. 세상을 알지 못하고, 성도들의 세상살이를 알지 못하면 설교도 허공을 칠 뿐이라는 생각에 종이 신문뿐만 아니라 인터넷 신문을 하루에도 두세 번씩 수시로 검색하여 정보를 얻었다.

앞서 언급한 대로 나는 독서에 많은 에너지를 투자했다. 한 줄을 읽더라도 책을 사서 읽었다. 시간적인 제약에도 불구하고 독서를 일과처럼 하였다. 시간이 나면 독서하겠다는 생각은 독서를 막는 나쁜 생각이다. 독서할 시간을 떼어 놓아야 한다. 세상의 학문과 문화를 이해하는 것은 목회와 무관하지 않기 때문에 다양한 분야에 관심을 가졌다. 목회자의 독서는 신학이나 신앙에 제한되지 않고 세상의 교양을 두루 섭렵한 것이어야 하므로 다양한 분야의 지식을 얻는 것이 나의 독서의 목적이었다. 그래서 나는 목회자가 교양적이지 못하다는 오해를 받지 않도록 하려고 노력하였다. 독서와 독서 후의 정리, 이런 일상의 작업은 나의 지력을 보충하는 데 많은 도움을 주었다.

체력

'체력'은 누구에게나 가장 필요한 육체적 힘이다. 나는 연동교회를 목회하는 동안 비교적 건강하였고, 지금도 건강하다고 자처한다. 건강하지 못한 것은 교회에 폐를 끼치는 일이라고 생각하며 늘 건강을 유지하려고 노력하였다. 그래서 나에게 운동은 목회이고, 체력은 중요한 힘이었다. 내가 건강을 유지하기 위해 한 노력은 오래 살기 위해서가 아니라 건강하게 살기 위해서이며, 은퇴할 때까지 팔팔하게 목회하기 위해서였다.

효경에는 "우리의 몸과 머리털과 피부, 곧 몸 전체는 부모에게 받은 것이다. 신체의 일부라도 손상시키지 않음이 효의 근본이다."(身體髮膚 受之父母 不敢毀傷孝之始也)라고 기록되어 있다. 부모에게 받은 육체를 잘 보존하는 것은 인간적 책임이다. 이보다 앞서 우리의 몸은 하나님이 지어주신 하나님의 것이다. 그러므로 건강을 잘 유지하는 것은 하나님에 대한 신앙의 표현이 된다. 바울의 말대로 우리의 몸은 성령이 거하시는 거룩한 전이다. 성령이 거하시는 거룩한 전답게 우리에게는 자기 몸을 관리해야 하는 책임이 있다. 성령의 거룩한 전인 우리의 육체에 거룩하지 못한 것들로 채우는 것은 그릇된 것이다.

목회자에게 육체를 위한 운동은 필수적이다. 바울은 "망령되고 허탄한 신화를 버리고 경건에 이르도록 네 자신을 연단하라 육체의 연단은 약간의 유익이 있으나 경건은 범사에 유익하니 금생과 내생에 약속이 있느니라"(딤전 4 : 7-8)라고 하였다. 바울은 육체의 가시를 가지고 있다고 할 정도로 건강이 좋지 못한 편이었기에 육체의 연단을 상당히 중요하게 생각했을 것이다. '약간의 유익'은 경건의 연단을 강조하기 위한 표현으로 보인다. 그러나 나는 가끔 약간의 유익이 아니고 굉장히 유익한 것이라고 말하기도 한다. 건강을 잃으면 아무것도 아니기 때문이다.

29년 동안 연동교회를 목회하면서 두 번 병원에 입원하였다. 첫 입원은 2001년 여름 성대결절 수술 때문이었다. 1995년 이후 미래학에 관한 책을 쓰고 강의를 하는 일이 많아졌다. 한 해에 거의 100번 이상의 강의와 외부 설교를 했었다. 내가 가지고 있는 지식을 나누는 것을 거절할 마음이 없어서였다. 성대를 학대하듯 많이 사용하다 보니 성대결절이라는 병을 얻은 것이다. 성대결절 수술은 아주 간단한 것이지만, 회복하는 데는 꽤 시간이 걸렸다. 수술은 30분이면 끝나지만 전신마취를 하고, 하루 동안 입원한 다음에 두 달 동안 말을 하지 않는 것이 회복이 가장 잘 되는 방법이라고 하였다. 그해 7월 첫 주일 설교를 마치고 병원에 입원하여 월요일에 수술을 하고 화요일에 퇴원하였다. 주치의의 말대로 나는 두 달 동안 말을 하지 않고 가족들과도 서판에 글씨를 적어 가면서 소통을 하였다. 그 결과 회복이 잘 되어 지금까지 큰 문제가 없는 듯하다. 두 달 동안 나는 미국과 캐나다의 가족들을 방문하여 즐거운 시간을 보내었고, 침묵의 즐거움을 한껏 누렸다. 침묵을 통하여 느낀 것들을 적어 『침묵의 은총』(두란노, 2001)이라는 책을 출판하기도 하였다. 침묵의 기간은 나에게 소중한 의미들을 선물로 주었다.

　　　　연동교회 시무 마지막 해인 2018년도에는 살얼음 위를 걷듯 조심스러웠다. 은퇴하는 그날까지 아무 탈이 없기를 간절히 기도했다. 그리고 건강하게 목회를 하리라고 생각했다. 그런데 은퇴를 앞둔 몇 달 전 갑자기 고열로 입원하게 되었다. 이유 없는 고열에 의사는 과로라고 단정하고 며칠 쉬라고 권하였다. 그러나 다음 날 엑스레이를 면밀히 살펴본 결과 작은 염증 증세가 보였다. 경미한 폐렴이었다. 폐렴을 치료하느라 며칠을 보내고 열도 떨어져 퇴원하겠다고 하였더니 의사가 며칠 더 쉬는 게 좋지만 굳이 퇴원하려면 하라고 하였다. 나는 교회에 폐를 끼치는 것이 싫어서 서둘러 퇴원했다.

　　　　그런데 퇴원 후에 다시 열이 나기 시작하더니 젓가락을 들 힘도 없을 만큼 온몸에 기력이 빠졌다. 주일이 되었는데 설교할 힘이 하나도 남아 있지 않았다. 아무래도 하루를 버티기가 힘들 것 같아서 방송실에 1부 예배 설교를 녹화하라고 부탁을 하였다. 그래도 강단에 오르니 나도 모르는 힘이 생겼고, 설교를 듣는 성도들은 아픈 것을 눈치채지 못했던 것 같다. 1부 설교를 겨우 하고 2부 예배와 3부 예배 설교는 녹화된 영상으로 하도록 하고 다시 병원으로 갔다. 나중에 들은 말이지만, 2부 예배와 3부 예배에 참석한 교인들은 영상으로 설교를 듣는 것이 처음 있는 일이라 생소했지만, 나름대로 은혜를 받고 나의 건강을 염려하며 기도했다고 한다. 퇴원한 지 며칠 되지 않아서 다시 병원에 입원한 내 모습이 우습기도 하고 초라하기도 하였다. 혈액 검사랑 여러 가지 검사를 한 결과 '스테로이드 호르몬'이 저하되었다는 것이다. 며칠을 스테로이드 호르몬을 상승시키기 위하여 약을 썼는데 이 약을 쓰면 혈당이 오른다고 했다. 스테로이드 호르몬과 혈당의 균형을 잡기 위하여 애를 쓴 끝에 사흘 후에 퇴원하게 되었고 그다음 주일에는 아무 일도 없었다는 듯이 다시 강단에 서게 되었다.

앞서 말한 대로 사람은 '영육합일체'이므로 육체가 약해지면 영혼도 약해지기 마련이다. 예수님도 육체적으로 가장 약할 때 사탄의 시험을 받으셨다. 40일간 금식하셨을 때 사탄은 극한의 고통 속에 계신 예수님에게 나타나 "돌이 떡덩이가 되게 하라."는 시험을 하였다. 십자가에서 하나님 아버지께 견딜 수 없는 육체적 고통을 호소할 때 사탄이 나타나 "십자가에서 내려와 보라."라고 하였다. 육체적 고통은 영혼의 고통을 가중하게 되는 것이다.

오래전 테레사 수녀는 선종(善終)하기 전 악령을 쫓는 의식을 받았다고 하였다. 1997년 선종하기 몇 달 전 심장질환으로 입원해 있던 병원에서 악령을 내쫓는 '구마'(exorcism) 의식을 받았던 것이다. 아무리 경건한 사람이라도 육체가 약하면 영혼의 시험이 있기 마련이다. 인간의 육체는 누구에게나 가시이다. 그리고 육체의 약함은 영혼의 약함이다.

선친께서는 뇌종양이라는 병을 발견한 후, 약 1년여 동안 병상생활을 하셨다. 한번은 내가 병상을 지키고 있을 때 선친께서 누우신 채로 허공을 향해 주먹질을 하셨다. 선친께서는 평생 누구에게 욕을 하시거나 주먹질을 하신 적이 없으셨다. "아버지, 왜 그러십니까?"라고 내가 물으니 선친께서는 "마귀가 와 있다."라고 하셨다. 선친의 육체적 약함의 틈을 타서 마귀가 공격한 것이다. 그래서 선친께서 주먹질을 하시면서 마귀를 쫓

으신 것이다. 그때 모친께서 마구 소리를 지르셨다. "이놈의 자식이 여기가 어딘 줄 알고 왔노? 못된 마귀야, 이분이 누군 줄 아나?" 모친의 큰소리에 마귀가 슬쩍 자취를 감추었다고 선친께서 말씀하셨다. 그때 나는 깨달았다. 마귀는 점잖은 말의 대상이 아니라 마구 욕할 대상이라는 것이다.

목회자에게 있어 목회와 공부 그리고 운동은 균형을 이루어야 한다고 늘 생각하였다. 목회는 공부하는 자세로 하고, 공부는 목회하는 자세로 해야 한다. 나아가서 운동도 목회하는 자세로 해야 한다. 목회자에게 운동이란 여가 활동이 아니라 목회의 한 부분이며 삶이다. 시간의 여유가 있어서 운동을 하는 것이 아니라 운동을 위한 시간을 할애해야 한다. 운동도 목회이기에 나는 늘 운동하기 전후로 기도를 하였다.

체력을 위하여 목회자는 자신에게 알맞은 운동을 해야 한다. 아무리 좋은 운동도 자신에게 맞지 않는 운동을 하면 소용이 없다. 또 운동의 선택은 성격과도 관계가 있다고 본다. 목회자에게는 자신의 환경과 체력, 성격에 맞는 운동 하나쯤은 있어야 한다. 운동은 목회자로 하여금 탈진을 방지하고 스트레스를 예방하는 좋은 도구가 된다. 이런 의미에서 내가 선택한 운동은 테니스라고 할 수 있다.

성경은 "믿음, 소망, 사랑, 이 세 가지는 항상 있을 것인데 그중의 제일은 사랑이라"(고전 13 : 13)라고 한다. 믿음은 구원의 조건이다. 그리스도인은 믿음을 가장 중요하게 생각한다. 사랑은 구원의 조건이 아니다. 그러나 바울은 그중의 제일을 믿음이라고 하지 않고 사랑이라고 한다. 이미 믿음과 소망과 사랑이 항상 있으므로, 믿음으로 구원받은 사람에게는 사랑이 제일이다. 그리스도인의 삶에 있어서 가장 중요한 것은 사랑이다.

"영력, 지력, 체력, 이 세 가지는 항상 있을 것인데 그중의 제일은 체력이다." 이 세 가지 중에 하나만 있어야 한다면 영력일 것이다. 많은 목회자가 제일을 영력이라고 한다. 그러나 실제는 체력이다. 영력과 지력이 이미 있기에 체력이 제일인 것이다. 목회자에게 영력은 기본이어야 한다. 그래서 목회자의 삶에 있어서 가장 중요한 것은 체력이다.

8.

나와 종로5가

종로5가와 연동교회

나는 종로5가와 제법 오랜 인연을 가지고 있다. 대학에 다닐 때 나는 지금 우리 교회에서 3, 4분 거리의 효제동에서 기거하였다. 우연한 기회에 종로5가에 살게 되어 동네와 익숙해졌다. 대학생 시절에 이따금씩 연동교회에서 새벽예배도 드리고, 동네를 오가며 이전의 연동교회의 모습을 눈에 익혔다. 그 후 1970년 우리 교회가 화재를 당했을 때도 나는 지나가던 길에 화재 후의 현장을 목격하였다. 대로변의 약국들, 골목 안의 한의원 등 오래전에 보았던 거리의 풍경들이 아직도 뇌리에 새겨져 있다. 이런 추억이 깃든 곳에 다시 와서 이렇게 오랫동안 목회를 하며 제2의 고향으로 여기게 될 줄은 꿈에도 몰랐다.

1998년 도시계획에 따라 우리 교회에 100여 평의 토지가 수용되기 전, 지금의 김상옥로는 좁은 길이었고 차량의 왕래가 그리 많지 않았다. 그때 들은 이야기로는 이 도로 확장 계획은 일제강점시대 때부터 있었던 것이라고 하였다. 옛날 정신여자중고등학교 자리에 서울보증보험이 들어서면서 도로 확장도 앞당겨진 것 같다. 도로가 확장되면서 우리 교회는 종로구로부터 20여억 원의 보상금을 받았고, 이 보상금은 가나의 집 건축에 요긴하게 사용되었다. 도로 확장과 더불어 현재의 교회 모습을 갖추게 되었는데 당시 나는 교회의 대문을 없애고 장애인을 위한 휠체어 램프를 만들자고 강력하게 주장하였다. 그때 어느 장로님은 교회에 대문이 없으면 야간에 도둑이 들지도 모르고, 휠체어를 타고 오는 사람이 많지도 않은데 램프를 만들어 마당을 좁게 만들면 안 된다고 하였다. 그러나 나는 교회는 항상 열려 있어서 언제든지 누구든지 왕래할 수 있게 해야 하며, 야간에는 경비를 강화하면 된다고 하여 대문 없는 교회를 만들었다. 그리고 휠체어를 타고 오는 성도가 한 사람이라도 있으면 휠체어로 예배당까지 들어올 수 있도록 해야 하는 것이 원칙이고, 앞으로 휠체어를 이용하는 성도가 더 많아질 수 있으니 준비해야 한다고 하여 한쪽에 램프를 설치하게 했다.

내가 연동교회에 막 부임하였을 때 교회 여러 부서들로부터 보고를 받았다. 그중의 하나가 서울보증보험에 대한 보고였다. 이전에 서울보증보험 부지와 우리 교회의 부지를 1 : 1의 조건으로 교환하자는 제의가 있었다고 하였다. 그때는 길이 좁았기에 서울보증보험은 대학로 쪽의 큰길에 건축하기를 원했을 것이고, 반면에 교회는 조금 안쪽으로 들어가도 별 지장이 없을 것 같아 보였다. 그런데 우리 교회의 현재 부지가 첫 번째 우리 교회의 터라는 이유로 거절했다는 것이다. 그 말에 나는 서울보증보험에 그때의 교환 의사가 아직도 유효한지 알아보기 위하여 직접 찾아갔다. 서울보증보험은 이미 그 얘기는 끝이 났고 건축계획과 설계도 끝이 났다고 하였다. 내가 그 일을 지금도 안타깝게 생각하는 몇 가지 이유가 있다. 첫째로 옛 정신여자중고등학교의 터는 종로5가의 선교사들의 정신과 한국 선교의 숨결이 살아 있는 곳인데, 우리 교회나 기독교 단체가 가지지 못하고 금융회사에 매각되었다는 것은 안타까운 일이다. 둘째로 교회는 큰 길에서 한 발짝 떨어져 있다고 해도 큰 어려움이 없고, 큰 빌딩이 큰길가에 있으면 지역이 더 활성화될 수 있었을 것인데 그렇지 못하여 안타까운 일이다. 셋째로 서울보증보험의 터는 우리 교회 터의 3배에 가깝다. 부지를 교환했더라면 우리 교회가 교회 건축을 한 번 더 하는 힘든 과정은 있었겠지만, 가나의 집을 위해 부지를 매입하고 건축하는 일은 없었을 것이다. 현재 김상옥로 도로변에 교회와 가나의 집을 반듯하게 건축하고 뒤쪽에 교육관과 놀이터와 휴식 공간 그리고 주차장을 여유 있게 마련할 수 있었을 것이다. 그 후에 나는 우리 교단 총회에 서울보증보험 건물을 매입할 수 있도록 자료를 제공하고 연구하라고 재촉하였다. 선교사들의 숨소리가 들리는 그 터를 내가 되찾지 못했지만, 그렇다고 그 꿈을 버릴 수 없기 때문이다. 그러나 총회가 서울보증보험 건물을 매입하는 일은 그리 수월하지 못했고, 아직도 아쉬움으로 남아 있다.

   종로5가에 자리를 잡고, 130년의 민족의 영욕을 고스란히 담고 있는 연동교회의 예배당은 고대와 현대를 조화한 건축으로 멋스럽다. 나는 유럽의 교회들을 보면서 200년, 300년 혹은 그 이상을 우아한 모습으로서 있는 모습이 너무 좋았다. 그런데 우리나라는 30년이 지나면 예배당을 다시 건축하려고 하는 것이 마땅치 않았다. 물론 교회가 성장하여 용량의 부족으로 재건축하는 경우도 있지만, 그렇지 않은 경우도 허다하기 때문이다. 그리고 역사를 가진 교회도 전통적 예배당을 보존하기보다 쉽게 허물어 버리는 것이 옳지 않아 보였다. 그래서 나는 내가 있는 동안은 우리 교회의 재건축은 없다고 단언하였다. 그리고 은퇴하기 직전에 창립 120주년 기념으로 앞으로 30년은 큰 공사를 하지 않도록 예배당 리노베이션을 하였다. 나는 교회로 들어가는 길에 멀리서 우리 교회의 종탑만 보이면 그렇게 눈물이 날 정도로 좋았다. 어떤 날은 괜히 교회 앞 네거리를 건너가서 교회를 한참 바라보고 들어올 때도 있었다. 교회를 바라보면 자랑스럽고 사랑스러웠다.

종로5가의 랜드마크

오래전 도올 김용옥 박사가 우리 교회를 방문한 적이 있다. 그가 출연했던 방송의 프로듀서가 우리 교회 교인이었는데 우리 교회에서 결혼식을 하여 내가 주례하는 결혼식에 참석한 것이다. 주례를 마치고 강단에 있는데 그가 나에게 다가와서 인사를 하면서 이렇게 말했다. "많은 교회를 가봤지만 이렇게 아름다운 교회는 처음입니다." 나는 잠시 우리 교회의 건축, 스테인드글라스, 파이프오르간 등을 간단히 설명해 주었다.

나는 특별한 경우를 제외하고 거의 매일 새벽에 눈을 뜨면 교회로 갔다. 새벽예배에 참석하는 것과 책을 읽고 글을 쓰는 것이 매일 내 나름의 '성무일과'였다. 간혹 다른 일로 새벽에 교회에 오지 못하고 느지막하게 교회에 오는 경우에는 먼저 잠시 본당에 들러 기도를 드리곤 하였다. 아무도 없는 불이 꺼진 빈 예배당에 들어서는 순간 나는 늘 하나님의 영광을 느끼곤 하였다. 광야의 성막을 완공했을 때 그리고 솔로몬의 성전을 봉헌했을 때 하나님의 영광이 성막과 성전에 가득하였던 그 영광을 느끼는 것이다. 항상 은은한 채색으로 빛나는 강단의 스테인드글라스와 햇빛을 받아 예배당 안 의자에 길게 쏟아내는 벽창의 스테인드글라스는 '쉐키나'의 영광을 드러내는 듯했다. 그리고 마음의 먼지를 말끔히 씻어 내듯 엄숙함과 경건함으로 내 자신이 압도됨을 늘 체험했다. 예배당은 내가 말씀을 외치던 감동 못지않게 나의 내면을 비우고 또한 채우는 감동이 나를 사로잡게 하였다.

우리 교회 교육사회관 벽면에는 '선한 목자 상'이 있다. 작은 조각조각의 도자기로 구운 것인데, 교육사회관 증축 당시에 나의 제안으로 큰 길에서 볼 수 있는 벽면에 붙인 것이다. 그것은 오래전 고 임연규 장로님께서 봉헌하시고, 화가 서봉남 집사님이 직접 제작하신 것이었다. 내가 교회에 부임하였을 때 일련번호를 새긴 여러 조각의 도예 작품이 창고 한쪽 구석에 쌓여 있었다. 벽면과 조각상의 치수가 잘 맞지는 않았지만, 봉헌자나 제작자를 위하여 교육사회관을 증축하면서 목자 상을 부착하기로 한 것이다.

교육사회관 벽면은 아주 요긴한 자리로, 우리 교회의 사역 안내뿐만 아니라 우리 사회와 기독교를 향한 메시지를 전하기에 적절한 자리였다. 대형 현수막을 걸어 사회에 대한 우리 교회의 소리를 들려줄 수도 있고, 우리 사회의 소리를 대변할 수도 있었다. 국가나 사회에 큰 이슈가 있을 때는 우리 교회와 기독교의 소리를 내 걸었다. 세월호 사건 때는 대형 현수막에 리본과 애도의 글을 써서 우리 교회가 제일 먼저 현수막을 걸었다. 총회 본부인 백주년기념관으로 가던 많은 총회 관계자들이 보았고, 당시 총회장이 현수막을 보고 전국 교회에 애도의 현수막을 걸자고 제안하기도 하였다. 그 외에도 여러 번 사회적 이슈에 대한 교회의 메시지를 알렸다. 나는 그 벽면이 네거리에 있다는 지리적 중요성을 강조하며, 그 벽면에 대형 스크린을 설치하여 기독교계 TV 방송을 방영하고 주일에는 우리 교회의 예배 실황을 방영하기를 원했지만 여러 가지로 여의치 못하여 이루지 못하였다.

기독교 1번지

나는 지난 29년 동안 종로5가에서 나의 사역을 수행할 수 있었던 큰 은혜에 감사하고 있다. 총회, 서울노회, 여전도회, 남선교회, 전국장로회, 한국기독교교회협의회(NCCK), 한국교회총연합회, 한국기독공보사, 총회연금재단, 한국장로교출판사 등 내가 섬겨야 할 기구들이 거의 종로5가 우리 교회 주변에 있었다. 29년 동안 이런 기구들을 섬기면서 회의 참석 등에 내가 절약한 시간은 계산이 불가능할 정도로 엄청날 것이다. 정부에서는 우리 교회 일대를 '기독교 1번지'라 칭한다. '기독교 1번지'는 특권이라기보다 소명이라고 생각한다. 내가 '기독교 1번지'에서 해야 할 일들은 제법 많았다. 그리고 우리 교회도 지리적인 소명 때문에 많은 일들을 했고 앞으로도 많은 일을 해야 할 것이다. 그중의 하나가 우리 교회의 장소를 제공하는 일이다. 오래전 당회는 장소 청원에 대한 방침을 세워 우리 교회가 사용하지 않는 시간에 장소 대여를 허락하고, 우리 총회와 기독교 연합기구의 청원을 허락하기로 하였으며, 6개월 이상 정기모임의 장기적 사용은 허락하지 않기로 하였다. 왜냐하면 장기적으로 사용하게 되면 우리 교회의 특별집회와 중복될 수도 있고, 다른 집회의 요청에 균등한 혜택을 줄 수 없기 때문이다. 그래서 2개월마다 열리는 당회에서 평균 10건 정도의 장소 사용 허락 요청이 있을 정도로 우리 교회는 외부인의 출입이 빈번하다. 나는 내 자신이나 교회는 당연히 이 일을 감당해야 한다고 생각했지만, 때로는 늦은 시간의 장소 사용이나 장시간의 사용 등으로 교회 직원들에게 미안할 때가 많이 있었다. 교회 직원들이 이런 일들을 묵묵히 잘해 주어서 감사하게 생각한다.

언젠가 서울노회 회의가 있었던 때의 일이다. 회의 시작 5분 전에 큰길을 건너 한국기독교연합회관에 있는 노회 사무실에 갔다. 선배 목사님들과 장로님들이 기다리고 계셨다. 회의 시작 1분 전에 사무실에 도착했는데도 내가 제일 늦게 도착한 것이다. 어떤 목사님이 "길 건너편에 있는 이 목사님이 제일 늦게 왔다."라고 하셨다. 이에 "아직 1분 전입니다. 늦지 않았습니다."라고 했더니 다른 목사님이 "이 목사님은 길만 건너면 되는데 왜 교통비를 줍니까?"라고 했다. 그래서 "나는 교통비가 아니라 시간비입니다."라고 응수하였다. 그 말을 하고 나니 굉장한 미안한 마음이 들었다. 내 시간이 다른 사람의 시간보다 비싸다는 말로 들렸을까 봐 양해를 구하고 모두 한바탕 웃었다.

종로5가 '기독교 1번지'에 내 삶의 자리가 있다는 것이 항상 좋은 것만은 아니었다. 내가 가장 스트레스를 많이 받은 것은 예고 없이 들이 닥치는 손님들이었다. 나는 기독교 1번지에 있어서 많은 덕을 봤지만, 이 때문에 받은 스트레스도 만만치 않았다. 전국에서 많은 분들이 이곳으로 회의나 업무차 오게 되는데 제법 많은 지인들이 우리 교회 앞을 지나가다가 주차장에 내 차가 있으면 얼굴만 보고 가겠다고 담임목사실로 찾아오곤 하였다. 시간에 맞춰 일하던 나는 얼굴만 보지 못하고, 악수도 해야 하고 차도 마셔야 했다. 어떤 때는 시간에 쫓겨 양해를 구하고 얼굴만 보기도 했다.

그것과 더불어 무작정 방문하여 자신의 사정을 한 꾸러미 풀어헤치는 경우도 흔하였다. 교회 부지 매입과 건축을 위하여 도와 달라는 요청, 가족이 병원에 있다고 병원비를 지원해 달라는 요청, 자녀가 학교에 입학을 하였다고 등록금을 도와 달라는 요청 등 혼자서도 할 수 없고 우리 교회도 감당할 수 없는 요청서를 꺼내는 것이었다. 때로는 어처구니없는 이야기와 요청을, 때로는 착취에 가까운 강압을 받을 때도 있었다. 도움을 주지 못하는 미안함도 컸지만, 엉뚱한 요청서를 내밀 때는 속이 상하기도 했다. 그래서 어떤 때는 경비실이나 사무실에서 나를 찾는다는 연락이 오면 비서에게 "나가고 없다고 하라."라고 하였다. 그런 때는 거짓말을 하면 안 되기 때문에 먼저 밖으로 나간 다음에 없다는 대답을 하라고 하였다.

나는 종로5가에서 오랫동안 많은 일을 하였다. 우리 교회 입구에는 현재 예배당의 자리가 우리 교회 첫 예배당의 자리라는 조그마한 표지판이 있다. 1978년에 봉헌한 현재의 예배당은 우리 교회의 여섯 번째 예배당으로 한자리를 오랜 시간 동안 굳건히 지키고 있다. 내가 연동교회를 섬기는 동안 우리 교회 주변에는 많은 변화가 있었다. 김상옥로라는 큰 길이 생기고, 서울보증보험이란 큰 건물이 들어섰으며, 그 건너편에 한국기독교연합회관이 자리를 잡았다. 그 외에도 우리 교회 주변은 크고 작은 변화를 경험했다. 내가 처음 연동교회에 부임할 때와는 너무나 다른 모습이다. 창립 100년이 훨씬 지나 종로5가의 역사를 또 다른 차원에서 보고 지키던 효제초등학교도 이제는 학생 수가 많이 줄었다. 우리 교회가 운영하던 연동유치원도 원생 모집이 점점 힘들어져 2018년 제25회 졸업생을 끝으로 폐원할 수밖에 없었다. 주변의 음식점과 가게들도 새롭게 문을 열었다가 닫기를 수없이 반복하는 곳도 있다. 다방이 변신하여 문을 연 카페도 입맛에 맞춰 다닐 수 있을 만큼 많아졌다. 이런 변화무쌍한 가운데서도 우리 교회는 변하지 않는 견고함으로 종로5가 기독교 1번지 우리 동네를 지키고 있다.

9.

나와 총회 및 기관 사역

9

목사의 목회 영역으로서의 총회 사역

29년 동안 연동교회 목회를 하며 다른 목회자들은 이해할 수 없고, 심지어 연동교회의 성도들도 이해할 수 없는 담임목회자의 고충을 경험했다. 총회나 노회, 기독교 연합기구 그리고 심지어 사회활동은 외면할 수 없는 큰 짐이었다. 연동교회 목회에 조금씩 익숙해지면서 이런 어려움도 감소되었지만, 처음에는 고충을 많이 느꼈다. 연동교회 목사이기에 그 일을 감당하지 않을 수 없었으며, 지리적으로 총회나 기독교 연합기구들과 가장 가까운 거리에 있기에 지리적 역할도 담당해야 했다. 우리 교회의 전임 목사님들이 그 역할을 하셨기에 나도 해야 한다는 부담감이 크게 작용하였다. 어떤 사역이나 지위의 요청을 거절하면 "젊은 것이 담임목사가 됐다고 튕긴다."와 같은 이야기를 듣기도 했다.

가장 어려운 일 가운데 하나는 내 개인의 시간을 타인에 의해 빼앗긴다는 것이었다. 우리 교회의 지리적 조건이나 전임 목사님들의 활동 등을 감안해 볼 때 총회나 노회 그리고 기독교 연합기구를 섬기는 일을 외면할 수 없었다. 그리고 교회와 당회원들도 이런 우리 교회의 입장을 잘 이해해 주어 다행스러웠다.

그리하여 나는 오랫동안 총회 여러 부서들을 섬기며 나름대로 총회 발전에 일조하였다고 자부한다. 총회 제85회기에는 기구개혁위원장이 되어 총회의 기구개혁 특히 새로운 세기를 맞이하면서 총회의 개혁주의 전통에 걸맞은 구조조정에 힘썼다. 특히 내가 강조한 것은 개혁주의의 교회관이었다. 개혁주의가 말하는 교회는 노회를 의미한다. 그러므로 노회가 교회이고, 노회가 교회의 본질적 사명을 충실히 해야 한다는 것이다. 총회가 사업을 하는 것은 개혁주의 원리에 맞지 않으므로 노회에 모든 사업을 이관해야 한다고 강조하였다. 그때 나온 말이 '총회는 정책을, 노회는 사업을'이라는 말이다. 그러나 이런 개혁주의 원리에 맞추어 총회가 하던 사업을 노회에 이관하려고 하였을 때 큰 난관이 있었다. 총회의 사업을 수용할 능력을 갖춘 노회가 많지 않았기 때문이다. 그래서 노회가 사업을 할 수 있게 하려는 시도는 아직도 자리를 잡지 못하고 있다.

제90회기에 나는 총회 규칙부장이 되었다. 규칙부는 총회의 크고 작은 법과 규칙을 제정하고 해석하는 기구로, 개혁주의 행정과 헌법을 공부하였다는 이유로 이 일을 맞게 되었다. 규칙부장은 총회 개회 기간에 규칙상 정리할 일이 있으면 언제든지 답변해야 하므로 늘 긴장해야 하는 직책이었다. 이후 제91회기에는 총회 주제연구위원장이 되었다. 총회 주제연구위원회는 제81회 총회장이던 박종순 목사님께서 부총회장에 취임하면서 총회 주제를 총회장의 구상에 따라 제정하는 위원회를 구성할 것을 제의하셔서 총회 주제연구위원회가 특별위원회로 조직되었다. 나는 그때부터 15년여 동안 총회 주제연구위원회의 위원으로, 제91회기에는 위원장으로 섬겼다. 총회 주제연구위원이 되어 차기 총회장의 구상을 듣고 함께 토의하고 총회 주제를 제정하는 일은 보람 있고 즐거운 일이었다. 주제를 제정한 다음에는 주제를 설명하는 해설집을 제작하였다. 성경적 해석, 신학적 해석, 역사적 해석, 실천적 해석 등을 위원들이 집필하고 그 외 주제에 따른 설교를 여러 집필자들이 쓰는 것으로 하였다.

제91회기에 나는 총회 공천위원장이 되었다. 공천위원장은 전국 노회장들이 모여 위원장을 선출하는 방식으로 하여 총회를 위한 각 부와 각 위원회의 부원과 위원을 공천하는 작업을 관장하는 일을 한다. 최근에는 어느 노회이든 노회장은 평생에 한 번만 할 수 있으며 동시에 노회장을 대표하는 공천위원장도 평생에 단 한 번만 할 수 있는 일이다. 공천위원장을 선택하는 과정은 거의 두 명 이상의 후보자가 있어 투표하지만, 나는 단독으로 추대되어 공천하는 일을 섬기게 되었다. 공천 과정에서 가장 중요한 것은 공정성이다. 그래서 나는 모든 노회를 배려하고 공정하게 하기 위하여 나를 모든 공천에서 배제하겠다고 하였고, 실제로 모든 공천에서 빠졌다.

김삼환 목사님과 나는 신학대학원을 다닐 때부터 형제처럼 가까이 지냈다. 목사님은 총회장을 하지 않겠다고 스스로 여러 번 말했고 심지어 한국기독공보를 통해 불출마 회견까지 하였다. 그러나 나는 우리 교단의 총회장은 우리 교단뿐만 아니라 한국 교회의 리더십이기에 김 목사님께서 총회장을 하셔야 한다고 강권하였다. 김 목사님이 부총회장 후보가 되셨을 때 선거 과정에서 앞장서서 도와드렸고, 당선이 되어 총회장에 취임하실 때 나는 서기로 한 회기를 섬겼다. 김 목사님과 함께 총회를 섬기는 일은 즐거운 일이었다. 그 회기에 '300만 성도 운동'을 전개하여 우리 교단의 교인 수가 300만을 상회할 수 있도록 전도와 잃은 교인을 찾는 일에 집중하였다. 임원들의 교회가 솔선하여 이 일에 동참하였고, 안영로 전 총회장께서 '300만 성도 운동' 본부장을 맡아 한 회기 내내 많은 수고를 하셨다. 한 회기 동안 총회장과 임원들은 부산, 대구, 철원, 공주, 대전, 전주, 광주, 목포 등 전국을 다니며 임원회와 기관 방문 등을 이어 갔다.

그 외에 2012년부터 2018년까지 총회 장학재단 이사장으로 섬겼다. 총회 장학재단은 명성교회가 기부한 20억 원을 기본 자산으로 총회 내의 장학사업을 담당하는 기관이었다. 2014년부터 2018년까지는 사단법인 '손양원정신문화계승사업회'의 이사장으로 섬겼다. '순교자 손양원 목사 기념사업회'라는 이름으로 재단을 설립하려고 하였지만, 지나치게 종교색을 띠는 용어를 사용하면 법인 설립을 허락할 수 없다고 하여 '손양원정신문화계승사업회'라고 이름을 지었다. '손양원정신문화계승사업회'는 총회 산하기관이므로 나는 은퇴함과 동시에 이사의 직을 사임하였다.

목사의 목회 영역으로서의 기관 사역

목사의 목회에서 총회, 노회, 교회 산하의 기관을 섬기는 일은 중요한 부분이다. 우리 총회와 노회가 섬겨야 할 많은 기관들을 총회원, 노회원으로서 외면해서는 안 되며, 주어진 일을 충실하게 해야 한다. 그래서 나는 연동교회에 부임한 지 얼마 되지 않은 1994년 재단법인 대한성서공회의 이사가 되었다. 총회 파송 이사로 부임하고 보니 이사들 가운데 내가 가장 젊은 나이였다. 대한성서공회는 한국 기독교의 성장과 더불어 성장하여 외연이 엄청나게 넓어졌고, 동남아시아 여러 나라들의 성경을 제작해 주는 선교적 사업까지 하였다.

나는 대북 지원 사업에 남다른 소명과 열정을 가지고 있었다. 선친께서는 평양신학교를 졸업하시고, 졸업하신 그해에 평양신학교에서 강의를 하셨으며, 평양 능라도의 능라도교회를 목회하셨다. 능라도교회를 목회하시는 동안 태어난 형은 평양 태생이 되었다. 그리고 형이 돌을 막 지났을 때 부모님은 북한이 공산화되어 가는 과정을 보시며 월남하셨다. 그래서 우리는 실향민도 아니고 이산가족도 아니다. 그러나 나는 북한을 돕는 일에 많은 힘을 쏟았다. 왜냐하면 북한 주민은 동족이고, 언젠가 통일이 되었을 때 그 아이들은 우리의 며느리, 사위가 될 사람들이며, 결과적으로 의료, 식량 등을 지원하는 현재 사역이 통일 이후에 북한을 복음화하는 미래 사역의 전초가 될 것이기 때문이다. 그래서 나는 늘 "북한 주민들이 통일이 될 때까지 살아 있어야 통일 후에 복음을 전할 수 있다. 통일 때까지 살아 있지 못한다면 복음을 전할 수 없는 것이 아니냐?"라고 북한을 지원하는 이유를 설명하였다.

1997년에는 내가 앞장서 북한 지원 재단을 설립하고 북한 지원을 시작하였다. '한민족복지재단'이란 재단법인을 설립 이사장으로 섬겼다. 북한 지원 법인을 설립한다는 것은 어려운 일이었지만, 당시 청와대 의 전수석비서관이었던 고 이해순 장로님이 이 일에 많은 힘을 써 주셨다. '한민족복지재단'은 북한의 의료 지원 사업을 중점적으로 시행하였으며, 특히 나진·선봉 자유무역지역에 '로뎀제약회사'를 설립하였다. 이 일을 위하여 나진을 두 번 방문하였다. 당시만 하더라도 북한을 방문한다는 것은 아주 힘들고 드문 일이었는데 나는 그 후에도 여러 번 북한을 방문하게 되었다.

'한민족복지재단'의 사업이 다양화되어 '한민족복지재단'은 북한의 농업 개발과 발전을 중점적으로 하기로 하고, 의료 지원 사업을 수행할 수 있는 '새누리 좋은 사람들'이라는 재단법인을 2006년에 설립하였다. '새누리 좋은 사람들'은 '통일꾼'이라고 불리던 대한기독교감리회의 원로이신 장기천 감독님이 함께하여 좋은 동역의 관계를 가지게 되었다. 장 감독님은 '새누리'라는 이름을 제안하셨고, 나는 '좋은 사람들'이란 이름을 제안하여 재단의 새 이름을 확정하게 되었다. '새누리 좋은 사람들'의 설립 이사장이 된 나는 대북 지원 사업을 위한 두 재단법인을 섬기게 되었다. 그 후 총회장이 되어 교단을 섬기는 일이 힘에 벅차 2016년 '새누리 좋은 사람들'의 이사장을 사임하게 되었다.

그 외에도 2000년에 학교법인 '정신학원' 이사장으로 4년을 섬겼고, 2004년에 한국의 중진 목회자들로 구성된 '미래목회포럼'의 회장으로 5년을 섬겼으며, 우리 교회가 우간다의 김정윤 선교사를 지원하던 인연으로 사단법인 '외항선교회'의 공동 총재로 거의 20년을 섬겼다. 총회 산하기관인 복지법인 '실로암시각장애인복지원'의 이사로도 25년 가까이 섬기고 있다. 이밖에 사단법인 '한국노인학교연합회'의 이사로, 재단법인

'사랑의 장기기증운동본부'의 이사와 이사장으로, 사단법인 '국제사랑재단'의 이사로, 한경직 목사님을 기념하는 사단법인 '추양재단'의 이사장으로, 생활협동조합 '가스펠 투데이'의 이사장으로 섬겼다. 그리고 독립지사 김마리아 선생을 기념하는 '김마리아 기념사업회' 이사장으로 여러 해를 섬기고 있다.

    이런 사회적 섬김 가운데 가장 보람을 느끼는 것은 복지법인 '한국 생명의 전화'의 이사와 이사장으로 섬긴 일이다. 고 이영민 목사님의 소명과 헌신으로 1971년 '아가페의 집'이 다방 형식으로 문을 열게 되었고, 1973년 아가페의 집에서 전화 상담이 시작되었다. 1976년 전화 상담원 1기를 배출한 이래로 지금까지 약 2,000명의 전화 상담원이 불철주야로 자원봉사자로 상담에 헌신하고 있다. 전화 상담으로 시작된 생명의 전화는 발전을 거듭하여 지금은 자살 예방에 힘을 기울이고 있으며, 복지관을 통하여 여러 사회복지 활동을 이어 가고 있다. 사업도 방대해져서 전화, 사이버 등으로 상담을 하고 있으며, 자살자 유가족을 사후 관리하는 일까지 하고 있다. 그 외에도 매년 열리고 있는 '자살 예방 밤길 걷기'는 서울에서 1만여 명이 동참하였고, 기타 지역에서도 많은 이들이 참여하여 중요한 연례행사로 자리매김하였으며, 한강의 다리 20곳과 소양1교에 설치된 SOS 전화는 많은 자살 충동자의 생명을 구하는 도구가 되었다.

    나는 제법 많은 법인을 이사로 섬겼지만, 대부분 봉사기관들이다. 이사와 이사장을 오랫동안 섬겨 왔지만, 어느 기관에서도 사례를 받아 본 적이 없다. 심지어 어떤 기관에서 봉사하는 이사장은 법인카드로 접대를 하기도 하지만, 나는 한 번도 법인카드를 가진 적이 없었다. 오히려 내가 앞장서서 모금을 해야 했으며, 재정적으로 보탬이 되게 뒷받침해야 하는 기관들이었다. 나는 이것도 하나의 자랑이며 감사의 조건이라고 생각한다.

두 번의 부총회장 출마

내게 있어서 가장 큰 총회 사역은 총회장으로서의 사역이었다. 우리 교단의 헌법은 부총회장이 총회장의 사역을 자동 승계하므로 실제적인 출마와 선거는 총회장이 아니라 부총회장을 위한 것이었다. 우리 교단의 부총회장은 5개의 권역으로 돌아가면서 선출하는 것이다. 2010년에 우리 교회가 속한 서울노회가 있는 강북 지역에서 부총회장 후보를 내게 되었다. 나는 교회와 노회의 추천을 받아 부총회장으로 출마하게 되었고, 몇 달 동안 힘든 선거운동을 해야 했다. 이런 선거운동이 마음에 내키지 않아 2008년에 장로회신학대학교의 총장으로 선임되었을 때 이 일을 피하고 싶은 마음에서 총장으로 가기로 결심했었다. 그러나 총장으로 가지 못하게 한 당회원들의 의견, 즉 우리 교회의 전대 목사님들이 총회장을 했기에 나도 그 일을 해야 한다는 교회의 요청에 응하여 부총회장에 출마하게 된 것이다.

　　　　나는 몇 달 동안 정말 열심히 선거운동을 하였다. 주변의 많은 협력자들과 지지자들이 도움을 주었고, 우리 교회의 장로님들과 교인들도 많은 노력을 하였다. 서울노회도 매 주일 우리 교회에 모여 총회와 부총회장 선거를 위해 쉬지 않고 기도하였다. 그러나 결과는 낙선이었다. 2005년에 이어 두 번째 출마하는 서울서노회 박위근 목사님에게 760 : 733, 27표차로 고배를 마신 것이다. 박위근 목사님은 오래전부터 알고 지낸 분으로, 개인적으로는 나의 형님과 같은 분이었다. 선친께서 대구제일교회를 은퇴하실 무렵 나는 박위근 목사님을 선친의 후임으로 천거할 정도로 마음으로 친밀한 사이였다. 형님과 동생이 이등이 없는 진흙탕에서 뒹굴게 되어 무척 힘들었다. 하지만 지나고 나서 되돌아보니 모든 것이 하나님의 뜻이었고, 하나님의 시간은 따로 있다는 것을 느낄 수 있게 되었다. 그때는 내가 아니라 박위근 목사님이 총회장이 되시는 것이 하나님의 계획이었고, 하나님의 시간이었던 것이다.

그러나 패배를 모르고 질주하던 나로서는 그 일이 충격이 아닐 수 없었다. 그러나 충격에 휩싸여 있을 시간이 없었다. 함께 패배에 빠진 주위의 참모들과 교인들에게 좌절하지 않는 모습을 보여 주어야 했기 때문이었다. 그래서 주위 사람들에게 감사를 표하고, 몇 해 동안 옆을 돌아보지 않고 목회에 전념하였다. 그리고 나는 다시는 부총회장에 출마하지 않고, 총회장으로 총회를 섬기지 않으리라고 생각했다. 이런 나의 생각은 2009년까지 변함이 없었다.

패배감을 추스르고 목회와 일상에 집중하려는 나에게 더 큰 상처를 준 것은 서울노회의 처사였다. 서울노회는 부총회장 선거에 금권선거와 부정선거를 했으니 회개와 반성을 해야 하며, 제96회 총회에 총대를 파송하지 말자고 했다. 옳지 않은 선거운동을 한 것은 내가 가장 잘 아는 일이자 가장 많이 뉘우칠 일인데, 나의 일로 노회가 어려워지고 총회 총대를 파송하지 않음으로 총회를 어렵게 만드는 것이 견딜 수 없이 힘들고 모멸감이 들었다. 서울노회가 나를 부총회장 후보로 추천하였고, 서울노회가 선거위원회를 조직하였다. 이렇게 나는 노회가 추천한 후보이므로 비용을 분담하자고 함께한 노회원들이 총대 불파송이라는 카드를 들고 나온 것이다. 서울노회 소속 교회들이 비용을 분담하자고 돈을 들고 온 사람들이 돈을 썼다고 비난하자 금권선거를 했다는 자책감보다 돈을 들고 온 그 손에 대한 배신감이 더 컸다. 결과적으로 서울노회는 제96회 총회에 총대를 파송하지 않았고, 총회 각 부서를 섬기던 서울노회 회원들이 피해를 보게 되었다. 그러나 서울노회가 총대를 파송하지 않았다고 해서 노회나 총회에 변한 것은 하나도 없었다. 총회를 개혁하자고 조직한 '개혁위원회'도 스스로 존속을 포기하고 노회에 아무런 보고도 없이 위원회 자체를 해산하고 끝을 맺었다.

나는 두 번의 부총회장 입후보 끝에 교단의 총회장이 되었다. 2010년 부총회장에 낙방된 후 하나님을 향한 죄스러운 마음, 교회에 대한 미안한 마음이 나를 짓눌렀다. 낙방으로 인한 자존감 상실이나 허탈감은 생각할 겨를도 없었다. 낙방을 꿈에도 생각지 않았던 교인들도 나를 힘들게 할까 봐 조심조심 눈치를 보는 것 같았다. 그래서 나는 속히 마음을 추스르고 목회에 전념하기로 하였다. 돌이켜보면 이때부터 두 번째 부총회장에 출마할 때까지 몇 년간은 정말 마음을 다해 교회를 섬기고 기도도 열심히 하였다.

그 당시에 내가 심혈을 기울여 시도한 것은 2011년의 '광야학교'이다. '광야학교'를 계속하지는 못했지만 참 좋은 훈련이었다고 생각한다. 광야는 이스라엘 백성들이 훈련받은 장소였고, 하나님의 학교였다. 광야가 없이는 가나안도 없었을 것이다. 하나님께서 멀지도 않은 가나안으로의 길을 40년 동안 길게 늘여 놓으신 것은 그 40년이 가나안에 들어가기 전, 이스라엘 백성들의 훈련을 위한 하나님의 시간이었기 때문이다. 그래서 광야는 학교이다. 내 나름으로는 연동교회의 정예 멤버를 양육하려는 간절한 마음에서 광야학교를 시작하였다. 그런 의미에서 '치열한 100명의 리더 세움 프로젝트'라고 이름을 지었다. 그리고 다음과 같은 광야학교의 설립 취지를 발표하였다.

1. 광야학교 설립의 배경

(1) 그리스도를 위하여 목숨을 바칠 수 있는 헌신자를 양육한다.

(2) 교회를 사랑하고 교회의 전통을 이어 갈 수 있는 사역자를 육성한다.

(3) 성도의 모범이 되는 공동체의 오피니언 리더를 생산한다.

(4) 사회와 세계를 이해하고 경쟁력을 갖춘 비저너리(꿈꾸는 사람)를 만든다.

(5) 어떤 시대 상황에도 대처할 수 있는 신앙적 멀티플레이어로 훈련한다.

(6) 목회의 내밀그룹으로 양육하여 평신도 시대의 진정한 일꾼을 길러 낸다.

(7) 구원에 대한 확신과 사명감으로 예수님을 믿는 행복감이 충만한 생활 신앙인을 양성한다.

2. 학생의 조건

(1) 구원의 확신을 가진 연동인

(2) 지역 담당 목사님의 추천을 받은 자

(3) 입학 오디션에 합격한 자

(4) 광야학교 훈련을 최우선으로 삼는 자

(5) 전 훈련 과정을 성실히 참가할 것을 서약한 자

(6) 훈련 이후에 연동교회의 진정한 리더가 될 자

3. 훈련 교관

(1) 연동교회 담임목사와 부교역자

(2) 연동교회 전문인

(3) 교과 과목에 따른 타 교회 전문인

(4) 기타 상황에 따른 전문인

4. 훈련 기간

(1) 훈련 시간은 수요일 3시부터 8시 30분까지로 한다.

(2) 3시부터 6시까지는 강의 및 워크숍으로 하고 간단한 식사 후 수요 기도회에 참석한다.

(3) 훈련 기간은 12주로 하며, 특별 훈련은 수요일 외에도 할 수 있다.

(4) 전체 훈련 기간은 3월 2일부터 5월 25일까지로 한다.

(5) 3월 23일 훈련은 3월 31일~4월 1일 양일간 특별 훈련으로 한다.

5. 교육 과정

(1) 3월 2일 : 입학 서약식 및 오리엔테이션

(2) 3월 9일 : 왜 리더인가?(LIFO Test)

(3) 3월 16일 : 리더와 은사 개발

(4) 3월 23일 : 기도훈련(기도원)

(5) 3월 31일~4월 1일 : 1박 기도회 및 집단 훈련(마니산 등산)

(6) 4월 6일 : 전도훈련

(7) 4월 13일 : 인간관계 훈련

(8) 4월 20일 : MBTI

(9) 4월 27일 : 소그룹 이끌기(구역, 셀)

(10) 5월 4일 : 교회란 무엇인가?

(11) 5월 11일 : 영성의 이해와 훈련

(12) 5월 18일 : 섬김의 이해와 훈련

(13) 5월 25일 : 수료식 및 간증(수요기도회 시간)

6. 기타 교육 과정

(1) 독서 보고 : 『세상을 바꾸는 미래 교회』(좋은씨앗, 2007)

(2) 전도 : 광야학교 끝날 때까지 2명 전도하기

(3) 새벽, 정오, 자기 전, 하루에 세 번 기도하기

(4) 비상소집 : 훈련 기간 중 어느 하루

(5) 말씀 암송 : 매일 두 구절 암송

훈련 과정 가운데 가장 재미있었던 것은 '1박 기도회 및 집단 훈련'(마니산 등산)이었다. 1박 기도회를 연동수양관에서 하기로 계획하고

먼저 아침에 모여 강화 마니산 등산을 하였다. 미리 팀을 편성하지 않고, 마니산 입구로 이동한 다음 현장에서 팀을 편성하여 팀장을 세우고 팀별로 마니산 정상을 오르게 하였다. 현장에서 무작위로 구성된 팀이 팀워크를 형성하는 훈련이었다. 팀에서 한 사람도 낙오자가 없이 정상에 오른 다음 단체 사진을 찍어 내 휴대폰으로 영상을 전송하는 것으로 정상 정복을 확인하였다. 그날 마니산 등산은 낙오자 없이 모두 성공하였고, 함께 찬송을 부른 다음 버스로 강화수양관으로 이동하였다.

또 다른 훈련은 불시에 교회에 집합하는 색다른 훈련이었다. 광야학교에서 강의하는 동안 나는 여러 번 학생들에게 물었다. "만약 교회에 급한 일이 생기거나 교회에 불이 났다면 어떻게 하시겠습니까?", "만약에 전쟁이 난다면 어디로 피난하겠습니까?" 이에 대한 나의 대답은 항상 언제든지 교회에 급한 일이 있으면 교회로 달려와야 한다는 것이었다. 전쟁이 난다면 이제는 피난을 갈 수도 없으니 교회에 와서 함께 기도하자는 것이었다. 광야학교 학생들은 나의 말에 모두 동의하였다. 그래서 불시에 예고 없이 교회에 집합하는 훈련을 하기로 하였다. 그리고 어느 날 저녁에 다음 날 아침 5시에 교회로 집합하라는 문자를 발송하였다. 다음 날 새벽에 급한 사정이 있거나 미처 문자를 확인하지 못한 학생을 제외하고 50여 명 정도가 참석하였다. 새벽에 집합한 50여 명의 광야학교 학생들은 새벽기도회에 참석하였다.

두 번째 출마의 비장한 각오

2010년 부총회장 후보로 나갈 수 있는 기회가 오자 나의 생각과 주위의 생각의 온도 차가 컸다. 나는 스스로 야성(野性)이 부족하다고 느꼈고, 이런 정치에 다시 뛰어든다는 것이 마음에 내키지 않았다. 그럼에도 불구하고 교회 안팎에서 총회를 섬기는 것도 목회라고 하였다. 총회장은 하고 싶다고 되는 것도 아니고, 하기 싫다고 피할 수 있는 것도 아니기 때문에 나는 다시 떠밀리기 시작하였다.

　우선 가장 중요한 것은 연동교회 당회의 허락을 받는 일이었다. 그래야 서울노회에 청원을 하여 서울노회의 추천을 받은 부총회장 후보가 되기 때문이었다. 당회에서 부총회장 후보로 허락을 받는 과정도 쉽지 않았다. 나는 현실적 명분을 위해 당회에 이렇게 청원하였다. 당회는 나를 부총회장 출마를 허락하고, 반면에 나는 당회의 허락을 감사하지만 고사하며 출마하지 않겠다고 하자는 것이었다. 당회는 나의 이런 진정성을 믿어 주지 않았던지 결국 표결에 부치자고 하였다. 다수가 나의 부총회장 출마를 허락하였고, 나는 불출마에서 출마로 마음을 바꾸게 되었다. 내가 다시 부총회장으로 출마한 데는 나의 진정성을 믿어 주지 않은 것에 대한 반감도 상당히 작용하였다. 이는 스스로도 부인하지 않는 사실이다. 그때 당회에서 나의 제안대로 부총회장 재출마를 허락해 주었더라면 나는 약속대로 부총회장에 출마하지 않았을 것이고, 총회장이 되지 않았을 것이다. 그러나 이런 과정에서 나에 대한 하나님의 계획은 조용히 진행되고 있었다. 나의 인간적 마음은 그랬을지 모르지만 결국은 이 모든 일이 하나님의 방대한 계획 안에서 이루어진 것이라고 나는 확실히 믿는다.

　2015년 5월 제직회에서 이미 당회에서 결의한 나의 부총회장 출마와 관련한 내용을 가지고 시비가 생겼다. 내가 총회장이 된다면 루터의 종교개혁 500주년의 해를 총회장으로 섬기게 되는데, 이런 기념의 해를 앞두고 교회개혁이 필요하기에 나는 총회를 정치하는 것이 아니라 총회를 목회할 것이라고 하였다. 주일 낮예배에 거의 출석하지 않고 오후예배는 참석하는 일이 없던 어느 원로장로님이 오후예배 후의 제직회에 참석하셔서 교인들이 나의 부총회장 출마를 반대하고 있으므로 출마하지 말라는 발언을 하셨다. 장로님이 말한 대로 다수의 교인들이 반대한다면 당회가 결의할 수 없었을 것이다. 어느 집사님은 메모지를 들고나와 지난 부총회장 선거를 다시 거론하며 내가 지은 죄목(罪目)을 조목조목 지적하면서 이런 죄 때문에 나에게 교회를 개혁할 자격이 없다고 하였다. 나는 이 모든 반대를 충분히 이해하였다. 그러나 나는 제직회는 의결기구가 아니며, 의결기구는 당회이므로 당회가 결의한 대로 부총회장에 출마할 것이라고 단호하게 선언하였다.

또한 나의 죄목에 대해서도 수용은 하지만 나의 죄목은 하나님이 지적하실 것이고, 하나님 외에 누구도 지적할 수 없다고 하였다. 거기에 부연하여 두 가지를 분명히 밝혔다. 첫째는 5년 전의 잘못을 이미 회개하였고 하나님께서 이미 용서하신 일을 아직도 잊지 못하고 공적인 자리에서 지적하는 것 그 자체가 잘못이며, 다시 잘못을 반복하지 않는 것이 회개라고 하였다. 둘째는 5년 전 잘못을 범하였기에 다시 출마할 수 없다는 것은 억지라고 반박하였다. 마르틴 루터는 죄가 없어서 종교개혁자가 된 것이 아니고, 그는 죄를 회개하다 자신의 죄가 너무나 크다는 사실과 죄의 중압감에 못 이겨 기절하였다는 기록까지 있다고 하였다. 그리고 과거 없는 성자가 없고, 미래 없는 죄인이 없다고 하였다. 이렇게 교회 안에서의 껄끄러운 과정은 끝이 났고, 선거 과정은 나름대로 순조로웠다.

2015년 제100회 총회에 부총회장 후보로 출마하는 출발점에서 나는 비장한 각오를 하였다. 다시는 지난번 같은 부끄러운 선거를 하지 말자는 결연한 자세였다. 실제로 여러 달의 선거 과정에서 단 한 번도 총대에게 봉투를 건네지 않았다. 그동안의 관행에서 벗어나지 못하는 많은 사람들 때문에 적지 않은 고통을 당하였다. 돈을 쓰지 않는 것이 돈을 쓰는 것보다 몇 배나 어려운 것임을 뼈저리게 느꼈다. 그러나 다시 부총회장 선거에서 패배한다고 하더라도 같은 일을 반복할 수 없었기 때문에 이를 악물고 힘든 과정을 극복하였다. 과거의 관행을 끊는다는 것이 얼마나 어려운지 상상도 못 할 지경이었다.

돈을 쓰지 않는 대신 열심히 한 것이 있다. 총대들에게 전화하는 것이다. 선거운동 과정인 6개월여 동안 1,500명의 총대에게 세 번씩 전화를 하였다. 나를 알지 못하는 총대들은 "이성희 목사입니다."라고 하면 "이성희 목사가 누구예요?"라고 응대하기도 하였다. 나는 부총회장에 출마한 후보라는 사실을 밝히고 인사를 나누었다. 두 번째 전화를 할 때는 제법 알아보고 대화도 약간 길어졌다. 세 번째 전화를 할 때는 반갑게 맞아 주고 친근하게 대화도 이어 갈 수 있었다. 전화로 소통하는 것이 아주 도움이 된다는 것을 느꼈다. 내 목소리에 익숙해져 총회 당일 5분 스피치를 할 때 다른 후보보다 훨씬 친근감을 느낄 수 있다는 장점이 있다는 것을 알게 되었다. 1,500명의 총대에게 세 번의 전화를 하기 위해서는 적어도 6,000번의 전화를 해야 했다. 이런 노력으로 깨끗한 선거를 할 수 있었고, 상대 후보인 서울북노회 문원순 목사를 1,200대 260으로 이기고 부총회장에 당선되었다. 1,200표라는 수는 상대 후보가 있는 부총회장 선거에서 총회 역사상 가장 많은 표였다. 그리고 기독교 언론들은 한국 교회 교단 선거에서 가장 공정하고 깨끗한 선거였다고 평가해 주었다. 이 평가를 들은 것만으로도 성공적 선거였고, 선거에서의 승리보다 이 평가가 더 소중했다.

제100회 총회의 부총회장 후보 5분 스피치

서울노회에서 제100회 총회 부총회장 후보로 추천받은 기호 1번 목사 이성희입니다. 어떤 분들은 저에게 인상이 차 보인다고 하십니다. 좀 따뜻해 보이려고 안경도 바꿔 보고, 머리 염색도 해 보았습니다. 또 어떤 이는 이참에 성형을 해 보라고 하지만 5년 전 이성희와 다른 사람인 줄 알까 봐 관두기로 했습니다. 옛글에 인상보다 심상이 좋아야 한다고 합니다. 저도 알고 보면 가슴이 따뜻한 남자입니다.

지난 주간 한 장의 사진이 세계인의 가슴을 아프게 하였습니다. 세 살배기 시리아 난민 아이가 홀로 해변에 엎드린 채로 죽은 사진입니다. 이 한 장의 사진은 세계인의 마음을 열었고, 유럽 국가들의 국경을 열게 하였습니다. 저는 우리 교단의 그 누구도 홀로 괴로워하고, 홀로 아파하고, 홀로 우는 것을 결코 외면하지 않을 것입니다.

연금 문제는 특별감사의 결과에 따라 총회가 책임지고 빠른 시일 내에 모든 분들이 만족할 수 있도록 확실히 정상화하겠습니다.

저는 제가 졸업한 미국 장로교 직영 신학교인 샌프란시스코 신학대학교(San Francisco Theological Seminary)의 이사였지만, 미국 장로교회가 동성결혼을 결의한 후에 이사직을 사임했습니다. 지금 한국 교회는 동성애 문제, 차별금지법 제정, 이슬람과 이단의 공격 등으로 위기 상황에 놓여 있습니다. "예수님을 믿어야 구원받는다."라고 하지 못할 때가 곧 온답니다. 지금은 우리 모두가 성경적 진리를 수호해야 할 때이고, 저는 기독교의 진리나 한국 교회의 장래를 지키는 데 목숨을 걸 각오를 가지고 있습니다.

북한을 여러 차례 다녀온 경험을 살려 통일 시대를 준비하겠습니다.

농어촌 교회와 작은 교회를 국가 시책과 연계하여 보살피겠습니다.

다음 세대와 교회학교를 살리는 일에 역량을 총동원하겠습니다.

총회의 젊고 유능한 목사님과 장로님, 전문 인력을 골고루 등용하여 함께 일하겠습니다.

삼일운동 당시 기독교인은 전 국민의 1.3%밖에 되지 않았지만 독립운동을 이끌었습니다. 하지만 지금은 교회가 사회로부터 외면당하는 지경이 되었습니다. 사회로부터 인정받는 교회가 되기 위해서는 먼저 개혁되어야 하고, 개혁을 위한 최우선 과제는 선거문화의 개혁이라고 생각하여 금번 선거는 돈 안 쓰는 선거, 깨끗한 선거를 하였습니다. 총회를 사랑하시는 총대 여러분들의 의지와 협력으로 이 일이 가능하게 되어 감사드립니다.

많은 분들이 이번 부총회장 선거는 참 재미없는 선거였다고 합니다. 선거는 재미없었지만 이후로 여러분과 함께 재미있는 총회, 신바람 나는 총회를 만들어 한국 교회 장자 교단의 위상을 회복하겠습니다.

제가 섬기는 연동교회에서는 100회 총회를 위한 100일 기도회를 오늘 아침까지 하면서 성총회가 되기를 기도로 준비하였습니다. 저는 지난 5년간 하나님 앞에서 저 자신을 비춰 보며 저의 잘못과 부족함 때문에 많이 울었습니다. 갈등의 골이 깊어진 우리 교단을 위해 기도하며 많이 울었습니다. 상처투성이인 한국 교회와 교회의 미래를 보며 많이 울었습니다.

저의 머리 색은 5년 전보다 더 많이 희어졌습니다. 옛말에 "늙은 말이 길을 잘 찾는다."라는 말이 있습니다. 길을 더 잘 찾을 수 있습니다. 우리 교단과 한국 교회가 가야 할 바른길을 찾아 여러분과 함께 가겠습니다.

제가 부총회장이 되면 총회장 채영남 목사님을 잘 받들고, 사회로부터 사랑받는 총회를 만들겠습니다. 마지막 남은 목회 3년 동안 교회와 총회를 섬기고 마음의 빚을 갚은 뒤, 은퇴할 수 있도록 저를 꼭 부총회장으로 세워 주시기를 간곡히 부탁드립니다.

감사합니다.

제101회 총회장

제100회 총회에서 부총회장으로 당선된 나는 총회의 선거조례에 따라 제101회 총회에서 총회장으로 자동 승계하였다. 나와 함께 제101회기를 이끌 목사 부총회장과 장로 부총회장은 선출직으로 최기학 목사님과 손학중 장로님이 당선되었다. 그 외의 임원들은 총회장의 임명직이어서 측근들과 의논하여 서기 신정호 목사님, 부서기 김영걸 목사님, 회록서기 정민량 목사님, 회록부서기 정해우 목사님, 회계 이용희 장로님, 부회계 김미순 장로님을 임명하고 총회원들의 인준을 얻었다. 나와 함께 한 회기를 섬긴 임원들은 모두 좋은 분들이었다. 총회 사역에 적극적이었고, 총회장의 업무 스타일이나 방향에 긍정적이며 순종적이어서 총회 사역을 즐겁게 할 수 있었다.

내가 총회장으로 취임하는 것에는 여러 가지 의미가 있었다. 먼저는 우리 교회 담임목사의 전통을 계승했다는 것이다. 우리 교회의 1대 목사님이셨던 게일 목사님은 한국장로교회가 총회로 성장하기 이전 독노회장으로 두 번 역임하셨다. 3대 목사님이셨던 함태영 목사님은 제12회 총회장, 4대 목사님이셨던 전필순 목사님은 제42회 총회장, 6대 목사님이셨던 김형태 목사님은 제72회 총회장이셨다. 역사적으로 볼 때 우리 교회의 담임목사님은 30년 주기로 총회장을 역임하신 셈이다. 그리고 나는 제101회 총회장이었으므로 29년 만에 총회장을 역임하게 되었다.

다른 한 가지 새로운 역사적 의미는 선친과 내가 우리 교단의 총회장의 반열에 이름을 올리게 되었다는 것이다. 선친께서는 우리 교단 제59회 총회장을 역임하셨고 내가 제101회 총회장이 되었으니 선친께서 총회장을 하신 후 42년 만에 내가 총회장이 된 것이다. 내가 총회장이 됨으로 한국 교회에 최초로 부자 총회장이 탄생했다. 부자가 총회장이 되었다는 것은 흔히 말하는 '가문의 영광'이기도 하지만, 나는 한국교회가 그만큼 성장하고 성숙하게 되었다는 데 더 큰 의미를 둔다.

내가 총회장으로 취임하는 날 어머니께서 아들의 취임을 보시겠다고 오셨다. 곱게 한복을 차려입고 오신 것이 어머니도 아들의 총회장

취임이 영광스럽고, 축하해 주고 싶으셨던 모양이었다. 취임 예식이 끝날 무렵 나는 총대들의 양해를 구하고 어머니를 소개하였다. 남편과 아들을 총회장으로 만든 기도의 어머니가 오셨다고 소개를 하였다. 나는 어머니께서 잠시 자리에서 일어나 인사하실 것으로 생각했는데 아내가 어머니를 단상에 모시고 올라왔다. 순간적으로 당혹스럽기도 했지만, 자연스럽게 어머니를 단상에 모시고 함께 총대들에게 큰절을 올렸다. 총대들은 모두 기쁜 마음으로 큰 박수를 보내 주었다. 순서에 없던 일이었지만 총대들은 감격적인 장면이었다고 찬사를 보내 주었다. 다음 날 전 총회장들이 모이는 자리에서 순서에 없던 일을 벌여서 죄송하다고 하였다. 전 총회장들은 한결같이 어제의 그 일은 총회의 자랑이고 너무 아름다운 장면이었다고 격려해 주셨다.

그리고 또 다른 정신적 의미는 내가 총회장으로 재임하는 기간이 '루터의 종교개혁 500주년' 기념의 해였다는 것이다. 많은 학자들과 교회들이 '종교개혁 500주년'이라고 하였지만, 나는 굳이 '루터의'라는 접두어를 고집하였다. 왜냐하면 종교개혁은 루터 혼자만의 것이 아니며 많은 종교개혁가들이 있었기 때문이다. 어쨌든 2017년은 한국 교회와 우리 교단에 아주 크고 무겁게 다가오는 해였다. 그런 의미에서 제101회 총회의 주제도 "다시 거룩한 교회로"라고 부총회장이었던 내가 제안한 대로 정하였다. 총회 주제연구위원회와 총회 교육부 커리큘럼위원회가 함께 이의 없이 주제를 합의한 것이다. 그리고 나는 'Re-Reformation'이란 용어를 만들어 '루터의 종교개혁 500주년 기념사업위원회'에서 사용하도록 하였다.

제101회 총회는 임원과 상임위원회, 특별위원회 등이 잘 구성되어 비교적 성공적 회기였다고 자평한다. 나는 그동안 섬기던 장학재단과 '손양원정신문화계승사업회'의 이사장을 겸임할 수밖에 없었다. 며칠 동안 총회 회의를 진행하는 동안 나름대로 중요한 몇 가지를 의장으로 무난하게 결의하였고, 대체로 회의 진행을 잘하였다는 후문이 있었다. 많은 결의 가운데 기억에 남는 중요한 몇 가지 결의가 있다.

　　먼저는 사무총장 이홍정 목사의 재인준이 총회에서 부결된 것이다. 그동안도 사무총장 재인준에 관해 여러 가지 떠도는 말들이 있었지만, 이 말들이 사실이 되고 보니 상당히 당혹스러웠다. 이홍정 목사는 그 후 일 년여의 각고 끝에 내가 총회장으로 재임하던 기간에 한국기독교교회협의회(NCCK)의 총무가 되었다. 지나고 나서 보면 이홍정 목사는 한국기독교교회협의회의 총무로 우리 교단이 천거할 수 있는 가장 적절한 인물이며, 그가 이 직을 잘 수행할 수 있어 감사하게 생각한다. 나는 한국기독교교회협의회의 인사위원회, 실행위원회 등에 참석하여 이홍정 목사가 총무가 되면 우리 교단이 적극적으로 협력하겠다는 다짐을 했고, 이홍정 목사는 총무가 되어 이전의 어떤 총무보다 훌륭하게 잘 섬겼다.

　　다른 결의는 평양노회를 평양노회와 평양남노회로 분립하는 것이었다. 우리 총회 산하의 가장 큰 규모를 가진 평양노회는 무지역 노회로 전국에 노회 산하의 교회를 가지고 있었다. 이런 까닭으로 여러 가지 불편함도 가지고 있었고, 이로 인한 갈등도 내재하고 있었다. 그리하여 큰 어려움이 없이 분립안이 통과되었다.

　　여기에서 한 가지 첨언할 것은 무지역 노회에 관한 나의 견해이다. 내가 부총회장으로 출마했을 당시 무지역 노회들은 내가 무지역 노회를 반대 및 해산한다고 하여 나를 반대하였다. 그래서 나는 무지역 노회에 대한 나의 견해를 분명히 밝혔다. 노회는 총회의 전 지역의 행정구역을 기본으로 나누는 것이 원칙이다. 노회는 지역으로 나누는 것인데 무지역이라 하는 것은 노회의 본래 의미가 아니다. 우리 총회 산하에 무지역 노회를 둔 것은 통일을 대비한 것이라고 하지만, 통일이 되면 북한의 교회와 노회를 회복하면 되는 것이다. 그리고 모든 노회는 노회의 기능을 할 수 있도록 균등하게 지역별로 나누는 것이 옳다고 생각했다. 이런 나의 이론에도 불구하고 현실적으로 무지역 노회를 지역 노회에 통합하여 지역별로 균등하게 재조정하는 것은 불가능하였다.

이와 더불어 대전서노회와 충남노회가 각각 제출한 노회 분립과 신설안으로 설립위원회를 구성하기로 하였다. 대전서노회와 충남노회의 여러 교회들을 분립하여 천안아산노회를 설립하기로 한 것이다. 천안아산노회는 설립위원회를 조직하여 총회 이후에 우리 교단의 68번째 노회로 신설되었다.

내가 총회장으로 결의한 또 다른 중요 안건은 총회 산하 신학대학교 총장의 퇴임 연령을 65세에서 70세로 연장하는 것이었다. 총회 산하의 신학대학교는 우리 교단의 입장에서 보면 교역자와 교회 지도자의 양성 기관이지만, 정부의 입장에서 보면 사립대학교이다. 더구나 엄밀하게 보면 신학대학원을 제외한 학부는 일반사립대학으로 볼 수밖에 없다. 사립학교법에 의하면 대학교의 총장은 퇴임 연령을 정하지 않고 있다. 오래전 내가 장로회신학대학교의 총장으로 선임될 당시의 내 구상을 회상해 보면 총장 임기 4년으로는 할 수 있는 것이 별로 없다. 그래서 총장은 연임이 가능해야 하고, 교수 정년인 65세 이후에도 총장의 역할을 수행할 수 있어야 한다고 생각했다. 우리 교단의 목사와 장로의 시무 연한이 70세이므로 총장의 연한도 70세로 하는 것이 좋겠다고 여겨 총대들을 설득하여 안을 통과시켰다.

지난 제100회 총회에서 제101회 총회로 이관된 가장 어려운 안건은 제100회 총회의 특별사면위원회가 사면을 건의한 이명범, 변승우, 김기동(성락교회와 김성현) 그리고 고 박윤식(평강교회와 이승현)에 대한 사면, 즉 이단 해지 건이었다. 제100회기에 이들의 사면에 대하여 채영남 총회장이 의지를 가지고 진행하였고, 나도 부총회장으로서 이 일에 동참하였다. 그러나 제100회기 임원회의 이단 관련 특별사면 관련 결의와 채영남 총회장의 이단 관련 특별사면 선포는 원천무효라고 결의하여 폐기하기로 하였고, 이단 사면에 관련한 논의는 3년 동안 재론하지 않기로 결의하였다. 우리 총회가 특정 집단을 이단으로 결의한 사례는 많지만, 이단을 해지하고 사면하는 결의는 상대적으로 없으므로 회개하고 이단성에서 떠난 집단을 이단에서 해지하는 노력도 교단 차원에서 필요하다고 생각한다.

총회 회기 중 획기적인 한 가지를 결의하였다. 고 김재준 박사에 대한 제38회 총회의 제명 결의를 철회하기로 한 것이다. 한경직 목사님과 더불어 초대 유학파인 김재준 목사님은 진보적인 신학자였는데, 우리 총회가 흔히 '신신학'이란 이름으로 그를 제명하기로 결의한 것이었다. 김재준 목사에 대한 제명 결의를 철회한다는 것은 한국기독교장로회와 관계 회복을 의미하는 것으로 상당히 고무적인 결의였다. 총회가 끝나고 나와 우리 임원 일동 그리고 총회 사무총장과 관계들이 한국기독교장로회 총회를 방문하고 우리 총회의 결의를 전달하였다. 이 자리에서 한국기독교장로회의 총회장 권오륜 목사님과 임원 일동은 감사를 표했고, 나와 권 총회장님은 뜨거운 포옹을 하였다.

그동안 총회연금재단은 뜨거운 감자였다. 연금재단은 여러 가지 루머에 휩싸여 진실을 알 수 없을 정도로 혼돈 속에 있었다. 고소 고발이 끊이지 않았고, 의구심의 화살을 쉴 새 없이 쏘아 대며, 우리 총회의 가장 뜨거운 감자가 되었다. 이런 소용돌이 속에서 이사장인 김정서 전 총회장은 많은 민형사상의 고소 고발을 당했고, 양측의 재판 비용도 상당히 지출되었다. 나는 부총회장 후보로 선거공약에 "총회연금재단을 총수 조사하여 시시비비를 완전히 가리겠다."라고 했지만, 시비는 끝이 보이지 않았다. 그래서 연금재단의 문제는 시비를 가리지 못한 채 다음 회기로 넘길 수밖에 없었다.

경북노회에서는 신학대학원 정원의 감축안을 상정하였다. 교단 산하의 7개 직영 신학대학교의 신학대학원 정원을 50%로 축소하도록 결의해 달라는 것이었다. 이 건은 토의 끝에 계속해서 연구하기로 가결하였다. 그러나 이 안건은 내게 많은 여운을 남겼다. 우선 직영 신학대학원 정원에 대한 나의 생각은 조금 달랐다. 총회가 공감을 하고 이해만 한다면 신학대학원 정원을 늘려야 한다는 것이 나의 생각이었다. 그 이유는 이러하다.

첫째는 통일 시대를 위한 준비이다. 남북의 통일은 우리 민족의 소원이며, 우리 시대의 과제이다. 우리는 통일을 다각적인 면에서 준비해야 하며, 이미 준비하고 있다. 한국 교회 입장에서 가장 중요한 통일 준비는 통일 이후 북한에 교회를 재건하는 것이다. 북한에 교회를 재건하기 위해서 가장 필요한 것은 예배당을 개건할 재정이 아니라 교회를 재건할 사람이다. 이 일은 영적 지도자인 목회자가 없이는 절대로 불가능하다. 통일의 시간은 하나님 외에는 아무도 모른다. 하나님께서 하나님의 시간 '카이로스'에 우리에게 통일을 선물로 주실 터인데 북한 교회를 재건할 영적 지도자가 준비되어 있지 않으면 교회의 재건은 불가능하다. 더구나 한국 교회가 이 일을 준비하지 않으면 북한은 쉽게 이슬람화될 것이고, 이단들이 선점하게 될 것이며, 결과적으로 이런 영적 지배는 남한에도 순식간에 닥칠 것이기 때문이다. 우리의 근대사를 보면 북한이 남한보다 영적 기운이 훨씬 세다. 오래전 평양이 한국의 예루살렘이라는 말이 있었고, 북한이 공산화된 것도 영적인 강성 때문이었다고 본다. 통일은 우리의 생각보다 갑자기 닥칠지 모르며, 한국 교회에 영적 지도자가 부족하다면 통일은 또 다른 재앙이 될 것이 뻔하다. 그러므로 한국 교회 특히 우리 교단이 더 많은 목회자를 양성하여 통일을 대비하고 있다가 통일이 되면 준비된 목회자를 북한으로 보내어 교회를 재건하게 해야 한다는 것이 나의 생각이다. 언제 될지 모르는 통일을 위하여 목회자를 많이 배출한다면 목회자의 수급에 엄청난 어려움이 있을 것이다. 그러나 교회는 당장 필요하지 않더라도 목회자를 많이 품고 있다가 통일이 되면 북한에 파송해야 한다. 목회자를 많이 품고 있으려면 재정 또한 문제가 될 수밖에 없다. 나는 이 재정을 '통일 비용'이라 부른다. 이 비용은 통일 이후 북한에 교회를 재건하기 위해 적립한 비용보다 훨씬 현실적이고 유용한 가치를 가질 것이다.

둘째는 세계화 시대를 위한 준비이다. 세계화 시대를 맞이하여 한국교회는 한국에만 갇혀 있을 것이 아니라 세계를 바라볼 수 있어야 하고, 그리하여 세계 교회에 공헌해야 한다. 더 많은 한국의 영적 인재가 세계로 진출하여 한국 교회의 복음에 대한 열정을 전해야 한다. 십수 년 전 웨일즈 장로교회 총회에 초대를 받았다. 방청객이 아니라 총대로 초대를 받아 많은 대접을 받았다. 그때 총회에서 교단 신학교를 폐쇄하는 결정을 하는 것을 보고 나는 적지 않게 놀랐다. 폐쇄 연유를 알고 보니 신학생이 없다는 것이었다. 학생 없이 오랫동안 버티다가 연로한 교수들이 은퇴하고 나니 더 이상 존재 이유가 없어 폐쇄한다는 것이다. 그날 점심시간에 총회장과 내가 마주 앉아 식사를 하게 되었다. 총회장은 마침 손자를 봐서 기분이 최상으로 고조되어 있었다. 나는 총회장에서 정중하게 이렇게 말했다. "우리나라는 신학생이 차고 넘칩니다. 우리 신학교에서 특별반을 개설하여 그 반에서 영어로 강의를 듣고 졸업한 학생들을 웨일즈에 보내겠습니다. 신학교를 졸업하고 비행기를 태워 보내는 것까지는 우리가 할 테니 공항에서부터는 웨일즈 장로교회가 책임을 지고 인턴십도 하게 하고, 사역하게 하면 어떻습니까?" 총회장은 즉각적으로 반색하였다. 나는 한국에 돌아와 책임 있는 관계자들에게 이 일을 설명하고 제안하였지만 이루지 못하였다. 나는 한국의 좋은 목회자들이 얼마든지 세계에 진출할 수 있다고 믿으며, 또 그렇게 해야 한다고 확신하고 있다. 그래서 현재 신학대학교의 학생이 결코 많은 것이 아니라고 보는 것이다.

그 외에도 한국의 기독교인의 수가 결코 많지 않다는 견해 때문이다. 한국에 교회와 교인의 수가 많고, 목회자가 과잉 공급된다고 하지만 한국 그리스도인의 수는 전체 국민의 25%를 넘지 못하고 있다. 다른 말로 하면 전 국민의 75% 이상이 하나님을 알지 못하고 있다는 것이다. 그런 의미에서 현재 교인의 수에 만족하고 자위하는 것은 바른 자세가 아니라고 본다. 한국이 다종교 국가라고 하지만, 그럼에도 불구하고 그리스도인의 수는 만족할 만한 수준이 아니기에 더 많은 목회자를 배출하고 복음 전도에 힘써야 할 것이다.

서울노회를 비롯한 여러 노회에서 총회 재판국을 폐지해 달라는 헌의안을 총회에 상정하였다. 대한예수교장로회 헌법의 구조를 보면 교리, 정치, 권징, 예배와 예식으로 되어 있다. 이는 장로교회의 모든 구조와 내용을 함께 총괄한 것이다. 그 가운데 권징(discipline)이란 장로교회의 아주 중요한 한 특징이다. 권징이란 벌을 주는 것이 목적이 아니라 훈련이 목적이다. 그러므로 권징은 훈련이며, 장로교회는 교회의 훈련을 강조하고 있는 것이다. 그런데 장로교회가 가진 권징의 진의를 따르지 못하고 심지어 권징이 사라지고 있는 것은 안타까운 일이다. 더구나 교회 안에 여러 가지 쟁송의 문제로 교회의 에너지를 소모하는 것은 매우 아쉬운 점이다. 내가 총회장으로 재임하던 당시에 재판국에 계류 중이던 소송 건은 약 40건이었다.

나의 소회를 따른다면 우리 교단의 재판국이 가진 문제는 단순하다. 우선 현재 재판국이 비전문가들로 구성되어 있다는 사실이다. 재판국원 가운데는 반드시 현직 법조인이나 법과대학 출신의 총대 1인 이상을 구성하게 되어 있다. 그런데 이 정도로는 전문성을 유지하기가 불가능하다. 재판이란 반드시 패소하는 편이 있기 마련인데 비전문가의 재판에서 패소하는 쪽은 언제나 쉽게 승복하지 않는다. 그래서 상소와 항고가 끊이지 않고 심지어 총회에 특별재심을 신청하거나 사회 법정으로 나아가는 경우도 있다. 이런 부조리를 극복하기 위해서는 특단의 조치가 필요하다.

또 다른 문제는 장로교회 정치의 원리가 가지고 있는 문제이다. 교회에 아무 문제가 없을 때는 정치원리가 문제가 되지 않는다. 그러나 문제가 발생할 경우에는 경우가 다르다. 개혁주의 정치에서는 의결기구인 총회가 삼권 통합의 구조를 가지고 있다. 흔히 공화제에서는 입법, 사법, 행정의 삼권이 분립되어 있다. 그런데 우리 총회는 삼권이 통합되어 있다. 총회는 입법기관이기도 하고, 사법기관이기도 하며, 행정기관이기도 하다. 입법기관이 사법 활동을 할 수 있는 것이 우리 총회이다. 우리 총회는 법을 만들기도 하고 법을 집행하기도 하는 것이다.

이런 모순을 해결하기 위하여 나는 재판국이 독립기관으로 조정되기를 바랐다. 재판국원의 전문성을 위해서는 반드시 독립기관으로 조정하여 재판국의 독립성과 전문성을 철저히 보장해야 한다. 그래야 재판 결과에 대한 불만이나 불복이 사라지고, 총회가 모든 재판을 종결할 수 있다. 재판국이 독립기관이 되어야 재판국원을 총대에 국한하는 제한성을 극복할 수 있다. 현재와 같이 총회 총대만 재판국원이 된다면 전문성은 떨어질 수밖에 없다. 그리고 재판국원의 활동비도 대폭 상향 조정해야 하며, 재판 비용도 상향해야 한다. 이런 개혁적인 구조조정이 없다면 재판국은 항상 우리 총회의 골칫거리로 남게 될 수밖에 없다.

내가 열심히 섬기던 '손양원정신문화계승사업회'는 여수노회를 중심으로 시작된 손양원 목사님의 순교 기념사업이다. 사단법인 설립 허가를 받을 때 '목사', '순교자' 등의 기독교적인 용어를 사용하지 못하게 하여 '순교 기념'이란 용어 대신 '정신문화계승'이라 하였다. 이 일은 여러 가지 어려움도 있었지만 아주 보람된 일이었다. 장래 사업의 확장을 위하여 법인을 설립하는 과정에서 서울에 있는 목회자가 이 일의 대표가 되어야 한다는 뜻으로 내게 주어진 일이었다. 그러나 실제로 사무 행정과 법인 설립, 사업 진행 등 모든 일은 박남인 목사님의 헌신이 아니었으면 가능하지 못했을 것이다.

손양원 재단을 섬기면서 손양원 목사님에 대해 다시 알게 되어 감사하게 생각한다. 특히 임기 중에 가장 크게 공헌한 일은 손양원 목사님의 모든 기록과 자료들로 데이터베이스를 만들어 소장한 일이다. 목사님이 남겨 놓으신 자료들은 시간이 갈수록 낡고 바래어 손을 댈 수가 없었는데, 이 모든 자료들을 스캔하여 파일로 만들어 놓은 것이다. 많은 돈과 공이 들었지만 잘한 일이라고 자부하고 싶다. 이것과 더불어 일차 사업으로 펴낸 것이 『손양원의 옥중서신』(넥서스CROSS, 2015)이다. 목사님의 옥중서신에는 하나님에 대한 투철한 신앙, 나라에 대한 강철 같은 애국심, 교회에 대한 피 끓는 정신 그리고 남편으로서, 아버지로서의 가족에 대한 사랑과 미안함이 애절하게 나타나 있었다. 목사님의 옥중서신을 일차 사업으로 펴낸 것도 참 잘한 일이라고 생각한다.

제101회 총회에서는 '동성애대책위원회'를 특별위원회로 설치하기로 하였다. 동성애와 동성결혼 문제는 우리 교단뿐만 아니라 한국 교회가 마주한 가장 심각한 과제이며, 관심거리이다. 한국에 복음을 전해 준 교단이자 우리 교단의 자매 교단인 미국 장로교(PCUSA)는 2015년 3월 최종적으로 동성애와 동성결혼을 허용하였다. 2014년 제221회 총회에서 발의되고 통과된 규례 개정안이 노회 수의에서 통과된 것이다. 미국장로교 총회에 동성애와 동성결혼을 반대하는 청원의 작성자는 나의 형이자 미국 장로교회의 장로인 이문희 장로였고, 나는 미국 장로교에 발의된 동성애 반대 제안을 참고로 하여 서울노회의 헌의안으로 우리 교단 총회에 제안하였다.

아울러 부연하고 싶은 사실은 내가 부총회장 후보 연설에서 밝힌 대로 동성애 문제로 나의 모교인 샌프란시스코 신학대학교의 이사직을 사임한 것이다. 2014년 제99회 총회에 서울노회는 다음과 같은 동성애에 관한 헌의안을 상정하였다.

제목 : 미국 장로교(PCUSA)의 동성애 결혼과 동성애 결혼주례 결의에 대한 재고 요청의 건

설명 : 최근 미국 디트로이트에서 개최된 미국 장로교(PCUSA) 제221회 총회에서 동성결혼과 동성결혼 주례를 결의하였다. 미국 장로교는 결혼을 "남녀 간에 이뤄지는 것"에서 "두 사람 간 이뤄지는 것"으로 새로 정의하였다. 동성결혼에 관한 건은 찬성 429표, 반대 175표로, 동성결혼 주례에 관한 건은 찬성 371표, 반대 238표로 각각 결의하였다. 이에 우리 대한예수교장로회는 한국 교회에 복음을 전해 준 미국 장로교

가 성경적 신앙으로 회복될 수 있도록 상기 결정을 재고해 주기를 강력하게 권하고, 미국 장로교가 한국 교회에 복음을 전해 준 교회로서 복음적으로 회복되기를 기대한다. 그리고 172개 미국 장로교 노회가 위의 건에 대하여 헌법 수의를 반대하여 비복음적이고 세속적인 총회 결의가 통과되지 않게 해 주기를 기대한다. 나아가서 위 결정에 대한 재고나 회복이 불가할 경우 미국 장로교와의 관계를 단절하는 것이 우리 교단이 복음적 신앙을 견지하고 생존할 수 있는 길일 것이다. 지난해 세계교회협의회(WCC) 총회를 반대하던 보수 집단에서 가장 강력하게 세계교회협의회를 반대하며, 우리 교단에 대하여 비난한 이유 중의 하나가 세계교회협의회가 동성애를 포용하는 문제였다. 만일 동성결혼과 동성결혼 주례를 결의한 미국 장로교와 우리 교단이 계속 관계를 유지할 경우 우리 교단의 전도에 심각한 지장을 초래하게 될 것이다. 우리 대한예수교장로회는 일차로 미국 장로교에 위의 결정에 대한 재고 요청을 할 것과 이차로 미국 장로교에서 노회 수의가 끝나고 헌법 개정이 되어 위의 안이 시행될 경우에 우리 교단이 미국 장로교와 관계를 단절할 것을 헌의한다.

나는 위의 헌의안을 총회에 헌의해 달라고 서울노회에 요청하였고, 헌의안도 내가 직접 만든 것으로 상정하게 되었다. 나의 형이 미국장로교에, 내가 우리 교단에 동성애에 관한 헌의안을 만들어 상정하게 된 것도 우연 이상의 큰 의미가 있을 것이다.

미국 장로교에 동성애에 관한 결정의 재고 요청과 관계 단절을 요구하는 헌의안을 직접 만들어 상정하고 나니 미국 장로교 직영 신학교의 이사직을 유지한다는 것을 아무래도 양심이 허락하지 않았다. 내가 이사직을 사임한다는 사임 청원을 학교에 냈을 때 총장인 제임스 맥도날드(James McDonald) 박사는 사임을 철회해 달라는 간곡한 메일을 보내왔고, 사임 철회를 요청하기 위해 한국을 방문하겠다고 하였다. 나는 총장님에게 학교나 총장님 개인에 대한 나의 사랑은 변함이 없으며 단지 미국 장로교에 대한 나의 의사 표현이기에 이 일을 위해 한국을 방문하는 것은 사절한다고 하였다. 나의 모교나 총장님에게는 미안한 일이었지만, 지금도 내가 한 결단을 자랑스럽게 생각한다. 미국 모교의 이사가 된다는 것은 나에게도 명예로운 일이지만, 불의한 일로 인해 명예로운 일을 버리는 것 또한 명예로운 일이기 때문이다.

내가 총회를 섬기는 마지막 해에는 사회와 정부에 대한 비판적인 과제가 많이 있었는데, 그중의 하나가 '차별금지법'이다. 한국 교회가 차별금지법을 반대하는 근본적인 이유는 차별의 범위와 차별의 정의에 대한 차별 때문이다. 사회적 소수자에 대한 차별을 가장 강하게 반대하는 부류는 기독교이다. 성경이 차별을 금하고 있기 때문이다. 그러나 성소수자에 대한 교회의 소리는 인간적 차별이 아니라 원리적 가르침 때문이다. 일반적으로 교회가 지향하는 것은 성소수자에 대한 교회의 포용과 동성애에 대한 거부를 구분해 달라는 것이다. 심지어 19대 국회에 처음 논의된 차별금지법은 "예수님을 믿어야 구원받습니다.", "예수님을 믿지 않으면 지옥 갑니다."라는 말을 할 수 없다고 했다. 타 종교에 대한 차별이라는 이유 때문이다. 그때 나는 강단에서 여러 번 차별금지법에 이런 내용이 있다고 하는데 만약 이 법이 통과되면 나는 주일마다 "예수님을 믿어야 구원받습니다."라고 외칠 것이라고 하였다. "만약 내가 보이지 않으면 거기 간 줄로 아십시오."라고 하니 교인들은 웃었지만 나는 비장한 각오로 한 말이었다.

　　　　종로구에서 재선에 성공한 정세균 의원이 총선 직후에 우리 교회를 방문하고 예배 후 내 방에 잠시 들렀다. 선거 전에는 출마자들이 교회를 방문하곤 하지만 당선된 후에 방문하는 것은 드문 일이었다. 나는 그때 정 의원에게 이렇게 말했다. "20대 국회에서 꼭 국회의장이 되십시오. 그리고 의장이 되었을 때 기독교인으로서 차별금지법 문제를 잘 정리해 주시기를 바랍니다. '예수님을 믿어야 구원받습니다.'라고 하면 차별금지법에 위배된다고 하는데 이것은 기독교의 진리이고, 복음이며, 전도의 내용입니다. 우리나라는 자유민주주의 국가이고, 종교의 자유가 헌법에 보장되어 있습니다. 기독교가 헌법에 의하여 보장되고 있고, 교리의 선포는 헌법에 의하여 보호받고 있는데 차별금지법에서 위법이라고 하면 이것은 차별금지법이 모법인 헌법에 위배되는 것입니다. 만일 차별금지법이 이 상태에서 통과되면 기독교가 국회를 헌법재판소에 고소하게 될 것이고, 모법에 위배되는 차별금지법은 분명히 위헌사항이 될 것입니다. 그렇게 아시고 잘 처리해 주시기 바랍니다." 나의 이 말을 들은 정 의원은 "목사님의 말씀이 맞습니다. 저는 거기까지는 생각하지 못했습니다."라고 했다. 그 후에 차별금지법은 국회를 통과하지 못했고, 상당히 내용이 조정된 다음에 상정되리라고 본다.

　　　　또 한 가지 첨예한 문제는 종교인 과세에 관한 것이었다. 종교인

과세에 관해서는 여러 번 논의가 있었고, 기독교는 민감하게 정부에 재고할 것을 요청하였다. 나의 개인 의견으로는 종교인 과세는 국민으로서 당연하게 수용하는 것이 옳다고 본다. 그러나 종교인이 근로자처럼 소득세를 내는 것은 옳지 않으며, 종교인의 자존심을 상하지 않고 기쁘게 세금을 납부할 수 있도록 해야 한다는 것이다. 나는 미국에서 공부하면서 목회를 하게 되었는데 나의 연봉에 대하여 세금을 성실하게 납부하였다. 그리고 성직자에 대한 미국의 세제 혜택을 톡톡히 받았다. 우리나라에서는 종교인이라고 하지만 불교의 승려나, 천주교의 신부나 수녀 그리고 다른 종교인들은 세금을 낼 만한 수입이 없을 것이다. 그러므로 종교인 세제라는 것은 기독교 성직자에게만 해당된다고 해도 과언이 아니다.

  어느 날 종로세무서 서장과 직원 두 명이 교회를 방문하였다. 나는 이들이 성직자 과세에 대한 설명과 설득을 하기 위해 왔다는 것을 느꼈다. 차를 마시며 이들에게 나의 경제생활과 재정 관리에 대한 설명을 자세히 해 주었다. 우선 그들의 이해를 돕기 위하여 나의 학력과 경력 그리고 나의 연봉을 밝혀 주었다. 일반 사회에서 나의 학력과 경력을 가지고 연봉이 일억 원이 안 된다면 그 직장에 있을 수 없을 것이라고 하였다. 나는 직장이 아니라 소명 때문에 연봉을 따지지 않고 즐겁게 일하고 있다고 하였다. 둘째로는 나는 교회에 봉헌하는 것 외에도 비영리단체에 개인적으로 기부하는 돈이 제법 많아 한 달에 헌금을 포함하여 300만 원 이상을 기부하고 있고, 성직자 외의 어떤 직업도 자신의 수입에 비하여 이렇게 많은 돈을 기부하지는 않을 것이라고 하였다. 셋째는 그런 의미에서 성직자에게 세금을 부과하려면 면세혜택도 마련해야 할 것이라고 하였다. 특히 세금을 낼 수 있는 목사들보다 세금을 낼 수 없는 생활보호대상자에 속하는 목사들에게 더 많은 혜택을 주어야 한다고 하였다. 넷째는 성직자 세제가 확정된 다음에라도 절대로 교회에 대한 세무사찰이 있어서는 안 된다고 하였다. 목사의 납세를 조사한다는 빌미로 교회의 재정을 사찰하는 일은 교회에 대한 탄압 혹은 박해로 비칠 수 있다고 하였다. 나의 말을 다 들은 그들은 더 이상 성직자 세제에 대한 설명이나 설득 없이 감사하다는 말을 남기고 떠났다.

총회장의 자격으로 성직자 세제에 대한 청을 드리기 위하여 전명구 감독회장, 김선규 합동 측 총회장, 이종승 백석 측 총회장과 함께 국무총리실을 방문하였다. 당시 국무총리였던 이낙연 총리는 정중하게 우리를 맞아 주었고, 우리는 당시 성직자 세제의 보완할 점 등을 자세하게 아뢰었다. 우리의 설명을 들은 이 총리는 "성직자 세제는 정권이 망하는 일입니다. 어떤 정권이 망하면서 그런 세제를 만들겠습니까? 성직자 세제는 저라도 끝까지 막겠습니다."라고 하였다. 국무총리실을 방문한 우리는 대만족과 기쁨으로 감사를 표했다. 그리고 함께 방문한 교단장들을 대표해서 내가 국무총리와 국가를 위한 기도를 하고 기쁘게 총리실을 나왔다. 그러나 얼마 후 성직자 세제 제정이 지지부진하다는 여론으로 대통령은 국무총리에게 빠른 시일에 제정하라고 하였고, 국무총리는 서둘러 성직자 세제를 제정하고 공포하였다. 총리와 우리와의 약속이 순식간에 사라지는 허탈감은 이루 말할 수 없이 컸다.

제101회 총회가 개회되기 전, 4일간의 총회가 끝난 뒤 회기의 시작을 어디에서 어떻게 할지 고민하며 기도하였다. 국가에서 대통령이나 국회의장 등이 회무를 시작할 때 대부분은 국립현충원에서 순국선열에게 헌화하는 것으로 시작하는 것에서 착안하여 제101회기의 회무를 한국기독교순교자기념관에서 시작하기로 하였다. 한국 교회를 위하여 순교하신 분들 때문에 한국 교회가 든든히 성장하고 있다고 생각하였기 때문이다. 한국기독교순교자기념관은 토머스 목사님을 비롯하여 우리가 익히 알고 있는 주기철 목사님, 손양원 목사님, 남대문교회 원로목사이신 조유택 목사님의 선친 조석훈 목사님, 나의 친구 기현두 목사님의 선친 기주복 목사님 그리고 맨 마지막에 2007년 아프가니스탄에서 순교한 배형규 목사님이 등재되어 있는 곳이다. 총회가 끝난 다음 날인 9월 30일 임원들과 총회 사무총장을 비롯한 각부 총무들은 그곳에서 함께 예배하고, 한 회기에 충성을 다짐하며, 기념관을 관람한 것으로 시무식을 마치고 돌아왔다.

총회장으로 섬기는 동안 가장 힘들고 마음을 무겁게 하는 것은 쟁송 문제, 즉 교회 간의 재판과 갈등의 문제였다. 교회 안에서의 소송은 가장 무거운 짐이다. "어떤 싸움도 교회 싸움에 비할 바 못 되고, 어떤 전쟁도 종교전쟁에 필적할 수 없다. 신을 위해 싸우고 있다고 믿는 사람들이 사실은 역사상 가장 추악한 만행을 저지르고 또 묵인한다."라고 『기독교 역사 100장면』(도마의길, 2010)에서 리처드 코니시가 말한 대로 신앙을 걸고 싸우는 싸움이야말로 가장 끈질기다. 더구나 갈등이 오래 지속되면 지속될수록 합의는 더 어렵고, 화해는 성경에만 있는 단어가 된다. 왜냐하면 교회에서 갈등이 시작되면 심약한 자들은 뿔뿔이 흩어지고 강한 자들만 양편에 남게 된다. 강한 자들만 남아 있기에 양보나 용서보다 승리와 쟁취가 머릿속에 가득하게 되는 것이다. 그리고 소송이란 그 결과에 있어 반드시 승자와 패자가 있기 마련이다. 승자는 잠시 환호할지 모르지만 패자는 언제나 불만과 불복에 지배받게 되는 법이다. 그래서 또 다른 재판 그리고 사회 재판에 교회의 쟁송 건을 가지고 나가게 마련이다.

　나는 교회의 쟁송 건을 사회 재판에 의뢰하는 것을 절대적으로 반대한다. 반대하는 첫 번째 이유는 거룩한 교회의 쟁송 건을 세속적인 사회의 재판에 의뢰한다는 것은 교회의 기능적 원리에 전혀 맞지 않기 때문이다. 두 번째 이유는 교회는 교회로서의 특수성을 가지고 있다. 그렇기에 사회적 판단과 잣대를 가지고 교회의 시비를 판단한다는 것은 옳지 않다. 세 번째 이유는 사회 재판의 결과를 가지고 교회가 승복하고 화해하는 경우가 아주 드물기 때문이다. 네 번째 이유는 근본적으로 해결되지 못할 법정 소송으로 쌍방의 상처의 골이 깊어지고 결국 재판 비용, 변호사 수임료 등 하나님께 드린 헌금만 버리게 되기 때문이다.

　나는 총회장 재임 시절의 쟁송 문제로 총회장 재임 기간뿐만 아니라 총회장의 임기가 끝난 뒤에도 시달렸다. 해명을 요구하는 내용증명과 심지어 폭언과 협박에 가까운 서신과 문자 메시지 등을 받아야 했다. 법적 책임을 져야 한다고 겁박도 하지만 총회장 임기를 지나고 시간이 지나면 누구도 그 일을 시비하지 않는 것이 총회장의 일이기도 하다. 총회장의 직책상의 직무이기 때문이다.

　총회장으로서 내가 제안하여 총회 내에 설립한 또 다른 위원회들이 있다. 그중 하나는 '이슬람대책위원회'이다. 이슬람은 미래 세계에 기독교와 가장 치열한 영적 전쟁을 치르게 될 집단이다. 더구나 이슬람이 지배적인 중동국가들은 '오일머니'로 세계의 이슬람화를 꾀하고 있다. 이슬람에서는 한국을 중요한 포교지로 지목하고 있다고 한다. 왜냐하면 한국은 외래종교가 전래되어 실패한 적이 없기 때문이다. 외래종교인 불교, 유교, 기독교 모두 한국 땅에서 성공하였다. 그래서 이슬람도 성공할 수 있다고 보는 것이다. 참으로 묘한 역사는 우리나라에 전래된 외래종교는 중국을 중간 매개로 한국 땅에 정착하였다는 사실이다. 인도에서 발생한 불교도 중국을 통하여 우리나라에 전래되었고, 유교는 말할 것도 없으며, 천주교도 김대건, 이승훈 등이 북경에서 배운 천주학을 한국 땅에 도입하였고, 개신교도 첫 순교자인 토머스 목사는 중국으로 파송되었다가 한국을 선교지를 택하게 되었으며, 첫 선교사인 알렌이 입국하기 이태 전인 1882년 중국 봉천(지금의 심양)에서 존 로스에 의해 번역된 성경이 먼저 한국 땅에 들어왔다. 그래서 우리에게 중국은 여러모로 중요한 선교적 의미가 있는 곳이다. 그런 의미에서 나는 우리 교회가 지원하던 중국 선교사에게 실크로드 선교를 통하여 중앙아시아의 이슬람이 중국으로 전파되는 것을 막는 것이 우리의 중국 선교의 사명이므로 중국 서북의 신장성에 '이슬람 방어선'(Islamic Defence)을 쳐야 한다고 강조하였다. ('이슬람 방어선'은 내가 만든 용어이다.) 그리고 다른 한 가지 이유는 한국이 이슬람화되어야 이슬람이 미국을 공략하기가 용이해진다고 한다. 이런 이유로 나는 '이슬람대책위원회'를 설립할 것을 제안하여 제92회 총회에서 허락을 받았다.

또 다른 위원회는 '독도수호대책위원회'이다. 근래에 와서 한국과 일본의 관계에서 가장 민감한 사안은 정신대와 강제징용 그리고 독도 영유권 문제일 것이다. 독도 영유권의 문제는 정부나 시민단체만의 문제가 아니라 교회가 관심을 가져야 할 애국적 관점이라는 사실에 나는 '독도수호대책위원회'를 총회 산하의 특별위원회로 둘 것을 건의하였다. 교회가 독도 수호를 한다는 것은 한계가 있다. 그러나 일본과의 첨예한 외교적 대립을 교회가 간과하는 것은 옳지 않다는 의미에서 이 위원회를 제안하였던 것이다. 총회는 이 일을 좋게 생각하여 '독도수호대책위원회'를 조직하여 독도에 대한 총회의 관심을 증진시키고 있다.

10.

나와 해외 및 에큐메니칼 사역

10

나와 통역사역

미국에서 공부를 했다는 것이 내게는 특권일 수도 있지만, 큰 짐이기도 했다. 총회나 한국 교회의 많은 분들이 내가 영어를 굉장히 잘하는 줄 아는 것도 때로는 부담이었다. 영어를 한국어로 통역도 해야 하지만, 한국어를 영어로 통역해야 할 경우가 생기기 때문이었다. 나는 미국에서 돌아온 직후 영락교회와 연동교회에서 여러 번 영어 설교 통역을 해야 했다. 그중 가장 기억에 남는 통역은 1989년 '세계개혁교회연맹'(WARC)에서였다. '세계개혁교회연맹'은 지금은 그 이름을 '세계개혁교회커뮤니언'(WCRC)으로 바꾼 세계 칼뱅주의 개혁교회 공동체이다. 한경직 목사님께서 호스트가 되셔서 각국의 참가자들을 초대하는 만찬이 연세대학교 알렌관에서 열렸다. 한 목사님께서 호스트로서 초대의 말을 전하시게 되었는데, 시작 직전에 나를 부르셔서 한국어로 할 테니 나에게 영어로 통역을 하라고 하셨다. 그 자리에는 개혁교회 세계 대표들이 모인 자리이며, 더구나 한국 대표들 가운데는 프린스턴 신학대학교의 이상현 박사님을 비롯하여 영어를 잘하는 많은 분들이 자리하고 있었다. 나는 "목사님께서 영어로 하셔도 좋을 것 같습니다."라고 말씀드렸지만, 한 목사님은 "아니야, 국제회의니까 내가 한국말로 하는 것이 옳아. 이 목사가 영어로 통역을 해."라고 하시는 것이었다. 나는 너무 떨려서 "목사님, 혹시 이상현 박사님께 통역을 부탁하면 안 될까요?"라고 했다. 그 말에 한 목사님은 "아니야, 영락교회가 초청한 것이니까 영락교회 목사인 이 목사가 하는 것이 좋겠어."라고 하셨다. 더 이상 거절할 수가 없어서 "예, 알겠습니다."라고 하였지만 앞이 캄캄하였다. 이런 자리에서 한국어를 영어로 통역해 본 적이 없기에 자신이 없었다. 한 목사님은 처음에는 천천히 한 문장 한 문장을 말씀하셨고, 나는 무난히 통역을 하였다. 그런데 조금 지났을 때 목사님은 거의 5분을 쉬지 않고 계속 말씀하시는 것이었다. 통역이 있다는 사실을 잊으신 것이다. 5분쯤 계속하시다가 옆을 힐끗 쳐다보시더니 내가 서 있는 것을 그제야 인지하시고 "통역해." 하시는 것이었다. 나는 5분간의 말씀을 다 통역할 수가 없었는데, 한 목사님의 말씀의 요지는 한국전쟁 때 많은 UN 참전국이 참전하여 우리나라가 정전이 되었고, 한국 교회가 부흥하여 감사하다는 내용이었다. 그래서 나는 5분 동안의 스피치를 "한국전쟁 때 많은 나라가 도와줘서 감사하고, 하나님의 은혜와 참전국의 도움으로 한국 교회가 이렇게 성장하여 감사합니다."라고 한마디로 줄여 통역을 하였다. 그때 참석자들이 긴 스피치를 한마디로 하니 웃으면서 박수를 주었다. 한 목사님께서 통역을 하고 있다는 것을 잠시 잊으심으로 내가 하기 힘든 통역을 쉽고 짧게 끝낼 수 있어서 얼마나 감사했는지 모른다.

또 한 번의 경우는 1990년 7월 29일 주일 설교 통역이었다. 그날은 '전도폭발'을 개발한 제임스 케네디(D. James Kennedy) 목사님이 영락교회에서 설교하셨고, 내가 통역을 하였다. 그런데 대부분의 설교자는 설교 원고를 미리 보내 주는 것과 달리 그는 설교 원고를 보내 주지 않고 설교 제목과 본문만 보내왔다. 예배 시간 직전에 목사님을 만나서 설교 내용을 알려 달라고 했더니 설교 대지 세 개만 적어 주었다. 아니나 다를까 설교 중 예화에서 갑자기 고슴도치(porcupine)가 등장했다. 한참 헤매다 길을 찾아 통역을 하긴 했지만, 매우 당혹스러웠다. 우여곡절 끝에 통역을 무사히 끝냈고, 그날의 통역은 내가 영락교회의 행정목사로서 함께하는 마지막 예배였다. 나는 그다음 주일인 8월 첫 주일에 연동교회에 부임하게 되었다.

연동교회에서도 여러 번 영어 설교를 통역하였는데, 그 가운데 가장 기억에 남는 통역은 나의 멘토인 샌프란시스코 신학대학교의 월터 데이비스(Walter Davis) 교수님의 설교였다. 그는 샌프란시스코 신학대학교에서 공부하는 내게 좋은 스승이었고 형님 같은 분이었다. 박사과정을 지원하는 과정에서 내가 공부해야 할 전체 내용을 써 내야 했는데 너무 힘들어 포기하려고 하였다. 그때 데이비스 교수님은 직접 내용을 다듬어 주어 박사과정에 무사히 입학할 수 있도록 도와주셨다. 데이비스 교수님은 우리나라에 오기 전에 막 붕괴된 베를린 장벽을 다녀오셨다. 그때 베를린 장벽의 시멘트 조각 하나를 가지고 오셔서 우리 교회에 기증해 주시면서 우리나라도 속히 장벽이 허물어지고 통일되기를 바란다고 하셨다. 그 조각은 지금도 우리 교회 역사관에 소장되어 있다. 그 외에도 1997년 4월 27일에는 총회를 방문하신 미국 장로교의 캐시 치솜(Cathy Chitsom) 목사님의 설교를 통역하였고, 2014년 5월 18일에는 샌프란시스코 신학대학교 총장이신 제임스 맥도날드(James McDonald) 목사님의 설교를 통역하였다.

나와 해외 에큐메니칼 사역

내가 연동교회에 부임할 무렵 우리 교단 대한예수교장로회(통합)는 '세계선교협의회'(Council for World Mission, 이하 CWM)의 회원교회가 되었다. '세계선교협의회'는 원래 '런던선교회'(London Missionary Society)로 리빙스턴을 아프리카에, 한국 최초의 순교자 토머스 목사를 한국에 파송한 선교기관이었다. 그러나 세계적인 선교환경의 변화에 따라 1977년 선교사 파송 기관(sending body)에서 선교 파트너십(partnership) 기관으로 전환하였다. 우리 교단은 1990년에 CWM의 회원교회가 되었고, 나는 연동교회에 부임하면서 CWM을 섬기기 시작하였다. 영어를 조금 하였지만 공부하는 영어와 일상생활 영어 외에 회의 영어는 해 본 적이 없었다. 그때 총회 김낙은 장로님께서 CWM에 참여도 하시고 영어를 잘하셨기에 내게 회의 영어와 CWM에 대해 소상히 일러 주셔서 많은 도움을 받았다. 그리고 CWM의 대표로 그리고 동아시아를 대표하는 실행위원으로 섬기며 많은 것을 배웠다. 그때 회의를 위해 영국을 비롯하여 자메이카, 인도, 방글라

데시, 홍콩, 싱가포르, 말레이시아, 대만 등 다양한 나라들을 방문하게 되었고 많은 외국인들과 교제를 나누었다. 그 당시에 우리 교단 청년 대표로 내가 대동하여 CWM에 참여하던 분이 지금 CWM의 총무이신 금주섭 박사이다.

    우리 교단은 통합적이며 중도 신학적 성향을 가지고 있으므로 발이 넓다. 그래서 국내외 자매 교단과의 교류가 빈번하다. 특히 우리 교단은 '세계교회협의회'(World Council of Churches, 이하 WCC)의 회원교회로서 많은 고통과 역할을 동시에 감수해야 했다. 1952년 고신 측이 분립하고 1953년 한국기독교장로회가 분립한 후, 1959년 제44회 대전중앙교회에서 개회된 총회에서 통합과 합동이 분립하였다. 서울로 올라온 총회는 연동교회와 승동교회에서 각각 속회를 하고 연동 측, 승동 측이라고 하였고 후에 연동 측은 통합 측, 승동 측은 합동 측으로 이름이 굳혀졌다. 그 당시에 가장 큰 분립의 원인은 WCC의 회원권 문제였다. 그런 의미에서 연동교회는 통합 측의 중심에 있었고 지금도 그 명맥을 이어 가고 있다.

    나는 연동교회와 승동교회가 통합 측과 합동 측이 분립될 때 이름을 빌려준 교회로서 두 교단의 재통합에도 책임이 있다고 보았다. 그리하여 2002년 우리 교회와 승동교회가 서로 강단을 교류하며 상징적으로 두 장로교회의 통합을 시도하기도 하였다. 승동교회의 담임목사였던 박상훈 목사님이 먼저 우리 교회에 와서 설교를 하고 승동교회의 찬양대가 찬양을 하였고, 그다음에 내가 승동교회에 가서 설교를 하고 우리 교회 찬양대가 찬양을 하였다. 그때 나는 모두에게 이렇게 말했다. "승동교회는 1893년 종로2가에 세워졌고, 우리 교회는 1894년 종로5가에 설립되었으므로 승동교회는 우리 교회보다 1년 그리고 3가가 앞서므로 햇수로나 지리적으로나 형님입니다. 앞으로 형님으로 잘 모시겠습니다." 이 말에 승동교회 성도들은 좋아하면서 박수로 화답하였다.

　　　　WCC는 세계적인 교회협의기구로, 개신교와 신학적 정치적 차이를 가진 가톨릭이나 정교회까지 껴안을 만큼 포용적이며 진보적이다. 이런 정체성으로 인해 보수적인 교회나 단체로부터 늘 '진보', '좌파'라는 딱지가 붙여졌다. 심지어 오래전에는 '용공'이라는 딱지가 하나 더 있었지만 구소련이 붕괴된 후, 이 딱지를 떼었다. 나는 WCC에 직접적인 참여나 섬김은 하지 않았다. CWM을 섬기느라 시간적 여유도 없었고, 교회를 섬기는 목회자로서 그 이상의 일을 할 수 없었기 때문이다. 그러나 2013년 부산에서 개최된 WCC 제10차 총회는 나름대로 열심히 준비하였다. 한국 교회는 WCC 총회의 한국 유치를 위하여 많은 노력을 기울였고, 김삼환 목사님은 준비위원장으로 심혈을 기울여 WCC 한국 유치와 준비에 헌신하였다. WCC와 총회 유치를 가장 반대하던 교단은 합동 측이었다. 합동교단의 신학대학교 교수님과 어느 목사님을 만나 대화할 일이 있었는데, 그들은 WCC와 총회 유치를 반대한다고 하였다. 그때 나는 이렇게 그들에게 말하였다. "나는 대학교를 졸업하고 박사과정을 끝낼 때까지 15년을 더 공부한 사람입니다. 그러나 초등학교에 다닐 때부터 지금까지 주일에는 단 1분도 공부한 적이 없습니다. 토요일 밤에 공부하다가 자정이 되면 책을 덮어 놓고 잠을 잤고, 시험 기간이 되면 주일 초저녁에 잠을 자고 월요일 시험을 준비하기 위하여 주일 밤 11시 30분에 일어나 30분 동안 기도하고 성경 읽은 뒤 자정이 되면 공부를 시작했습니다. 나처럼 주일을 성숙한 목사가 있으면 나와 보라고 하세요. 그러나 이것은 내 신앙일 뿐 누구에게도 그렇게 하라고 강요하지 않습니다. 그리고 나의 신앙이 다른 사람보다 더 좋다고 할 수는 없습니다. 이와 같이 WCC에 가입한 교단의 신앙이 좋지 않고 비성경적이라는 선입견은 오히려 더 큰 죄악일 수 있습니다. 그리고 WCC는 협의기구이지 교단이 아닙니다. WCC 회원교회 모두가 동성애를 지지하거나 좌편향적인 사상을 가진 것이 아닙니다. 아무리 WCC가 그런 흠이 있다고 하더라도 WCC만 한 교회연합기구가 달리 있습니까? 차라리 '합동 측'이 WCC에 가입하여 정말 WCC가 성경적이고 건강한 교회연합기구가 될 수 있도록 함께 힘을 합칩시다." 이 말에 그들은 더 이상 WCC에 대해 말하지 않고 대화 주제를 다른 것으로 바꾸었다.

　　WCC 제10차 총회 준비를 위해 나는 '예배음악위원회'의 위원장으로 총회 전체의 예배와 예배에 사용될 음악을 준비하는 위원회를 섬겼다. 총회 전체를 영적 흐름으로 이끌어 가는 가장 중요한 위원회를 박근원 교수, 이건용 교수, 김명실 교수, 주현신 목사 등이 함께 섬겼다. 예배와 음악은 가장 한국적이면서도 세계 각국의 각 교파와 교단들이 함께 할 수 있는 세계적인 것으로 선별하려고 애썼다. 그런데 총회가 개회된 2013년 10월 30일부터 11월 8일까지 나는 미리 계획된 우리 교회의 "게일 생가를 찾아서"라는 프로그램으로 총회에 하루도 참석하지 못하였다. 준비위원회를 섬겼던 나는 준비하는 것으로 WCC 총회를 섬기게 된 격이 되었다.

　　나는 '세계개혁교회연맹'(The World Alliance of Reformed

Churches) 또한 은밀히 섬겨 왔다. 앞에서 기술한 대로 1989년 한국 대회에서 한경직 목사님의 통역을 한 것을 비롯하여 여러 번 참석하고 섬기게 되었다. '세계개혁교회연맹'은 2010년 '개혁교회협의회'(REC)와 통합하면서 '세계개혁교회커뮤니언'(World Communion of Reformed Churches)이란 이름으로 재출발하였다. '세계개혁교회커뮤니언'은 내가 총회장이던 2017년 6월 독일 라이프치히에서 총회를 개최하였다. 루터의 종교개혁 500주년을 맞이하여 모인 총회는 여러모로 의미가 컸다. 첫째는 종교개혁의 발상지에서 모였다는 것이고, 둘째는 독일 통일의 산실이라고 할 수 있는 '성니콜라이 교회'가 있는 곳에서 모였다는 것이며, 셋째는 '조선그리스도교연맹'의 강명철 위원장과 대표들이 초대를 받아 참석한다는 것이었다. 총회 기간 중 아주 감동적인 행사가 있었다. 남북교회가 공동주최하는 행사로 '십자가 퍼포먼스'였다. 십자가는 가로막대와 세로막대가 이어져야 온전한 십자가가 되는데 나는 세로막대를, 강명철 위원장은 가로막대를 들고 강단에 올라가 둘을 이어 십자가로 만들었고 세계 각국의 대표들은 우리나라의 통일을 함께 염원하며 뜨거운 박수로 화답해 주었다. 그 뒤로 당시 우리 교단의 대표이며, '세계개혁교회커뮤니언'의 실행위원이었던 이홍정 목사님의 한반도 통일 프로세스에 대한 명쾌한 스피치가 있었다.

나와 국내 에큐메니칼 사역

우리 교단은 해외뿐만 아니라 국내의 에큐메니칼 기관과 밀접한 관계를 유지하고 있다. 우리 교단이 국내 기관과 관계를 유지하며 초교파 기관들을 잘 섬기는 근본적 이유는 초기의 국내 에큐메니칼 기관들이 미국을 비롯한 해외 선교사들에 의하여 세워진 기관이며, 우리 교단은 그 선교사들과 관계를 가지며 유지를 이어 오고 있기 때문일 것이다.

그런 연유로 나는 우리 교단이 회원 교단인 기관과 협력단체로 관계를 가진 여러 기관을 크게 작게 섬겨 왔다. 국내 에큐메니칼 기관 가운데 가장 오랫동안 섬긴 기관은 '한국기독교교회협의회'(NCCK)일 것이다. 나는 우리 총회가 '한국기독교교회협의회'에 파송하는 교단 파송 실행위원으로 상당히 오랫동안 섬겨 왔다. 그리고 1997년 21세기를 앞둔 한국 교회는 세계화, 글로벌, 통합사회를 앞두고 거대한 꿈을 꾸기 시작하였다. 당시만 하더라도 '한국기독교교회협의회'와 '한국기독교총연합회'의 연합기구가 진보와 보수라는 이름으로 양대 산맥을 이루고 있었는데, 두 기관을 하나로 통합하자는 아름다운 꿈이었다. 양 기구의 소속 교단이며 한국 교회를 대표하는 교단 9개가 모여 진지한 논의를 시작하였다. 이 소위원회를 '9인 위원회'라고 불렀으며 내가 위원회의 위원장이, 고신 측의 이성구 목사님이 서기가 되어 한국 교회의 하나 됨을 위하여 소명감으로 위원회를 이끌었다. 그때의 합의는 두 기구가 점차적인 일치를 통하여 1999년에 기구 통합으로 21세기를 맞이하는 것이었다. 이 일을 처음 시작할 때는 각자 감정의 골과 입장 차이가 크다는 것을 실감할 수 있었다. '9인 위원회' 첫 모임에서 진보 교단의 어느 대표가 "우리가 투쟁하고 감옥 갈 때 팔짱 끼고 있더니 이제 와서 하나가 되자고 한다."라고 하였다. 찬물을 끼얹는 선언이었다. 그때 나는 이렇게 말했다. "맞습니다. 한쪽이 투쟁하고 감옥에 갈 때 다른 한쪽은 그렇게 하지 못했지만, 이 기간에 한국 교회가 엄청난 성장을 했습니다. 한국 교회의 성장은 다른 한쪽이 했습니다. 그러니까 이 시간에는 '우리는 투쟁하느라 교회 성장에 미흡했는데 교회를 성장시켜서 감사하다.'라고 해야 하고, '우리는 교회를 성장시키느라 감옥에 못 갔는데 투쟁하여 민주화를 이루어 줘서 감사하다.'라고 쌍방이 서로에게 감사하다고 해야 합니다." 나의 말에 위원회의 분위기가 진정되었고, 그 후로 진보와 보수를 아우르는 '9인 위원회'는 즐겁고 보람 있게 이 일을 하였다. 그러나 한 지붕 두 가족에서 한 지붕 한 가족으로 가는 길을 험난하였으며 결국 '9인 위원회'가 제안한 통합안은 양 기구의 '교회연합사업위원회'에서 합의하였으나 받아들여지지 않고 유야무야 사라지고 말았다. 지금 생각해도 그때가 양 기구를 통합할 수 있는 가장 좋은 기회였다고 생각한다. 한 번 상실한 기회는 좀처럼 다시 찾아와 주지 않았다.

그 후 나는 김영주 목사가 한국기독교교회협의회의 총무로 취임하면서 제안한 '교회발전연구원'의 위원장으로 2010년부터 2016년까지 열심히 섬겼다. 한국 교회가 새롭게 발전하기 위한 신학적, 실천적 과제들을 여러 학자들과 함께 연구하고 발표하며 제시하는 모임이었는데 큰 보람을 가지고 일하였다. 그때 여러 가지 신학적 연구 발표를 하였는데 그중 가장 기억에 남는 것은 개신교 성직자의 '복식'(dress code)에 관한 연구였다. 다른 종교는 성직자의 복식이 분명한데 개신교는 그렇지 못하므로 개신교도 성직자의 복식이 있어야 한다는 전제로 내가 직접 연구하여 발표하였다. 위원들과 참석한 모든 개신교 성직자들이 이 일에 동의했지만, 결국 교단의 합의를 이끌어 내지 못하여 이 일도 실행에 옮기지 못하고 흐지부지되어 버리고 말았다.

그리고 2018년 11월 나는 한국기독교교회협의회의 회장으로 취임하게 되어 한 회기 동안 회장으로 한국기독교교회협의회를 섬겼다. 내가 한국기독교교회협의회의 회장이 된다는 것은 꿈도 꾸지 못할 일이었다. 회장은 회원 교단이 순차적으로 맡게 되어 있었으며, 대부분 교단의 현 총회장이 한국기독교교회협의회 회장이 되는 것이 관례였다. 그 당시에 회장은 우리 교단이 아니라 루터교의 순번이었으나 루터교의 총회장이 해임되는 일이 발생하였다. 그래서 그다음 차례인 우리 교단이 회장의 직을 맡을 수밖에 없었다. 또한 우리 교단의 총회장이 림형석 목사였으므로 림형석 총회장이 회장이 되는 것이 마땅하지만, 그는 '한국교회총연합회'의 공동회장이므로 양 기구의 회장이 되는 것은 적절하지 않다고 하였다. 제102회 총회장 최기학 목사도 고사하여 제101회 총회장이었던 내가 이 일을 맡게 되었다. 우리 교단에서 회장을 맡게 되므로 11월 15일 총회는 우리 교단 교회인 연동교회에서 개회되었다. 그런데 이를 두고도 한 차례 시비가 생겼다. 회원 교단 총무단에서 이미 내가 회장이 되는 것을 합의하였지만, 회장이 되는 과정에서 은퇴를 한 달 보름을 앞둔 사람이 회장이 된 적이 없다고 대한기독교감리회에서 이의를 제기한 것이다. 우리 교단의 현실적 사정으로 총무단에서 그렇게 합의하였고, 한국기독교교회협의회의 헌장에 '은퇴한 자는 회장의 자격이 없다'는 조항이 없다고 합리적 설명을 하였지만 소용이 없었다. 나는 시종 지켜보았지만, 사실 이는 아무 의미 없는 소란이었다. 왜냐하면 그 자리에 모인 모든 총대는 개인 자격이 아니라 교단이 파송한 총대의 자격이다. 개인 자격이면 얼마든지 개인의 소리를 낼 수 있지만, 교단이 파송한 총대는 교단의 소리를 내는 것이 합당하다. 그런데 교단의 총무가 이미 합의한 사실을 가지고 교단 파송의 총대가 반대하고 시비하는 것은 자신이 그 자리에 있는 이유를 알지 못하는 것과 같다. 좀 더 과하게 말하면 그는 교단 파송 총대의 자격이 없는 자라고 판단하고 싶다. 그의 시비에도 불구하고 결국 총무단이 추천한 대로 내가 회장에 취임하게 된 것이다.

'한국기독교총연합회'(이하 한기총)는 한경직 목사님, 정진경 목사님 등 한국 교회의 대선배들이 조직한 개신교 보수 진영을 대표하는 연합기구이다. 오랫동안 우리 교단은 한기총의 중심에서 연합과 일치의 역할을 하였으나 2012년 우리 교단과 한국 교회가 이단으로 정죄한 교단과 기관이 한기총의 회원이 되므로 탈퇴하고 '한국교회총연합회'(이하 한교총)를 출범하고 회원 교회가 되었다. 나는 우리 교단이 한기총을 탈퇴하기 이전 한기총의 사회위원장, 교회위원장 등을 역임하였다.

한교총의 출범은 우여곡절 끝에 성사되었다. 나는 한기총과 한교총이 하나가 되어야 한다고 역설하며, 만일 교회가 이 일을 이루지 못하면 양 기구 대표들이 한국 교회 앞에서 죄인이 되며 공공의 적이 될 것이라고 강하게 발언하였다. 그러나 모든 합의가 이루어진 후에 몇몇 한기총의 직원이 합류하지 않고 잔류를 선언하여 한국 교회 전체의 93%를 차지하는 한교총과 나머지 명맥만 유지하는 한기총으로 분립된 모양새가 되고 말았다. 나는 한교총의 출범을 위하여 예장 합동 측, 예장 백석 측, 예장 고신 측, 기독교감리회, 기독교성결교회, 기독교침례회, 하나님의 성회 등 교단장들과 수시로 만나 한국 교회 연합에 앞장섰고, 한교총이 출범하면서 초대 공동회장으로 섬겼으며, 그 후에 명예회장이라는 직을 받아 지금도 원거리에서 섬기고 있다.

한국 최초의 사립 방송국인 기독교방송(CBS)은 종로5가에서 시작하여 목동 사옥으로 이사하였다. 우리 교단은 기독교방송에 이사를 파송하므로 나는 2009년부터 2013년까지 교단 파송 이사로 기독교방송을 섬겼다. 이사로 재임하면서 나는 기독교방송이 교회와 너무 멀리 있다는 것을 지적하고 교회와 더 가까워져야 기독교방송의 정체성을 확실하게 할 수 있다고 늘 주장하였다. 그리하여 방송국의 정관에 교회와의 관계를 돈독하게 할 수 있는 부사장제를 신설할 것을 제안하여 정관에 부사장제를 삽입하게 하였다.

기독교TV(CTS)는 한국 교회의 공기관으로 예장통합, 예장합동, 기독교감리회가 대주주가 되어 설립하였다. 이런 연유로 세 교단의 교단장은 공동대표이사로 방송국을 섬기게 된다. 나는 총회장이던 2016년 9월부터 2017년 8월까지 CTS의 대표이사로 섬겼고, 이후 꾸준히 여러 프로그램에 참여하고 있다.

재단법인 '사랑의장기기증운동본부'는 박진탁 목사님의 헌신으로 설립되어 장기기증운동을 활발하게 전개하고 있는 기관이다. 안구를 비롯한 장기를 사후에 기증하는 운동을 하는 기관으로, 나는 이사로 섬기다가 2010년부터 2012년까지 이사장으로 섬겼다. 사랑의장기기증운동본부는 서울을 비롯한 여러 곳에 신장 투석기를 설치하고 생활 빈곤자를 위하여 무료로 투석을 할 수 있게 하였다. 그런데 의사협회로부터 이 일이 의료법 위반이라는 고발을 당하게 되었고, 이사장인 나는 이 일로 검찰

조사까지 받았다. 제주 의사협회에서 고발한 것이라 제주까지 가서 제주 지검에 피의자 신분으로 조사를 받았으나 불기소 처분을 받았다. 선한 일을 하다가 당하는 불편하고 힘든 일이었다.

나와 학원 사역

나는 미국 유학에서 돌아온 이후 가르치는 일과 학원을 섬기는 일을 제법 많이 하였다. 그렇게 할 수 있었던 이유는 내가 전공한 과목이 실천신학 가운데서 가장 생소한 내용이었고, 급속히 성장하는 한국 교회에 필요한 과목이었기 때문이라고 생각한다. 그리고 목회를 위해 홀로 공부하였던 '미래학'이 21세기를 맞이하는 한국 교회에 필요하였기에 많은 부름을 받게 되었고, 나는 내가 가진 지식을 나누는 일에 인색해하지 않고 헌신하였다. 그리하여 1988년 미국에서 돌아와 1990년 연동교회에 부임한 이래로 그다음 해인 1991년부터 장로회신학대학교 겸임교수로 '교회행정학'을 거의 매년 2학기에 강의하였으나 부총회장에 취임한 해부터는 총회 일과 병행할 수 없었다.

      8년 동안 정신학원 이사로 그리고 2000년에 이사장으로 학원을 섬기는 동안 나는 학원선교의 한계를 느꼈다. 정신학원은 서울노회 소속 기관으로 서울노회 파송 이사가 과반을 차지하는 기관이다. 그럼에도 불구하고 서울노회가 기여할 수 있는 재정적 뒷받침이 약하여 늘 아쉬움이 컸다. 특히 당시가 '자율형 사립고' 신청을 할 시기였는데 아무리 노력해도 정부가 요구하는 재정적 뒷바라지를 할 수 없어서 안타까웠고 이사장으로 미안하기 짝이 없었다. 최근에 와서 '자율형 사립고'를 폐지하겠다고 하니 정부의 의도가 어이가 없으면서도 한편으로는 당시에 '자율형 사립고'가 되지 못한 것이 다행스럽게 생각된다. 아무튼 김필례, 김마리아, 김영순 등 우리 교회의 선조들의 영혼이 깃든 정신학원을 섬길 수 있었던 것이 참으로 감사한 일이다.

나는 2013년 모교인 연세대학교의 이사로 선임되어 기독교계 인사 대표로 학교를 섬기고 있다. 내가 이사가 되기 직전 학교법인은 정관을 개정하여 기독교 대표 4인을 2인으로 줄였다. 이전에는 예장(통합), 기감, 기장, 성공회가 각각 이사를 파송하도록 하였지만 개정된 정관으로 결국 기독교 이사의 수가 반으로 축소된 것이다. 그리하여 나는 예장(통합)의 파송 이사가 아니라 기독교계 인사로 법인 이사회가 선택한 기독교 이사였다. 연세대학교 이사의 구성은 다양하다. 국무총리 출신, 장관 출신, 재벌 총수, 모교 교수 출신 등으로 화려하게 구성되어 있고 학교의 연간예산도 대전광역시의 예산과 맞먹을 만큼 방대하다. 나는 이사회의 여러 위원회를 거치면서 나름대로 최선을 다했다. 다른 이사들로부터 기독교계 이사가 이사로서 자질이 부족하다는 말을 듣고 싶지 않고 실제로 학교에 덕을 세우고 싶어서였다. 그래서 나는 방대한 재정은 잘 파악하지 못하지만, 대신 알렌과 언더우드 선교사가 세운 학교가 건학이념인 기독교 정신에서 벗어나지 않도록 하려고 눈을 부릅뜨고 살폈다. 나는 연세대학교가 기독교 정신을 벗어나지 않으려고 애를 쓰고 있는 것을 곳곳에서 찾을 수 있었다. 모든 회의를 기도로 시작하며, 이사회의 서열도 이사장 다음으로 기독교계 이사를 두고 있다.

나는 나와 묘한 인연을 가진 한남대학교의 이사로 2014년부터

2018년까지 섬겼다. 아내가 한남대학교의 교목실 상담원으로 근무할 시절에 선친께서 우리 교단의 고시위원장이 되셔서 목사고시를 위하여 한남대학교에 가셨다가 아내를 보고 마음에 들어 당시 교목실장이셨던 서정운 목사님께 부탁하여 나와 아내를 만나게 하셨던 사연이 있다. 그래서 한남대학교에 대한 애정이 남달랐었는데 결국 그 학교의 이사가 되고, 이사장까지 된 것이다.

나는 2017년에 한남대학교의 이사장이 되어 학교의 미래를 위해 여러모로 구상도 하고 제안도 하였다. 이 과정에서 연세대학교의 이사로 섬긴 경험들이 많은 도움이 되었다. 특히 연세대학교 백양로의 지하 공간인 '백양누리'를 벤치마킹하여 한남대학교의 지하 공간 개발을 꿈꾸었으나 끝내 이루지 못했다. 한남대학교 캠퍼스는 아주 뛰어난 자연미를 담고 있다. 그리하여 지상 공간을 그대로 둔 채 정문에서 본관 앞까지 지하 공간을 개발하면 멋있고 활용적인 캠퍼스가 될 것 같아서 다각적으로 애를 썼지만 역부족이었다. 또 한 가지 하고자 했던 일은 의과대학을 인수하여 학교의 규모를 확충하는 일이었다. 한남대학교는 의과대학이 없고, 의과대학은 더 이상 정부로부터 설립 허가를 받을 수 없었다. 마침 남원에 있는 서남대학교가 경영 부실로 의과대학을 매각한다는 소문이 났고 한남대학교는 긍정적으로 인수를 논의하기 시작하였다. 그러나 교육부에서는 의과대학만 인수할 수는 없다고 하였고, 학교의 부채가 눈송이처럼 불어나고 있었으며, 인수 비용이 한남대학교에 감당할 수 없을 정도로 커서 결국 포기하고 말았다. 한남대학교에 의과대학이 있었으면 학교의 규모나 순위에 많은 도움을 주었을 것이나 그림의 떡이었다.

11.

나와 설교

11

나는 설교하는 것을 즐겼다. 설교를 하는 것도 즐거운 일이지만 설교를 준비하는 것은 더 즐거운 일이었다. 사람들이 내게 "설교를 잘한다."라고 하지 않더라도 나는 개의치 않는다. 왜냐하면 설교를 준비하고, 설교하는 것을 내가 즐기기 때문이다. 그리고 나는 설교자가 설교를 하는 것이지만, 설교의 결과는 설교자와 그 설교를 듣는 성도가 함께 거두는 것이라고 생각한다. 열심히 기도하고, 기도하는 자세로 설교를 들으면 은혜롭지 않은 설교가 없을 것이다. 그러나 대개 듣는 이가 기도하는 마음의 준비 없이 설교자만을 탓할 때가 많다.

　나는 좋은 설교를 하기 위해서는 몇 가지 준비가 필요하다고 본다. 첫째는 성경 읽기이다. 매일 성경을 읽고 묵상하는 습관은 좋은 설교의 기본이다. 나는 매일 아침 성경을 읽고 묵상하며 설교할 만한 내용들을 찾아 기록한다. 일주일이면 열 개 이상의 설교 거리가 생기므로 제목과 성경 본문, 묵상하며 느낀 점들을 적어 놓는다. 이러한 습관으로 언제나 설교 거리가 넘쳤다. 그리고 그중에 매달 필요한 설교의 주제를 주일별로 취사하여 설교로 사용하였다.

둘째는 독서이다. 목회자에게 있어서 학습은 목회의 한 부분이다. 목회자는 학습하는 자세로 목회를 해야 하고, 목회하는 자세로 학습해야 한다. 학습의 방법이 다양하지만, 가장 보편적 방법은 독서이다. 그런 의미에서 목회자의 독서는 목회의 한 부분이 되어야 하며 목회 그 자체가 되어야 한다. 그러나 실제로 목회자가 독서한다는 것은 여러 가지 의미에서 한계가 있다. 우선 분주한 목회 환경에서 독서를 위한 여유를 가지거나 다양한 주제의 독서를 한다는 것이 어려운 실정이다. 왜냐하면 정신없이 닥쳐오는 설교와 성경공부 등을 위한 준비에 급급하기 때문이다. 사실 이런 유의 자료 수집은 독서라고 할 수 없다. 목회자들에게 있어서 독서는 자료 수집 이상의 자기 계발을 위한 수단이 되어야 한다. 영적 리더로서의 목회자는 창의성이 있어야 한다. 목회에 있어서 창의성은 대부분 독서에 의하여 계발되는 것이다. 독서는 사고의 지평을 넓혀 주며 미지의 세계로의 안내자 역할을 하기 때문에 독서를 하면 창의력이 계발되는 것이다. 창의적인 목회자는 대부분 독서에 열중하며 그들의 독서의 폭은 그렇지 못한 목회자보다 훨씬 넓다는 것이 특징이다. 목회자의 독서는 목회자의 세계관의 지평을 한층 넓게 해 준다. 목회자는 제한된 시간과 공간에서 모든 것을 다 경험할 수 없다. 그러나 성도들은 목회자가 모든 것을 다 경험하기를 요청한다. 그리고 성도들 가운데는 다양한 분야의 전문가들이 있어 목회자의 넓은 세계관을 기대한다. 목회자는 성도들의 모든 요청을 완벽하게 충족시키지 못하더라도 일반인의 상식을 상회하는 지식을 소유해야 한다. 이러한 요청은 독서를 통하여 충족시킬 수 있는 것이다. 그리고 목회자의 독서는 목회자로 하여금 자신의 한계를 극복하게 해 준다. 독서를 통하여 새로운 세계관을 가지게 되며, 넓은 안목을 가지게 된다. 오래전 어느 신문에 일반적으로 목회자의 교양이 부족하다는 비판의 글이 실린 적이 있었다. 그 글의 내용은 목회자들이 자신들의 눈앞에 닥친 설교 자료 등만 찾기 때문에 일반교양에 대한 수준이 낮다는 것이다. 실제로 목회자는 교양이 풍부해야 한다. 모든 분야에 전문적 지식은 아니더라도 상당한 수준의 지식을 소유해야 한다. 이를 위하여 목회자는 적절한 수준과 양의 독서를 꾸준히 할 필요가 있다. 이런 부족을 충족하기 위하여 나는 신학서적 외의 책들을 제법 많이 읽었다. 그리고 독서가 끝난 다음에 철저하게 읽은 내용들을 정리하였다. 일반적으로 한 권의 책을 정리하는 데 4시간 이상의 시간이 필요하지만 독서가 끝나면 바로 정리하였다. 독서 후 자료 정리를 한 뒤에야 독서의 내용들을 나의 것으로 완전히 소화할 수 있다. 나는 컴퓨터를 이용하여 자료를 정리하였기 때문에 자료가 풍성하고 찾기에도 편리하여 이 자료들을 유용하게 활용하였다. 거의 모든 설교의 예화 자료와 소논문 등의 기초 자료가 이 자료에서 나온다. 일상에서의 독서 습관과 자료 정리 습관은 빠르게 다가오는 설교 준비와 그 외의 여러 가지 원고 집필 등에 유용한 도움을 주었다. 꾸준한 독서는 설교 준비에도 많은 도움을 주었으며 설교 준비의 가장 기본적인 자료가 되었다. 목회자에게는 성경 외 다양한 책을 읽는 독서가 필요하다. 그리스도인에게는 세상을 사는 지혜를 주는 신문이 필요하다. 영혼을 맑게 하고 성경을 이해하는 데 도움을 주는 책이 필요하다. 리처드 포스터는 "묵상은 한 손에는 성경을, 한 손에는 신문을 가지고 있을 때 가장 잘할 수 있다."라고 했다. 칼 바르트도 "한 손에 성경, 한 손에 신문"이라고 하였다. 세상을 사는 지혜는 글로 쓴 책에만 있는 것이 아니다. 존 스토트는 하나님께서 두 권의 책을 쓰셨는데 하나는 성경이고, 또 하나는 자연이라는 책이라고 하였다. 그래서 나는 신문을 꼼꼼히 챙겨 보며 필요한 기사를 내 컴퓨터에 저장하여 사용하였다. 이런 나의 독서 자료는 보배처럼 내가 아끼는 자산이며 10포인트로 A4 1,000쪽에 가까운 양을 가지고 있다. 이 독서 자료는 나의 지식의 보고이며, 나의 설교 준비에 가장 기본적인 자료로 사용되었다.

  셋째는 본문의 성경을 반복해서 읽어 보고 구약의 히브리어와 신약의 헬라어 성경을 대조하여 분석하는 일이다. 나는 설교의 본문을 정한 뒤, 그 본문을 여러 번 반복해서 읽어 본다. 성경을 여러 번 혹은 매일 읽으면 읽을 때마다 새로운 영감이 떠오르게 되고, 성경이 가장 중요한 텍스트가 된다. 나는 연동교회를 목회하는 동안 설교 본문은 항상 구약과 신약의 본문을 택하였다. 구약이 주 본문이면 신약을 부 본문으로, 신약이 주 본문이면 구약을 부 본문으로 사용하였다. 그리고 설교 준비를 시작하면 히브리어와 헬라어의 본문을 읽고, 원문의 뜻을 밝히려고 애썼다. 히브리어와 헬라어는 신대원 시절에 각각 6학점씩 이수하였지만 박사과정을 하기 위해 필요한 학점이 12학점이어서 다시 히브리어와 헬라어 각각 12학점을 이수하였다. 히브리어는 A+, 헬라어는 A 학점을 받았으니 구약과 신약의 원전을 공부하는 데는 별문제가 없었다.

넷째는 설교 본문에 대한 해석을 위하여 성경 주석과 몇 가지 참고서들을 늘 보았다. 주석은 선친께서 저술하신 "이상근 주해"를 비롯하여 여러 가지를 참고하였다. 그 외에 신약이 본문인 경우는 영어의 다른 번역들을 모아 놓은 *The New Testament from 26 Translations* 그리고 신약 헬라어를 해석하는 데 유용한 *Linguistic Key to the Greek New Testament*의 도움을 많이 받았다. 그 외에도 *New Testament Words in Today's Language*, *Dictionary of Latin and Greek Theological Terms*, 프랭크 찰스 톰슨(Frank Charles Thompson)의 *The New Chain Reference Bible* 등을 많이 참조하였다.

다섯째는 본문에서 설교의 대지를 택하고 본문을 신학적 그리고 실제적으로 풀어 주는 것이다. 29년 동안 했던 거의 모든 설교의 대지는 성경이었고, 독서 자료에서 얻은 예화들을 많이 사용하였다. 내가 읽고 은혜와 감동을 받은 내용을 예화로 전해야 은혜가 된다는 생각 때문에 그렇게 한 것이다. 그리고 설교의 대지는 3대지로 시작하였다. 오래전 학교에서 설교학을 공부할 때 대지는 셋으로 하는 것이라고 배웠다. 그러나 시대가 변하고 복잡한 설교를 거부하고 스토리텔링 설교를 선호하는 현대인에게는 3대지가 많다고 하여 현대의 추세는 2대지로 하고 있다. 그래서 2005년까지 내 설교는 3대지였지만, 2006년부터는 2대지로 설정하여 설교하였다.

여섯째는 설교를 작성할 때는 아주 쉬운 말과 가장 적절한 전달 용어를 취사하는 것이다. 설교자에게는 강단 용어가 분명히 있다. 강단에서 사용하면 안 되는 상소리나 교인들의 귀를 거스르거나 적절하지 않은 용어는 사용하지 않았다. 설교자가 강단에서 자신의 감정을 드러내는 표현을 하는 것은 옳지 않아 그렇게 하려고 애썼다. 그리고 선친께서는 선배 목사님으로서 설교에서의 세 가지 금물을 여러 번 일러 주셨다. 첫째, 강단에서는 절대 정치적 발언을 하지 말라고 하셨다. 정치적 발언은 언제나 물의를 일으킬 수 있다. 교인들의 정치적 취향은 가지각색이어서 어떤 정치적 발언이든 반대자가 있을 수 있다고 하셨다. 둘째, 강단에서는 절대 다른 교회나 다른 목사를 비난 또는 비판하는 말을 하지 말라고 하셨다. 이런 말은 전혀 도움이 되지 않으며 오히려 자기 얼굴에 침을 뱉는 격이라고 하셨다. 셋째, 가족 이야기, 특별히 아들이나 손자 이야기를 하지 말라고 하셨다. 왜냐하면 가족 이야기는 잘못하면 자랑거리가 되어 시기를 불러오기 쉽기 때문이라고 하셨다.

일곱째는 내 설교는 요약 설교이지만 설교 원고를 항상 작성하였다는 것이다. 나는 설교 준비를 요약으로 하고, 요약한 설교를 다시 풀어 원고를 만들었다. 요약한 설교를 구어체로 풀어 원고를 작성할 때 머릿속에 문장이 그려진다. 내 설교 요약본은 두 쪽이며, 풀어 쓴 설교 원고는 10포인트로 A4 다섯 쪽 제일 마지막 줄까지 꽉 차게 만든다. 그래서 설교는 언제나 23~24분을 하였다. 강단에 오를 때는 언제나 설교 요약본 한 장을 들고 오른다. 그리고 필요한 부분을 살짝 보고 머릿속에 있는 문장들을 풀어 전한다. 그래서 나는 설교할 때 거의 설교 노트를 보지 않는다.

여덟째는 설교 준비가 끝나면 아내에게 사전검열을 받았다. 나는 내 설교를 아내가 미리 봐 주는 것이 너무 좋았다. 처음에는 설교에 대해 이러쿵저러쿵하는 것이 약간 거슬리기도 했지만, 아내가 고쳐 주는 대로 강단에서 선포하는 것이 내가 준비한 대로 하는 것보다 좋았다. 왜냐하면 아내는 여성의 눈으로 설교를 보고 이성적인 나의 설교에 감성을 실어주기 때문이다. 어떤 때는 토요일 저녁에 설교 원고를 건네고 주일 새벽에 일어나 보면 빨간색투성이일 때도 있었다. "이 예화는 빼고 이런 예화를 쓰세요."라고 하면서 길게 예화를 삽입해 둘 때도 있었다. 한참이 지나서야 "이제 내가 안 봐도 되겠어요. 이제 당신이 잘해요."라는 하산의 허락이 떨어졌다.

아홉째는 설교 원고를 다 작성한 다음에는 설교 전문을 스마트폰에 저장하고 여러 번 들어 보았다. 원고를 문서로 볼 때는 오탈자가 눈에 띄지 않지만 듣기 기능으로 들어 보면 금방 찾을 수 있다. 그래서 설교 원고를 작성한 다음에는 반드시 전문을 들으며 수정을 하고 다시 수정된 원고 전문을 저장하여 주일 강단에 오르기 전에 7~8번을 들었다. 많이 들을 때는 10번 정도 듣기도 하였다. 외국에 다녀와서 주일을 맞아 설교해야 할 경우에는 가기 전에 설교를 작성하여 여행 중에 여러 번 들어 보고 익혀서 돌아왔다. 특히 외국 여행이 잦은 총회장 시절에는 4주 정도 먼저 설교를 준비하여 설교에 전혀 지장이 없도록 하였다. 여러 번 같은 설교를 듣게 되면 강단에 오르기 전에 자구적이 아니라 내용적으로 거의 설교를 암기하게 된다. 나는 스마트폰의 덕을 많이 본 셈이다.

열째는 성령의 은혜를 간구하며 기도하는 일이다. 아무리 멋진 내용으로 설교 준비를 했더라도 기도가 없이는 청중인 교인들에게 감동이 될 수 없다. 설교자가 기도해야 성령의 도우심을 얻을 수 있고, 교인들이 기도해야 설교자가 은혜롭게 전달할 수 있다. 선친께서는 늘 설교 준비는 설교가 끝나는 동시에 끝난다고 하셨다. 설교 시간 내내 기도하는 마음으로 성령이 설교자가 되게 하시는 자세가 필요하다는 말씀이다. 그래서 나는 언제부터인지 강단에 오르기 전 짧은 한마디 기도를 드린다. "말을 잘하는 시간이 아니라 말을 잘 듣는 시간이 될 수 있게 해 주소서." 설교는 하나님의 말씀을 듣는 시간이다. 설교자는 하나님의 말씀을 전하면서 듣고, 청중인 성도는 설교자의 설교를 들으면서 하나님의 말씀을 듣는다는 것이 나의 생각이다. 그러므로 설교자에게는 하나님의 말씀을 잘 듣는 것이 가장 중요하고, 때로는 하나님의 말씀을 들어야 하기에 설교자가 실천하지 못한다고 하더라도 전해야 한다. 그것이 하나님께서 설교자인 나에게 주신 말씀이다. 그래서 설교란 언제나 어렵다. 나는 설교를 제법 많이 했지만 은퇴하는 그날까지 강단에 오르기 전의 긴장되고 두려운 마음을 떨칠 수 없었다. 한편으로는 강단에 오르는 것이 떨리지 않을까 더 두려웠다.

12.

나와 교회행정

12

나는 장로교회의 정치와 교회행정을 전공하고 이 분야의 저술과 가르침에 열중하였다. 내가 공부하고 저술하는 데 있어 유익했던 것은 공부한 것을 적용할 수 있는 현장이 있다는 것이었다. 나는 현장인 연동교회에서 내가 공부한 교회정치와 행정 그리고 독학한 미래목회를 적용하며 실제를 익힐 수 있었다. 그 결과 지금의 교회 조직과 내규 등을 가지게 되었다고 생각한다. 나는 연동교회에 부임하여 서서히 교회의 조직에 변화를 주었다.

내가 연동교회에 부임하였을 때 교회는 실행부서를 '예배위원회', '교육위원회', '재정위원회' 등으로 위원회라 불렀다. 행정적으로 말하자면 위원회와 부는 구분이 되어야 한다. 위원회(committee)란 연구를 위한 조직이며, 부(department)는 실행하는 조직이다. 그러므로 실행부서는

'위원회'가 아니라 '부'여야 한다. 당회원들에게 이런 행정 조직을 설명하고 설득하여 당회 산하에는 연구하는 위원회를, 제직회 산하에는 부를 두게 변경하였다. 위원회에는 회의비 외의 실행을 위한 예산을 책정하지 않았다. 위원회가 연구한 내용들을 부에서 실행하게 한 것이다. 처음에는 이런 변화가 적응이 되지 않아 상당히 힘이 들었지만, 차차 교회의 조직으로 자리 잡게 되었다.

내가 박사학위 논문에서 강조한 것은 총회의 헌법이나 교회의 규정들에 대한 사고가 너무 경직되어 있다는 것이다. 성경이 아니면 언제든지 시대적 상황에 따라 변경하고 개정할 수 있어야 하는 헌법이나 규정을 바꾸면 큰일이 나는 것처럼 고수하고 있다. 그래서 당회의 위원회나 제직회의 부는 필요하면 언제든지 신설과 폐지가 가능하다고 설득하여 시대에 따라 교회의 목적에 필요한 부서를 신설하기도 하고, 그렇지 않은 부서를 폐지하기도 하였다. 한때는 환경문제가 교회의 중요한 과제였으므로 '환경절제부'라는 부서를 두기도 하고, 우리 교회 훈련 프로그램으로 '트레스 디아스'를 정착시키기 위하여 '영성훈련부'를 두었으며, 문화가 교회의 중요한 선교의 방편이라는 관점에서 '문화선교부'를 두기도 하였다.

전공과목이 교회정치와 행정이기에 '평신도대학원', '장로교육원' 등에서 장로님들과 평신도들을 대상으로 강의를 많이 하였는데, 장로님들은 강의 중에 이런 질문을 자주 하였다. "장로가 설교할 수 있습니까?" 나는 그때마다 "안 됩니다."라고 하였다. 설교는 신학이다. 그래서 나는 모든 목회자가 신학자라고 한다. 왜냐하면 신학이 없으면 설교를 한 편도

할 수 없기 때문이다. 이에 장로님들은 다시 질문을 했다. "그렇다면 신학을 공부하고 안수를 받지 않은 장로는 설교를 할 수 있습니까?" 그러면 그것도 "안 됩니다."라고 했다. 설교란 목회자에게 주어진 중요한 직책이며 권리이다. 면허증이 없어도 운전을 잘하는 사람이 있다. 그러나 면허증이 없이 운전하는 것은 불법이다. 병원의 사무장, 간호사나 간호조무사도 손재주가 있어 수술을 잘할 수 있을 것이다. 그러나 이것은 의료법에 위반되는 것이다. 잘하는 것이 아니라 할 수 있는 권리인 면허증이 주어져야 하는 것이다. 목사로 안수를 받았다는 것은 설교할 수 있는 면허증이 주어진 것이나 마찬가지이다. 그래서 나는 그 질문에 이렇게 답한다. "성경강해는 하시고, 간증은 하세요. 그러나 그것은 설교가 아닙니다. 장로님은 설교를 하면 안 됩니다." 그리고 마지막으로 이렇게 부연했다. "목사가 한 주간 설교하지 않으면, 그 한 주간이 얼마나 편한지 모릅니다. 그만큼 목사에게 설교는 보람이기도 하지만 부담이기도 합니다. 그렇게 부담이 되는 설교를 왜 하시려고 합니까?"

또 한 번은 평신도대학원에서 어느 장로님이 이런 말을 하였다. "목사님, 장로들이 목사보다 낫습니다. 장로는 돈을 내고 봉사하지만, 목사는 돈을 받고 하지 않습니까?" 그때 나는 이렇게 답했다. "맞습니다. 저는 테니스를 아주 좋아합니다. 저는 테니스를 칠 때 돈을 내고 칩니다. 그런데 프로 선수들은 돈을 받고 칩니다. 돈을 내고 하는 것은 아마추어라고 하고, 돈을 받고 하는 것을 프로라고 합니다. 목사는 목회에 있어 프로이기 때문에 돈을 받고, 장로는 프로가 아니기 때문에 돈을 내는 겁니다. 그리고 장로님이 한 가지 모르시는 것이 있습니다. 목사도 돈을 많이 냅니다. 십일조뿐만 아니라 건축헌금 등의 헌금을 많이 냅니다."

오래전「한국장로신문」에 어느 장로님이 '목사는 목회를, 장로는 행정을'이란 제하의 글을 썼다. 나는 그 글을 읽고 난 뒤, 그 글에 대한 반론을 폈다. 교회행정에 의하면 목사에게는 목사의 행정인 지도력(leadership), 장로에게는 장로의 행정인 관리(management)가 있다. 그러므로 목회와 행정을 구분하는 것은 행정의 원리를 이해하지 못하는 것이며 행정도 목회의 한 부분이다. 당회장, 제직회장, 공동의회장으로서 목사의 역할은 행정적 기능이며, 행정은 목회에 있어 아주 중요한 한 부분인 것이다. 그런 의미에서 회의 진행의 능력은 목사에게 굉장히 중요한 기술인 것이다. 나는 총회를 섬기며 많은 교회의 분쟁을 보기도 하고 관리해 왔다. 대부분의 분쟁 요인은 목사의 설교가 아니라 행정적 미숙과 여기에서 증폭되는 감정적 대립이다. 행정적 미숙으로 발생한 문제는 목사에게 가장 큰 짐이 되고 책임이 된다. 의장으로서 회의를 잘 진행하고 뒷말이 없도록 하는 것도 목회의 중요한 점이다.

목사가 회의의 의장이 된다는 것은 지위(position)만 주어지는 것이 아니라 권리(right)가 함께 주어지는 것이다. 책임만 있고 권리가 없는 자리는 수행할 가치가 없다. 교회에 재정적 사고나 어려운 문제가 있을 때 최종 책임을 목사에게 묻는 경우를 흔히 보았다. 그러나 대부분의 교회는 목사에게 재정 결재권을 부여하지 않는다. 재정에 대한 결정이나 결재는 장로에게 있다. 아무 권리도 없는 재정에 대하여 문제가 발생하였다고 해서 책임을 지고 사임을 하거나 어려움을 겪는 것은 바른 행정이 아니다. 제직회는 재정 관리를 책임지고 수행하는 부처이다. 어느 날, 나는 당회원들에게 이렇게 물었다. "제직회가 무엇을 하는 기관입니까?" 당회원들은 이에 대한 대답을 명확하게 알고 있다. "재정을 관리하고 집행하는 기관입니다.", "그러면 제직회장이 누구입니까?" 이에 대한 대답도 잘 알고 있다. "목사님입니다." 하지만 "그러면 제직회장인 담임목사가 재정 관리나 결재를 해야 합니까, 하지 말아야 합니까?"라는 물음에 대해서는 묵묵부답이었다. 나는 제직회장으로서 담임목사가 재정 결재를 해야 하는 것이 옳은 일이라고 설명했다. 그리고 목사가 재정 결재를 해야 하지만 편의상 재정부장에게 재정 전결권을 드리는 것이라고 설명했다. 내가 처음 연동교회에 부임하였을 때 몇 년 동안은 이런 의미에서 재정 결재를 직접 하기도 하였다. 담임목사에게 재정 결재권이 있다는 사실을 알게 하려는 의도였다.

　　장로교회에는 정치 원리에 따라 세 의결기구가 있다. 총회, 노회, 당회이다. 지교회의 당회는 의결기구이며, 공동의회도 의결기구이지만 당회와는 성격이 다르다. 당회는 상설 의결기구이지만, 공동의회는 예산 결산 통과, 항존직 직원 선거 등 특별한 의결 사항이 있을 때만 소집을 한다. 엄밀히 말하면 당회는 의결기구, 제직회는 봉사기구라고 할 수 있다. 제직회의 제반 안건은 당회가 제청한 것을 수용하고 실행하겠다는 의미로 해석해야 한다. 당회에서 통과하지 않은 예산결산안이 제직회에 상정되는 경우가 없고, 추가경정예산안도 당회에서 제안되어 제직회가 허락하는 것이다. 특별히 목사 청빙 등 인사 문제는 제직회의 동의를 얻어야 한다. 이때 제직회의 동의란 당회가 제청한 인물에 대한 재정적인 지원을 동의하느냐는 것이다. 당회가 제청한 인물에 대하여 제직회가 학력, 경력, 인격 등을 빌미로 반대하는 것은 옳지 않다. 많은 경우에 당회가 제청한 담임목사나 부목사 후보를 제직회가 거부하는데 이는 결코 옳은 행정이 아니다.

　　　한국 교회는 1960년대 이후 급속 성장하면서 한 교회에서 여러 명의 목사가 동역하는 것이 관례가 되었다. 대형 교회에서는 많은 부목사가 담임목사를 도와 함께 동역한다. 나는 적절한 단어를 찾지 못했지만 부(副)라는 단어가 왠지 마음에 들지 않았다. 교단의 헌법에도 나오는 보편적인 단어이기는 하지만, 종속적이며 계급적인 의미를 담고 있어서 그 단어가 싫었던 것이다. 그리고 또 한 가지 잘못 사용하고 있는 용어는 담임목사에게 사용하는 '당회장'이란 호칭이다. 담임목사가 당회장인 것은 분명하지만 당회장은 당회의 의장이란 뜻이다. 당회 시에는 의장이기에 당회장이지만, 일반적으로 목회에서 사용하는 것은 잘못된 것이다. 담임목사보다 당회장이 더 권위적이라고 해서 사용되는 용어라고 생각된다.

　　　한때는 우리 교회 장로 선거에 후보의 범위를 넓혀 서리집사도 후보가 되게 하였다. 성경적 원리나 개혁주의 정치 원리에서는 반드시 집사(안수집사)가 장로가 되어야 한다는 법이 없다. 오히려 집사와 장로는 고유한 직분이므로 집사가 장로가 되는 것은 마치 승진하는 것 같은 느낌을 줄 수 있다. 그래서 교회에서마저 장로가 집사보다 높은 직책인 듯이 표현될 때가 많다. 성경을 보면 집사가 장로가 된 경우가 없다. 집사는 집사로, 장로는 장로로 직분의 고유한 역할을 수행했던 것이다. 그러나 서리집사가 장로 후보는 될 수 있어도 현실의 벽은 매우 높았다. 이런 나의 시도는 원리로 그치고 다시 장로 후보를 집사 혹은 권사로 하였다.

나는 미국 유학 시절부터 여성 안수에 대한 확신과 열망이 있었다. 그래서 목회학박사 논문을 "여성 안수 : 대한예수교장로회에서의 필요성과 효율성"이란 제목으로 쓰게 되었다. 여성 안수를 성경적, 신학적, 역사적으로 따져 보니 거부할 이유가 하나도 없는 것을 발견하게 되었다. 성경의 어느 곳에도 여성 안수를 반대하는 말씀이 없다. 그래서 자신 있게 여성 안수 허락을 위해 글을 쓰고 강의도 많이 하였다. 한번은 어느 강의에서 여성 안수를 극렬하게 반대하는 한 목사님을 만났다. 반대하는 성경적, 신학적 근거가 오류라는 것을 아무리 설명해도 납득을 하지 않았다. 그래서 나는 작심을 하고 "내가 보니 가정에서 부부관계가 좋지 않은 분들이 여성 안수를 반대합디다."라고 하였다. 그 말에 그분이 잠잠해졌다. 한국에 돌아와서도 여성 안수를 허락해야 한다고 강의를 많이 했다. 여성 안수를 순교하는 정신으로 반대하던 어느 목사님은 선친께 전화를 하여 내가 여성 안수 찬성을 하지 못하도록 말리라고 하셨다. 선친은 내게 전화를 하셔서 "여성 안수 찬성 강의를 했나?"라고 하셨다. 그렇다고 했더니 선친께서는 "잘했다."라고만 하셨다. 또 여성 안수 반대에 앞장선 어느 목사님은 내게 전화를 걸어 "여성 안수 찬성하면 앞으로 목회가 힘들어지고 총회장은 절대 안 될 줄로 아세요."라고 하기도 하고, 같은 내용의 등기 편지를 보내기도 하였다. 또 어떤 목사님은 아내에게 전화를 하여 "목사의 사모라면, 목사가 잘못할 때 말려야지 뭘 하느냐?"라고 호통을 치기도 하였다. 나의 작은 힘이 보태져서 1995년 우리 교단은 여성 안수를 허락하였고, 그다음 해에 우리 교회는 김기환, 이현정 두 분을 최초의 여 장로로 임직하게 되었다. 그 이후로 내가 시무하는 동안 김기환, 이

현정, 이지연, 박연희, 김동선, 기은실, 윤윤자, 김영옥, 김정숙, 정인용, 박은화 11분의 여 장로를 세워 당회원 가운데 항상 여 장로가 있었다.

13.

나의 은퇴와 원로목사 추대

13

우리 교단의 헌법은 목사와 장로의 은퇴를 만 70세가 되는 해 연말로 정하였다. 1948년생인 나는 법에 따라 2018년 말에 은퇴하게 되었다. 나는 은퇴를 앞둔 2017년 후임 청빙과 은퇴에 대한 기본 틀을 작성하기도 하였다. 2017년 10월 마지막 주일 당회에서 기본적인 안을 통과시키기 위하여 당회 산하의 운영위원회에 맡겼다.

그날 운영위원회는 '원로목사 추대 준비위원회'와 '위임목사 청빙위원회'를 구성하겠다는 안을 제안하였다. 나는 운영위원회의 두 안을 두고 이렇게 말했다. '원로목사 추대 준비위원회'란 나를 원로목사로 추대한다는 것을 전제로 하는 것이므로 원로목사 추대결의가 선행되어야 한다고 하였다. 당회원들은 이 안에 아무 이의 없이 추대결의를 통과시켰다. 그리고 '위임목사 청빙위원회'에는 후임목사를 위임 청빙하겠다는 전제가 있으므로, 이 위원회도 위임 청빙을 전제로 구성되어야 한다고 하였고 이 안도 원안대로 받아들여졌다.

후임 위임목사 청빙

당회에서 나는 분명히 못을 박았다. 위임목사 청빙에 나는 일절 관여하지 않고 당회장으로서 회의 진행과 마지막 결과를 선포하는 것만 하겠다고 하였다. 그리고 실제로 위임목사 청빙에 나는 일절 관여하지 않았고 최종 두 목사님이 후보로 보고될 때까지 나는 그분들을 전혀 알지 못했다. 우리 교회는 후임 청빙 공고를 통해 지원자를 선별하여 그 가운데서 위임목사를 택하는 것은 옳지 않다고 여겨 교계의 어른들에게 추천을 받기로 하였다. 그러자 이미 위임목사를 결정해 놓고 짜 맞추는 것이 아니냐는 말이 내부에서 회자되었다. 결국 우리 교단 신문에 청빙 공고를 내게 되었다. 청빙위원회가 하는 일을 성도들이 온전히 믿어 주지 못하는 것에 마음이 아팠다. 이런 과정을 통하여 종합된 지원자가 32명이라고 당회 서기가 보고하였다. 청빙위원회는 32명의 서류를 통하여 꼼꼼히 자격을 품하며 범위를 좁혀 나가기 시작하였다. 추천인의 사유와 서류 심사를 통하여 선택된 5명을 두고 청빙위원회는 일일이 면담하였고, 면담을 통하여 최종 2인을 선택하게 되었다. 그리고 최종 2인이 주일에 설교하여 최종 위임목사 후보를 결의하기로 하였다. 청빙위원회는 최종 2인에게 주일예배 1, 2, 3부에서 설교를 하게 하여 많은 성도들이 듣고 판단할 수 있는 기회를 주자고 하였다. 그러나 나는 흔히 말하는 선보는 설교를 3번 하는 것이 너무 힘들기 때문에 내가 1, 2부 설교를 하고 최종 2인은 3부 예배 설교만 하게 하여 관심 있는 성도는 3부 예배에 와서 듣게 하라고 권하였다. 그래서 2인은 각각 주일설교를 하였고, 나는 2인의 최종 후보를 설교하는 그날 처음 대면하게 되었다. 최종 2인은 김주용 목사와 채 아무개 목사였다. 최종 2인이 설교를 한 다음 나는 최종 위임목사 후보를 선택하는 기준을 다음과 같이 당회에 제안하였고, 당회는 흔쾌히 허락을 하였다.

> 첫째, 우리 교회의 의결기관은 당회이므로 당회원들이 최종 후보를 선택한다.
> 둘째, 당회원에는 목사와 장로가 있으므로 목사가 참석하지 않으면 성원이 되지 않으므로 부목사는 결석으로 한다. 부목사들에게도 부목사가 위임목사 후보 선택에 참여하는 것은 옳지 않으므로 결석하라고 권한다.
> 셋째, 최종 후보 2인을 두고 투표로 정하되 1차 투표 결과 다수자에게 2차 투표에서는 만장일치로 몰아 준다. 이때 1차 투표용지는 득표수를 감추기 위하여 내가 처리하고 2차 투표용지는 5년 동안 보관한다. 이렇게 해야 당회의 의견이 나누어지지 않으며, 공동의회 참석자 3분의 2 이상의 동의를 얻어야 하는 위임목사로 공동의회를 할 때 어려움 없이 위임 청빙이 가능하다.

이런 기본에서 위임목사 청빙이 진행되었고, 2018년 9월 16일 임시당회를 소집하여 후임 위임목사를 선택하게 되었다. 나는 당회가 허락한 진행 과정대로 하기로 미리 선언하였고 1차 투표를 하였다. 1차 투표의 개표를 나 혼자서 하는 것은 불공정하므로 장년부 성경공부를 인도하는 협동목사인 하용삼 목사님이 당회에 참석하여 함께 개표하였다. 그 결과는 김주용 목사가 압도적으로 다수의 표를 얻었고, 2차 투표에서는 당회원 전원이 김주용 목사를 투표하여 만장일치로 의결하고 후임 위임목사로 결의되었음을 선포하였다. 그 후에 임시제직회와 위임목사 청빙을 위한 공동의회도 무난히 통과되어 부임 준비에 박차를 가하게 되었다.

원로목사 추대

당회에서는 '원로목사 추대 준비위원회'와 '위임목사 청빙위원회'가 가동되고 있었지만, 후임 청빙에 거의 모든 에너지가 몰입되어 원로목사 추대 준비는 뒷전인 것 같았다. 그도 그럴 것이 원로목사 추대는 기정사실이었기 때문에 별 신경을 쓰지 않고 다른 교회의 관례에 따라 추대할 것이라고 생각했을 것이다. 그러나 위임목사 청빙이 완료된 직후 진행된 원로목사 추대 건은 당사자인 나로서는 견디기 힘든 과정이었다.

최초 추대 준비위원회의 원로목사 예우안은 나로서는 감읍할 정도로 감사한 안이었다. 나의 최종 연봉의 70%를 매월 생활비로 지원하고, 은퇴 기념으로 한국장로교출판사에서 발행한 나의 일대기 『동행』(한국장로교출판사, 2018) 2천 권을 구입하여 배포하며, 2015년에 구입한 아파트를 원로목사 사택으로 사용하고, 자동차를 구입하여 제공하며, 원로목사 사무실은 가나의 집 502호로 한다는 것이었다. 이런 예우안 가운데 내가 청한 것은 원로목사 사무실을 가나의 집에 허락해 달라는 단 한 가지였다. 가나의 집에 원로목사 사무실을 청한 것은 교회 재정을 절감하기 위해서였다. 가나의 집에 사무실이 있으면 원로목사 사무실로 인한 더 이상의 재정 손실이 없기 때문이다.

　　추대위원회의 이 안을 당회에 제안하기 위하여 당회원들에게 서면이 돌아가자, 당회에서 토론도 되기 전에 안에 대한 결정을 연기하자고 하였다. 나는 그리 급할 것이 없다는 의미에서 토론을 중지하고 연기하기로 하였다. 그런데 당회가 한 번도 정식으로 논의한 적이 없는 예우안이 복사되어 많은 교인들에게 뿌려지고, 예우안을 찍은 사진이 메신저를 통해 전송되고 다시 전송되어 많은 교인들에게 알려지게 되었다. 당회의 결의안도 아닌 추대 준비위원회의 안이 교인들의 손에 다 들어간 것이다. 당회나 위원회의 안을 당회에서 정식으로 논의도 하기 전에 교인들에게 유포되어 교회를 혼란하게 한 것은 큰 유감이었다.

　　이때부터 교회는 술렁이기 시작하였다. 예우안만 전파된 것이 아니라 출처를 알 수 없는 긴 문자들이 이 사람에서 저 사람에게로 전송되고 교회 내부에 원로목사 추대 예우안을 반대하는 기류가 흐르기 시작하였다. 실명 혹은 익명으로 작성된 문자들은 사실에 근거한 것이 아니라 추측에 근거한 것들이어서 더욱 나를 혼란하게 하였다. 심지어 어느 집사님은 "이성희 목사님께"라고 긴 글을 썼는데 정작 나에게는 보내지도 않았고, 마지막에 "답변을 주십시오."라고 했지만 내게 보내지도 않은 글에 답변을 줄 이유가 없었다. 얼마든지 반론을 펼 수도 있었지만 가치가 없다고 생각하여 무시하였다.

　　나는 오래전에 우리 교단의 연금재단이 정착되면서 모든 목사가 연금에 가입해야 하는 연금법에 따라 연금에 가입하였다. 연금법은 교회와 목사인 미래 수급자가 각각 50%를 불입하는 것이었다. 연금액을 불입하면서 교회는 이미 나의 은퇴 후의 생활비를 불입하고 있었다. 우리 교단의 원로목사에 대한 예우 법은 은퇴하는 목사에게 퇴직금을 정산하고 원로목사로 추대할 경우에는 교회가 원로목사 예우를 자의적으로 하도록 정하고 있다. 그래서 나는 당회에 교회가 연금 불입액 전액을 불입해 주면 은퇴할 때 퇴직금과 원로목사 생활비를 받지 않겠다고 하였다. 목사님들의 모임에서 내가 이 말을 하면 은퇴를 앞둔 목사님들은 절대 그런 말을 하지 말라고 내게 당부하기도 하였다. 하지만 나는 이렇게 하는 것이 목사로서 정당한 도리라고 생각하였다. 그리고 나는 당회록에 분명히 기록해 두라고 당회 서기에게 주문하였다. 그러나 몇 년이 지난 다음 재정에 밝은 어느 장로님이 교회 사무실에 와서 담임목사의 연금 불입액이 지나치게 많다고 지적한 일이 있었다. 나는 분명히 당회에서 결의해서 교회가 불입한 액수가 많다고 시비하는 것이 이해가 되지 않았지만, 목사가 재정 문제로 사람들의 입에 오르내리는 그 자체가 바람직하지 못하다고 생각되었다. 그래서 그다음 당회에서 다시 그 내용을 설명하고 원래 연금법대로 하기로 하고 그때까지 교회가 불입한 액수를 두 번에 나누어 다시 교회에 반환하였다.

그래서 교인들 사이에 돌고 돈 문자에는 2015년 사택을 구입할 때 내가 은퇴 시에 교회로부터 예우를 받지 않겠다고 했다고 쓰여 있었다. 2015년에 사택을 구입할 때 당회는 이 사택은 나의 명의로 하며 은퇴 후에 나의 재산이라고 하였다. 현재의 사택을 구입할 때 이전 사택을 팔

자고 제안한 것도 나였다. 구의동의 사택은 내가 연동교회에 부임할 때부터 그때까지 사용하던 54평 아파트였다. 나와 아내 두 사람이 살기엔 너무 크고 관리비도 많이 지출되기에 줄여 달라고 하였다. 사택을 줄이고 차액을 교회가 사용하면 좋겠다는 생각에서였다. 당시 총무부장 장로님은 새로운 사택을 청계7가에 건축하는 청계 뉴타운의 35평 아파트로 하자고 하였다. 그때 35평 아파트의 분양가가 7억 2천만 원이었기에 나는 극구 반대하였다. 새 사택의 전체 가격이 6억 원을 넘으면 가지 않겠다고 하여 아내가 이곳저곳을 알아본 뒤, 모래내의 현재 아파트를 매입한 것이다. 약간의 인테리어 공사와 세금을 합쳐서 6억 원에 못 미치는 5억 9천만 원이었다. 새로운 사택을 내 재산으로 제공한다면 그 외의 생활비 예우를 받지 않겠다고 하였고 그 사실을 부정한 적도 없었다.

　　원로목사 추대 준비위원회가 안을 만들어 내게 가지고 왔을 때 나는 감사하는 마음으로 이렇게 안을 만들어 주었으니 사택을 다시 교회에 바치겠다고 하였다. 2015년에 사택을 나의 재산으로 한다는 결의 때문에 예우를 받지 않겠다고 한 것이기 때문이다. 나는 이렇게 하는 것이 합리적이고 양심적이라고 생각했기 때문이며, 아내도 나의 이 생각에 흔쾌하게 동의해 주었다. 그래서 추대 준비위원회가 작성한 안을 당회가 허락해 주면 사택을 다시 교회에 바치기로 하고 은퇴하기 전에 명의를 서울노회 유지재단으로 변경할 생각까지 하고 있었다.

　　그런데 교인들 사이에 유포된 문자들에는 사실이 아닌 거짓이 너무나 많았다. 나는 이런 글을 볼 때마다 반론을 펼 수 있는 자료들을 다 만들어 놓았지만 반론을 펴지는 않았다. 어떤 문자에는 내가 부임하던

1990년 첫 당회에서 은퇴 시에 예우를 받지 않겠다고 하였다고 적시하였다. 부임 당시 내 나이가 42살이었고, 당회원들 가운데는 아버지 같은 분들이 계셨는데 앞으로의 목회가 창창한 젊은 목사가 부임 첫 당회에서 은퇴 이야기를 꺼내는 것은 있을 법하지도 않은 일이었다. 그것도 그 문자에 '1990년 당회록 참조'라고 적어 놓았다. 당회록과 제직회록을 뒤져 월일을 분명히 적어 예우를 받지 않겠다고 했다는 내 말을 인용했는데 어찌하여 1990년 당회록은 몇 월 며칠인지 적지 못했겠는가? 1990년 당회록을 아무리 뒤져도 하지도 않은 그 말을 찾을 수 없었기 때문이었을 것이다. 그리고 어느 은퇴한 장로님은 내가 부임 후 첫 당회에서 그런 얘기를 했다고 하는데 첫 당회에서 은퇴 후의 예우 얘기를 할 수 있는 목사는 아무도 없을 것이다.

그리고 또 다른 문자에서는 내가 당회에 은퇴 후 생활비를 청원했다고 하였다. 너무나 터무니없는 내용이었다. 내가 청원한 것은 가나의 집에 사무실을 요청한 것밖에 없었는데 돈을 요구했다는 말이 너무 어처구니가 없었다. 또 문자의 내용에는 내가 은퇴하면 연금재단에서 250만 원을 받게 되고, 국민연금에서 130만 원을 받게 된다고 했다. 나는 은퇴하기 전까지 총회 연금재단에서 내게 매월 지급할 수급액이 얼마인지 알아본 적이 없었다. 돈의 액수에 따라 은퇴 후의 삶을 정하고 싶지 않아서였다. 그런데 250만 원이란 말 다음에 '본인 주장'이라고 적어 놓았다. 이것도 거짓이었다. 우리 교단의 총회 연금재단은 연금 수급자 본인 외에 누구에게도 본인의 연금 액수를 알려 주지 않기 때문이다. 도대체 어떤 근거에서 250만 원이라고 적었는지 이해가 되지 않았다. 나는 미국에서 돌아와 영락교회에 부임하였을 때 국민연금을 불입하기 시작했고 그 시절 다른 목회자들도 국민연금을 불입하였다. 나는 국민연금의 내용도 잘 알지 못했고 연동교회에 부임하면서 국민연금 불입을 계속하였다. 그러나 나는 내 주위에서 국민연금을 130만 원까지 받은 사람을 본 적이 없다. 내가 은퇴 후에 받을 연금을 의도적으로 부풀려 유포한 것 같았다. 이런 거짓 글들을 본 교인들은 진위를 따지기 전에 원로목사 예우안에 등을 돌렸고 교회가 소란스러워진 것이다.

그때 나는 정신적으로 너무 힘이 들었다. 교인들이 돈만 아는 목사, 은퇴하면서 돈을 챙기려는 목사, 29년 동안 헛수고한 목사로 치부한다는 자괴감 때문이었다. 목사가 섬기는 교회에 봉헌하는 것은 당연한 것이고, 자랑할 것이 전혀 아니다. 나는 교회가 세워 준 예산에 맞추어 사용하려고 애를 썼다. 대외 기관후원금이 늘 모자라 매월 100만 원 정도의 후원금을 보내고, 접대비의 예산이 모자라 10월 이후에는 늘 나의 개인 돈으로 부담하였으며, 2010년 이후에는 두 자녀가 다 장성하고 가정을 이루었으므로 스스로 내 생활비를 동결하여 달라고 청하여 임금상한제를 만들었고, 120주년 기념 특별봉헌도 연동교회에 대한 마지막 물질의 봉사라고 생각되어 힘에 버거울 정도로 약정하여 은퇴하던 2018년 6월까지 매월 상당한 액수를 불입하였다. 나의 봉헌 생활은 십일조가 아니라 거의 십사조에 달했다. 그럼에도 불구하고 돈을 가지고 목사를 평가하는 묘한 분위기가 나를 힘들게 한 것이다.

그때는 강단에서 설교하는 것도 힘들 정도였다. 설교에 대해 나름 자부심을 가지고 있는 나였지만, '교인들이 내 설교를 어떻게 받아들일까?'라는 생각을 지울 수 없었다. 설교할 때는 원고를 잘 보지 않고 성도들의 얼굴을 늘 바라보며 '눈 마주침'(eye contact)을 좋아했던 나였지만, 성도들의 얼굴을 바라보는 것조차 짐이었다. 그러나 나는 은퇴하는 날까지 이런 내 마음을 내색하지 않고 복음만 전하기로 하였다. 내 억울함과 변명을 한 번도 설교 시간에 발설하거나 표현한 적이 없었다.

예우안을 채택하는 공동의회가 하용삼 목사님을 대리 당회장으로 하여 열렸다. 공동의회는 1부, 2부, 3부 예배 후에 하기로 하였는데, 추대준비위원회의 안이 부결되었다. 예우안이 부결된 다음 교회 내의 분위기는 더욱 험악해졌다. 찬성자와 반대자가 누군지 드러나게 되고 서로 대립하며 갈등을 빚는 양상이 된 것이다. 나는 이런 교회의 모습이 너무 싫었다. 나를 극렬하게 반대하는 사람이 있으면 나를 극렬하게 찬성하는 사람이 생기는데 이것이 바람직하지 않다고 생각되어 싫었던 것이다. 나를 반대하는 사람이 누구인지, 나를 찬성하는 사람이 누구인지 드러나지 않는 것이 가장 좋은 일인데 이미 그 선을 넘어 버리고 말았다.

교회가 갈등 국면에 들어서게 되자 몇몇 사람들의 말은 도를 지나칠 정도로 거칠어졌다. 평소에 내게 말 한마디도 하지 않던 이들이 각을 세우고 하지 말아야 할 말을 하기도 하고, 심지어 목사의 인격을 모독하는 언사까지 서슴지 않았다. 심지어 어느 집사님은 "목사님이 억울하신가 본데 공개토론을 제안합니다."라고 문자를 보냈다. 어이없는 제안이었다. 나는 그렇게 할 힘도 없고 가치도 없다고 회신하였다. 이런 소모형 변론은 득이 될 것이 없을 뿐만 아니라 말꼬리를 잡아 논란만 확대하고 불에 기름을 붓는 격이 되기 쉽기 때문이다.

교회가 혼란 속에 빠지자 1990년 위임을 위한 공동의회 때의 트라우마가 다시 내 머리를 어지럽혔다. 그때도 사실이 아닌 거짓과 모함으로 채운 전단지가 뿌려지고 위임 투표가 간신히 법적 한계를 넘었는데, 원로목사 예우에도 사실이 아닌 거짓과 모함으로 채운 메시지와 문자가 뿌려져 공동의회를 어지럽게 한다는 생각에 몹시 괴로웠다. 어쩌면 이것이 나와 연동교회의 처음과 끝의 인연이었는지 모른다는 생각이 들었다.

나는 빨리 이 난국을 진정시켜야겠다는 생각밖에 없었다. 그때 어느 장로님이 내게 교회가 주는 예우를 거절하고 나의 명의로 된 사택으로 '주택담보대출'을 받는 것이 좋겠다고 제안하였다. 그러면 매달 300여 만 원의 대출금을 받을 수 있다고 일러 주었다. 그래서 나는 모든 것을 잠재우기 위하여 원로목사에 대한 매월 생활비를 받지 않고 대신 예우할 경우에 사택을 교회에 바치겠다고 한 일도 없던 일로 하고 끝을 맺었다. 이 과정에서 당회의 원로목사 추대 준비위원회가 전원 교체되어 새로운 위원들로 위원회가 구성되었다. 그리하여 천신만고 끝에 당회는 새로운 예우 안을 작성하였고 공동의회에서 동의를 얻게 된 것이다. 그때 하루하루가 너무 힘들어 차라리 원로목사 추대를 거절할까 하는 생각도 하였다. 하지만 몇 분과 의논한 결과 원로목사 추대를 하지 않았다는 것이 교회에 오명이 된다고 하여 거절도 할 수 없이 마음을 추스르고 당회가 결정하는 대로 원로목사 추대를 받아들였다. 그리하여 소요가 진정되고 당회의 갈등도 일단락되었다. 당회가 2018년 11월 정기당회에서 내게 증정해 준 추대서는 합의대로 이렇게 기록되어 있었고, 내게 예를 갖춘 것이라 생각하여 감사하게 받았다.

원로목사 추대서

연동교회 위임목사 이성희

지난 29년 동안 연동교회를 성심껏 섬겨 주심에 감사를 드리며 아래와 같은 예우로 목사님을 연동교회 원로목사로 추대합니다. 은퇴 후에도 하나님의 크신 은총이 목사님과 가정에 풍성하기를 기원합니다.

아 래

1. 주거 공간 제공

2. 사무실 외부 지원(5년, 필요시 연장)

3. 목회활동비 2억 원

4. 퇴임 기념저서(2,000부)

5. 승용차 지원

2018년 10월 28일

대한예수교장로회 연동교회

박춘근 장로 외 교우 일동

석 달 정도의 심적 혼란을 하나님과의 관계에서 가라앉히고, 힘든 과정을 가중된 고통 없이 끝내게 되었다. 한때는 인간적 배신감이 들기도 하였고, 목사의 명예를 추락시켰다는 억울함도 있어 그간의 잘못된 정보에 대한 해명의 글을 써서 교인들에게 전할까 하는 생각도 들었다. 그러나 "이것까지 참으라."라고 하신 예수님의 말씀이 생각나서 써 놓은 글을 보내지 않고 나 혼자 지금까지 간직하고 있다. 그러나 돌이켜 보면 이 모든 소용돌이는 나의 부족과 부덕에 기인한 것이었고, 지금은 교회가 나에게 보여 준 예우에 대하여 만족하며 감사하고 있다.

부목사와 동역자의 일괄 사임서

내가 29년 동안 연동교회를 섬기는 동안 원로목사님과 함께 섬기던 이만규, 김상룡, 최재범, 임대식 목사님이 나와 함께 동역을 하다 담임목사로 부임하게 되었다. 그리고 강인철, 김종신, 류재영, 류용현, 황영태, 서은성, 장동학, 김영걸, 윤영도, 주성염, 김은섭, 홍정근, 송병학, 백상규, 김래현, 박영갑, 박혜성, 김형걸, 두관석, 강석훈, 심성훈, 이기둥, 권철, 조수환, 박의일, 정희성, 안대웅, 오지훈, 박원일, 김원규, 이근영, 장석 목사님이 나와 함께 교회를 섬겼다. 한결같이 훌륭한 목사님들인데 그 후 진로에 어려움을 겪은 목사님도 있고, 목회가 순조롭지 못한 목사님도 있다. 나는 매일 아침 한 번도 빼놓지 않고 목사님들을 위해 기도하고 있다. 몇몇 목사님들은 이름을 부를 때마다 가슴이 먹먹해지기도 한다.

내가 은퇴할 당시 함께 섬기던 부교역자들은 부목사님들과 교육목사 등 11명이었다. 부목사님들 외에도 우리 교회의 직책은 부목사가 아니지만 서울노회에는 우리 교회의 부목사로 등록되어 있는 분들이 있었다. 나는 오랫동안 기도하며 숙고하는 중에 이들에게 일괄 사임서를 받기로 하였다. 이 목사님들은 나의 사역에 함께하기 위하여 내가 택한 목사님들이기 때문에 후임목사님의 자유로운 목회를 위해서 이들의 사임을 받는 것이 옳다고 생각했기 때문이다. 목사님들에게 좋은 목회자의 선례를 남기기 위하여 따라 줄 것을 부탁하고 사임서를 받아 후임목사님에게 물려주었다. 그리고 몇 달 혹은 몇 년을 함께 사역을 해 본 다음에 계속 함께하든 사임을 받으면 된다고 하였다. 참 어려운 일이었지만 잘한 일이라고 자부한다.

그리고 나를 위하여 교회 직원으로 일하던 기사 집사님과 비서 집사님의 사임도 함께 받았다. 목사님들과 달리 이들의 사임을 받는 것은 상당한 고충과 불편함이 있었다. 그러나 후임목사님이 부임하여 함께 일할 직원을 직접 선택하는 것이 업무의 효율성을 높일 수 있다고 생각하여 그렇게 하였다. 이 일은 내가 할 수 있는 일이지 후임목사님이 할 수 없는 일이었기에 그동안 나를 위하여 수고한 이들을 위한 모진 일을 내가 자처한 것이다. 이 일은 가장 어려운 일이었지만 잘한 일이었다.

마지막 설교

나는 29년의 시간 동안 한 해 한 해가 지나가는 것이 너무 즐거웠다. 매년 내가 계획한 것을 이루기 위해 애썼고, 다음 해를 계획하는 것 또한 즐거운 일이었다. 60대가 되자 시간이 가는 것이 아까운 것이 아니라 은퇴할 날과 노후가 궁금하기도 하고 기대되기도 하였다. 그래서 나는 은퇴할 때의 모습을 그려 보며 연동교회에서의 마지막 설교를 은퇴 10년 전에 구상하였다.

바울은 "내가 그리스도를 본받는 자가 된 것같이 너희는 나를 본받는 자가 되라"(고전 11 : 1)라고 하였다. 성경은 바울도 우리와 똑같은 성정을 가진 사람이라고 한다. 우리와 같은 사람이었던 바울이 나를 본받으라고 한 것은 나도 다른 사람들에게 나를 본받으라고 할 수 있다는 가능성을 말한 것이다. 바울은 "나와 같이 살면 됩니다."라고 말하고 있는데 나도 은퇴할 때쯤에는 "나와 같이 살면 됩니다."라고 할 수 있을 것이라고 생각했다. 그리고 그렇게 말할 수 있도록 10년을 잘 살아야겠다고 다짐했다.

그러나 10년이 흐르고 나이가 70이 되었지만, 여전히 나는 부족하고 어린 사람이었다. 공자는 60대는 이순(耳順)이라고 하여 귀가 순해져서 누가 어떤 말을 해도 화를 내지 않는다고 하였는데 내 귀는 순하지 못했다. 70대는 '七十而從心所欲不踰矩'(칠십이종심소욕불유구)라고 하여 일흔 살에는 마음이 가는 대로 해도 법도를 넘지 않는다고 하였는데 여전히 내 걸음은 고르지 못했다. 그래서 10년 전에 이미 정해 놓은 "나를 본받는 자가 되라"라는 제목으로 설교를 하였지만 "나와 같이 사십시오. 나와 같이 살면 됩니다."라고 하지 못하고 "'나와 같이 사십시오. 나와 같이 살면 됩니다.'라고 할 수 있는 여러분이 되십시오."라고 하였다. 나는 아직도 여전히 "나와 같이 살면 됩니다."라고 하기엔 미흡한 나이 든 어린 아이에 불과하다.

원로목사 및 공로목사 추대예식

오래전 '형님'이라고 부르던 이동원 목사님께서 지구촌교회를 은퇴하실 무렵 목사님께 "형님, 요즘 기분이 어때요?"라고 물었다. 목사님은 나의 물음에 아주 짧은 단답을 주었다. "하루하루가 살얼음판이지." 나도 그랬다. 은퇴하기 마지막 일 년은 정말 하루하루가 살얼음판이었다. 그동안 나름대로 쌓아 놓은 탑이 하루아침에 무너질 수 있기 때문이었다. 은퇴할 날이 다가올수록 얼음이 점점 얇아지는 느낌이었다. 자칫 발을 잘못 짚으면 얼음이 산산조각이 나고 깊은 물속에 빠질 것 같은 불안감이 가시지 않았다. 2018년 새해가 되면서 당회가 12월 16일을 나의 은퇴일로 정하였다. 12월 16일을 은퇴일로 정한 것은 그날이 가장 적당하기 때문이었다. 우리 교회는 관례로 은퇴 및 임직을 12월 둘째 주일에 하였기에 12월 9일에는 항존직 장로, 집사, 권사들의 은퇴식을 해야 하고, 12월 23일은 성탄 주일이며, 12월 30일은 송년 주일이기 때문에 셋째 주일인 16일이 가장 적절하였다. 2018년 12월은 마침 다섯 번의 주일이 있어서 은퇴일을 정하는 데 안성맞춤이었다.

나는 2018년 12월 16일, 29년의 대장정을 마치고 연동교회의 원로목사로 그리고 서울노회의 공로목사로 추대받게 되었다. 그동안 원로목사 예우로 소란했던 교회의 분위기도 많이 가라앉아 모두 축하의 마음으로 참석하여 감동과 기쁨이 넘치는 예식이었다. 부족한 내가 명예롭게 은퇴하게 되어 하나님과 교회에 한없이 감사한 예식이었다. 돌이켜 보면 오랫동안 한 교회를 섬기고, 은퇴 연령을 꽉 채워서 은퇴 예식을 하게 된 것은 꿈만 같은 일이었다. 은퇴 예식에는 우리 교회 성도뿐만 아니라 교계의 많은 지인들이 전국 곳곳에서 참석해 주었다.

그날의 예식은 서울노회장인 이화영 목사님의 인도로 1부 예배를 드렸다. 박춘근 장로님의 기도와 석찬복 권사님의 성경 봉독에 이어 연합찬양대가 찬양을 하였고, 총회장 림형석 목사님의 설교로 이어졌다.

2부 원로목사 추대식은 노회장 이화영 목사님이 임시당회장으로 인도하여 소개 영상을 함께 본 후에 오세정 장로님이 추대사를 하였고, 임시당회장이 원로목사가 됨을 선포하고 기도한 후에 원로목사 추대패를 증정하였다. 3부 서울노회 공로목사 추대식도 노회장이 인도하였으며 노회 총무 박원덕 목사님의 추대사와 기도와 선포에 이어 공로목사 추대패를 증정하였다. 이어 실로암안과병원장 김선태 목사님의 격려사가 있었다. 축하 순서는 이예일 성도, 리틀소마애가 찬양과 율동으로 축하해 주었다. 축하 순서 가운데는 깜짝 축하가 있었는데 내가 주례한 부부와 아이들이 나와 "또 하나의 열매"를 찬양하였다. 그리고 찬송 후에 신당중앙교회 은퇴목사이신 허재철 목사님의 축도로 마쳤다. 김선태 목사님은 거의 50년 동안 나를 사랑해 주신 형님 같은 분이고, 허재철 목사님은 나를 연동교회에 담임목사로 소개해 주신 분이다.

    교회의 일정에 따라 12월 16일에 추대예식은 하지만, 나의 당회장권은 12월 31일까지이고, 후임 위임목사는 아직 당회장권이 없기에 내가 성탄절의 유아세례를 집례해야 하고, 송년 주일에 교회학교 수료식도 당회장으로 주관해야 했다. 그리고 12월 마지막 주일에 있을 당회에서도 당회장으로 마지막 의사를 진행해야 했다. 그래서 나는 이화영 목사님께 미리 부탁을 하여 목사님은 "서울노회장인 나는 서울노회의 권위로 이성희 목사가 2019년 1월 1일부로 연동교회 원로목사가 된 것을 선포하노라."라고 선포하였다. 그리고 실제로 나는 성탄절의 설교와 유아세례, 송년주일의 교회학교 수료증 수여, 마지막 주일의 당회 인도 그리고 송구영신예배에서 2018년 마지막 시간까지 주관하였고, 자정이 되어 2019년을 맞으면서 후임 위임목사 김주용 목사가 주관하여 송구영신 예배를 마무리하게 하였다.

예식은 감동이 넘치는 잔치였고, 리틀소마애는 율동 가운데 '이성희 목사님 사랑해요'라는 피켓을 펼쳐 들어 나뿐만 아니라 참석자들의 큰 박수를 받았다. 은퇴 예식이 있기 몇 주 전 어느 부목사님이 내게 그동안 주례를 한 이들의 명단을 달라고 하였다. 나는 연동교회에 부임한 이래 약 680건의 결혼 주례를 하였고 그 명단을 건네주었다. 깜짝 축하로 내게 주례를 받은 가정의 부부와 자녀들이 강단과 예배당 앞부분을 꽉 메워 찬양을 했다. 찬양은 감동이었고, 참석한 모든 사람에게 큰 울림을 주었다. 예식 후에 만난 많은 사람들이 그 장면이 가장 감동적이었고 좋았다고 했다. 그날 예식에서 나는 다음과 같이 원로목사 추대 인사를 하였다.

지난 40년의 목양 기간 무익한 종이라고 고백할 수밖에 없는 부족한 사람을 이끄시고 이 자리에 있게 하신 하나님께 무한한 영광을 돌립니다. 잠시 동안의 다른 교회의 사역과 유학 시절을 제외한 지난 29년 동안 어리고 부족한 종을 사랑해 주시고, 따라 주신 연동교회의 모든 교우들에게 말로 다 표현할 수 없는 우러나는 마음의 감사를 드립니다. 저를 영광스러운 자리로 이끌어 주신 우리 교단과 한국 교회의 여러 어르신들과 동역자들, 저의 든든한 버팀목이 되어 주고 질책을 받으며 함께 연동교회를 섬겼던 여러 목사님, 전도사님들께도 감사를 드립니다. 그리고 94세의 노구에도 불구하고 저를 위해 기도의 끈을 놓지 않으시는 저의 어머님, 목회에 전념할 수 있도록 최고의 조력자가 되어 준 아내, 믿음의 후손들이 되어 준 딸과 아들 그리고 네 손자들도 목회의 든든한 언덕이 되어 주어서 감사합니다.

'기독교 1번지'라 일컫는 종로5가에 있는 연동교회의 사역은 큰 부담이었지만, 돌이켜 보면 큰 은총이었습니다. 우리 교회의 역사적 지리적 요인으로 노회와 총회와 한국 교회를 섬기는 일이 언제나 저의 머리를 무겁게 하였지만, 돌이켜 보면 이것도 저에게 주신 은사였습니다. 산업사회의 긴 터널을 지나 정보사회라는 새로운 패러다임의 전환기 그 정점에 서서 새로운 목회 대안을 제시할 때마다 긴장이 흘렀지만 이것도 제 몫이며, 저의 십자가였습니다. 지난 29년 동안 연동교회에 부임하여 오늘날까지 어렵지 않은 때는 한 번도 없었지만, 돌이켜 보면 하나님께서 저를 통하여 연동교회에 주신 꿈을 이루지 못한 것도 하나도 없습니다. 이 모든 것이 하나님의 자비와 긍휼하심과 연동교회 성도들의 관용 때문이었습니다.

지난 29년 동안 봄날 소풍처럼 참 즐거웠습니다. 한 해 한 해 가는 것이 빠르기도 했지만 은퇴할 때 저의 모습이 궁금하여 은퇴할 날이 기다려지기도 했습니다. 그런데 막상 은퇴할 날이 되었지만 모든 일에 서툴기는 여전합니다. 제 마음의 진실을 드려 말한다면 제 힘의 부족이나 지식의 모자람으로 하지 못한 것은 있을지 몰라도 게을러서 하지 않은 것이나 알면서 하지 않은 것은 없습니다. 그러나 이루지 못한 것도 다 저의 부족의 소치입니다.

아직도 건강하여 10년은 더 목회할 자신이 있습니다. 그러나 이제 그만 내려놓아야 합니다. 하나님은 느보산에서 눈도 흐리지 않고 기력도 쇠하지 않은 모세가 그간의 해산의 고통을 내려놓게 하셨습니다. 그뿐만 아니라 모세로 하여금 여호수아에게 기름을 부어 가나안의 인도자가 되게 하셨습니다. 저의 손으로 저보다 훌륭한 후임목사님을 세워 위임목사가 공백 없이 부임하여 모든 것을 편안하게 내려놓을 수 있어 이 또한 감사를 드립니다.

"이제는 종을 평안히 놓아 주시는도다."라는 시므온의 '눈크 디미티스'의 복을 저에게도 주셔서 평안히, 여한 없이 내려놓습니다. 이제 조용히 연동교회의 목회를 내려놓고 원로목사로 교회와 후임목사님에게 누가 되지 않게 골방의 기도를 드리겠습니다. 아직도 제 어깨에 지어진 한국 교회와 여러 남은 일들을 위해 멍에를 멘 소처럼 묵묵히 섬기겠습니다. 그리고 분주한 목회 생활 가운데 늘 시간 순위에서 밀려났던 가족과 더 많은 시간을 보내겠습니다.

오늘 분주한 가운데도 오셔서 귀한 말씀으로 마음에 새겨 주신 총회장 림형석 목사님, 예식을 집례해 주신 서울노회장 이화영 목사님, 권면해 주신 실로암병원장 김선태 목사님, 그리고 저를 29년 전 연동교회에 소개해 주셔서 지금까지 섬기게 해 주시고 이후 축도해 주실 허재철 목사님 그리고 이 자리에 오신 모든 분들이 저에게 소중한 분들이고 깊이 감사드릴 분들입니다.

지난 29년 동안 저의 성역의 보금자리가 된 연동교회와 대한예수교장로회와 한국 교회 그리고 오늘까지 저의 기쁨이요 자랑이 되신 모든 분들의 가정에 하나님의 크신 은총이 충만하기를 기원하며 머리 숙여 큰절을 올립니다. 대단히 감사합니다.

12월 30일의 마지막 당회를 당회장으로 인도하면서 나는 교회와 당회 앞에 심심한 감사의 말씀을 전했다. 후임 위임목사에게 절대 부담이 되지 않기 위하여 당분간 다른 교회의 예배에 참석하겠노라고 하였다. 그리고 교회 일에는 일절 관여하지 않을 것이므로 장로님들도 교회 일로 나를 찾아오지도, 전화도 하지 말라고 당부하였다. 원로목사가 교회의 걸림돌이 되어서는 안 되며 더구나 분명히 존재하지만 실체가 아니라 그림자와 같은 존재가 되는 것이 교회를 위한 일이라고 생각하여 그렇게 하리라 다짐하였다. 후임 위임목사에게 나는 일 년에 상반기와 하반기에 한 번씩 두 번만 설교하겠다고 하였다.

14.

그림자의 삶

14

나는 29년의 연동교회 사역을 되돌아보면서 아직도 내가 얼마나 서툴고 부족한가를 절실히 느낀다. 누구나 이런 생각을 한 번쯤은 하듯이 나도 이렇게 혼자 중얼거린다. "왜 그때는 그렇게 했지? 지금 다시 시작한다면 그렇게 하지 않고 잘할 수 있는데."라고 말이다. 그러나 29년 동안 한 해 한 해가 내겐 너무나 즐거운 시간이었고, 빨리 흘렀지만 많은 일들을 할 수 있는 시간이었다. 내 나름으로 많은 일을 했고, 많은 것을 이루었고, 많은 것들을 얻었다.

"…… 그가 나를 단련하신 후에는 내가 순금같이 되어 나오리라"라는 욥기 23 : 10의 말씀이 나의 고백이 되어 그분이 끊임없이 나를 단련하신 29년의 날들이었다. 그리고 그분은 나를 단련하시려고 29년을 나와 동행하셨다.

모세가 세상을 떠날 때 그의 나이가 일백이십 세였지만, 그의 눈이 흐리지 아니하였고 기력이 쇠하지 아니하였다. 모세는 아직도 청년 같은 건강을 가지고 있었지만, 하나님은 그를 가나안의 목전에서 죽이시고 시체도 찾지 못하게 그의 흔적까지 지우셨다. 가나안을 정복하는 것은 모세의 몫이 아니었다. 가나안을 정복할 수 있는 넉넉한 건강을 가지고 있었지만 역사의 뒤안길로 사라져야 할 이유가 바로 여기에 있다. 아직도 얼마든지 목회할 만한 영적 능력도 육체적 힘도 있지만 흔적을 지워야 하는 이유가 바로 여기에 있다. 비록 꿈과 약속의 땅 가나안을 밟지 못하고 여호수아에게 그 일을 위임하게 하였지만, 모세는 여호수아와는 비길 수 없는 이스라엘의 영원한 위인이다. 물론 이 말은 내가 김주용 목사님보다 훌륭한 위인이라는 말이 아니다. 모세의 역할은 광야의 지도자였고, 여호수아의 역할은 가나안의 지도자란 뜻이며, 가나안을 향한 과정의 지도자였던 모세를 하나님은 위대하게 쓰셨다는 뜻이다. 나는 여호수아를 위하여 흔적 없이 사라진 모세처럼 더 철저하게 나의 흔적을 지워야 한다. 실체가 아니라 그림자가 나의 존재감이어야 한다. 이것이 가나안을 향하여 행진하는 내가 사랑하는 연동교회를 위한 나의 마지막 목회이다.

CALLING
29년의 동행

초판발행   2024년 12월 20일
지 은 이   이성희
펴 낸 이   강성훈
발 행 처   한국장로교출판사
주   소   03128 / 서울시 종로구 대학로3길 29, 신관 4층(연지동, 총회창립100주년기념관)
편 집 국   (02) 741-4381 / 팩스 741-7886
영 업 국   (031) 944-4340 / 팩스 944-2623
홈페이지   www.pckbook.co.kr
인스타그램   pckbook_insta   카카오채널 한국장로교출판사
등   록   No. 1-84(1951. 8. 3.)

책임편집   정현선
편   집   이슬기 김은희 이가현 강수지   디 자 인   남충우 김소영 남소현
경영지원   박호애 서영현   마 케 팅   박준기 이용성 성영훈

ISBN 978-89-398-4614-2
값 18,000원

※ 이 출판물은 저작권법에 의해 보호를 받는 저작물이므로 무단전재와 무단복제를 할 수 없습니다.